# アジアの仏教と神々

立川武蔵……編

法藏館

# はじめに

立川武蔵

この書のタイトルは「アジアの仏教と神々」である。仏教はアジアで生まれ、アジア各地に広まった。今日では、アメリカ、ヨーロッパなど、アジア以外の地にも仏教徒がいる。したがって「アジアの仏教」とは、非アジア圏つまり欧米の仏教を意識したタイトルと理解されるかもしれない。だが、ここにいう「アジアの仏教」とは、仏教が伝播したアジア諸地域の仏教を意味する。つまり、日本という場からのみアジアの仏教を見るのではなく、アジア諸国という見地に立って仏教を見ようというのが本書の編集方針である。

ただし、アフガニスタンのように、かつては仏教が流布していたが、今日では仏教徒がいなくなってからかなりの時代が経った地域は、本書では扱われていない。われわれは、今日のアジア諸国において仏教徒としての自覚をもって生活している人々を扱うことにした。それゆえ、本書はアジアにおける仏教伝播の歴史を網羅したものではない。

もちろんそれぞれの地域の仏教の歴史を無視することはできない。仏教には約二千五百年の歴史があり、二千年前にはすでに日本仏教の根幹となる大乗仏教がインドの地で生まれていた。今日のアジア諸地域に流布している仏教を考える場合にも、古代のインド仏教史を無視することはできない。したがって、数百年以前に仏教が亡んでしまったインドも歴史的に重要であるという理由によって本書では一章を設けることにした。

「アジアの仏教と神々」の「神々」とは、ここでは仏教以外の諸宗教の神々を意味する。仏教はその誕生以来、仏教以外の宗教あるいは文化との間に、統合や反発などの関係を持ち続けてきた。仏教がそれらの諸宗教から影響を受けて自らの教義や儀礼のあり方を変えたことがしばしばあった。一方では、仏教が自らが接触したもろもろの宗教のあり方を変えたこともあった。それらの諸宗教の多くは、ヒンドゥー教、チベットのポン教、ベトナムの民間信仰などのいわゆる多神教であった。インド後期大乗仏教の時代に勢力のあった仏教タントリズムは多神教といえないわけではないが、仏教は基本的には多神教ではない。すくなくともヒンドゥー教、ポン教、道教などが多神教であるのと同じ意味において多神教ではない。本書は、「仏教はその歴史において他の多神教的伝統からどのような影響を受けたか、またどのような影響を与えたか」という問いに答えることを通じて、仏教の本質に迫ろうとする。

仏教はインドで生まれたが、結局はインドから消滅してしまった。仏教の思想・文化はインド精神史における正統派であるバラモン僧たちの思想・文化とは相容れないものであった。仏教徒たちはヴェーダ聖典の権威を認めず、ヴァルナ（カースト）制度に従うことなく、さらに世界の創造者としての神の存在を認めなかった。インドから仏教が消滅した理由には、イスラームの侵入などが考えられるが、仏教にはそもそもそれ自体にバラモンたちを中心としたインド・アーリア文化と共存できないほどの異端的要素が存在したのである。

ヒンドゥー教はヴァルナ制度をいわば畑としている。この畑のない地域ではヒンドゥー教は存続できない。一方、仏教はヴァルナ制度を必要としない。というよりも、仏教はこの制度を嫌った。ヒンドゥー教が、わずかな例外はあるにせよ、インド大陸の中に留まった一方で、仏教がインド以外の地に伝播した主な原因は、仏教がヴァルナ制度を必要としなかったことであろう。

仏教の「海外伝道」の第一波は紀元前三世紀のマウリア朝のアショーカ王の時に見られた。この王はスリランカ、バクトリア、シリア、アレクサンドリアに伝道団を派遣したという。アショーカ王の伝道団はヒマーラヤの山麓地帯にも至った。小ヒマーラヤ山脈を越えたところにある今日のネパール領カトマンドゥ盆地にはアショーカ王が造営したと伝えられる四基の仏塔（アショーカ・ストゥーパ）があるが、これらは後世に造られたものであろう。ともあれ、紀元前三世紀という初期の段階においてすでに仏教は「外」へと眼を向けていたのである。

古代のヒンドゥー教徒の中にもインド以外の地を目指した者たちがいた。例えば、メコン川河口部にはすでに紀元前二世紀にヒンドゥー文化を有する都市が見られた。そこにはヒンドゥー教の寺院も存在したと思われるが、このケースはインド商人たちが移り住んだ結果であって、バラモン僧たちの伝道の結果ではなかったであろう。

紀元前から仏教徒の勢力の強いところであったガンダーラ地方、つまり今日のパキスタン北部は古くからヘレニズム文化の影響を受けていた。ガンダーラ地方を通じて仏教は中央アジア（バーミヤン、天山南路、天山北路などを含む地域）つまり今日の新疆ウイグル自治区の地域に伝えられ、パルティア（安息《あんそく》）人、イラン人、トルコ系民族などの異文化に出会うことになった。

天山南路の南道（西域南道）にあるコータン（于闐）には紀元前一世紀にすでに仏教が知られていたという。紀元二世紀には天山南路の北道（西域北道）にあるキジル（亀茲）に仏教があったと考えられる。インドから西域を通った仏教はすでに後漢の明帝の時代、紀元六五年には中国に伝えられていた。安息国の太子安世高《あんせいこう》は紀元二世紀の中葉、中国に至り、訳経に従事している。これ以降、次々と西域から中国を訪れた仏教僧たちが経典を訳し、仏教を講じた。『法華経』などを訳した鳩摩羅什《くまらじゅう》は四世紀から五世紀にかけて活躍したが、彼はキジルの人であった。

西域から訪れた僧を中心とした時代が過ぎると、仏教は中国に定着し、やがて唐の時代において成熟の時代を迎える。一方、西域の仏教諸国はバーミヤンのように九世紀頃まで残ったものもあるが、ほとんどの場合、トゥルファンの地の高昌国などのように七世紀頃までに亡んでしまった。

このように西域を通じて仏教は中国に伝えられたが、中国において仏教は道教と儒教というそれまでに仏教が遭遇したことのない文化と出会うことになった。この出会いは仏教にとってはむしろ幸運なものであった。というのは、「訪れる側」の仏教と「迎える側」の道教あるいは儒教とが、相反発するのではなく、互いにうまく手を結んだからである。一つの文化Aが他の文化Bの中に導入される場合、Aを導入することによってBの側に利点がなくてはならない。さらにその導入にあたってはAとBになんらかの共通点があるのが一般的である。中国において、大乗仏教と道教は自然あるいは現象世界（諸法）に向かう態度に共通なものを有していた。というのは、両者とも世界の創造主の存在を認めず、因果関係あるいは縁起の理法によって現象世界が成立していると考えたのである。このような考え方は、後世の中国大乗仏教において「諸法実相」（現象が真実のすがたである）という考え方へと発展し、さらにこの思想は自然のもろもろのもの（山川草木）に精あるいは「仏性」を認める思想を生む基礎となった。この中国仏教の自然観は日本仏教にも影響を及ぼした。日本は元来、いわゆる山川草木のそれぞれに精の存在を認めていたのであるが、このような信仰形態は、中国において育ってきた「諸法実相」の思想が日本仏教に受容される際の日本側の受け皿となった。

中国や韓国では古代から祖先崇拝が盛んであった。インド仏教は祖先崇拝をそれほど重視しないのであるが、開祖ブッダの涅槃を忌避すべきものとは考えない仏教徒にとって、祖先崇拝を自らの崇拝形態の中に組み入れるのはもともと困難なことではなかった。祖先崇拝の要素を含む仏教の盂蘭盆の行事は中国で定められたものである。仏教導入以前の日本において、祖先崇拝はすでに重視されていた。日本仏教は祖先崇拝をその重要な柱の一本として展開されてきた。インドの仏教と中国・韓国・日本の仏教との大きな違いは、前者では祖先崇拝の位置はむしろ低いのに比べて後者では非常に高いことである。

中央アジアから中国への仏教伝播のルートはすでに紀元一世紀頃に確立されていたが、ネパールからチベットへという伝播のルートは意外に新しい。カトマンドゥ盆地に仏教が伝えられたのはおそらくリッチャヴィ期（五―九世紀）の初期であろう。カトマンドゥ盆地におけるネワール仏教徒たちは、その全歴史を通じてヒンドゥー教徒による政治的支配の下で自らの思想・文化を発展させねばならなかった。例えば、カトマンドゥ盆地においてネワール仏教は、一種のヴァルナ制度を保ちながら密教的形態を今日まで守ってきた。

チベットへの仏教の伝播は七世紀には見られるが、チベット王室がインド大乗仏教の導入を正式に決定したのは八世紀末であった。その後、中央チベットの仏教は九世紀中葉から十一世紀初頭までの「暗黒時代」を除いて二十世紀の中葉までは勢力を保ってきた。それ以後、この半世紀のチベット仏教については、触れることはできなかった。また、十三世紀以降の中国では、元朝と清朝がチベット仏教を自分たちのイデオロギーとして採用したために、チベット仏教は中国やモンゴルの文化と深く関わることとなった。

十三世紀以降、北インドはイスラームの政治的支配下に置かれることになり、北インドのヒンドゥー教の勢力は急速に衰えていった。それに呼応するかのように、それまでベトナム、カンボジアなどに見られたヒンドゥー教の勢力もまた消滅していった。それまで「親亀の上の子亀のように」ヒンドゥー教という基盤の上に存続していた大乗仏教もベトナム、タイ、カンボジアなどの地域において消滅していった。その大乗仏教の代わりに現れたのがいわゆるテーラヴァーダ仏教（上座仏教）である。「テーラ」とは長老（上座）、「ヴァーダ」とは教えという意味である。今日、スリランカ、ミャンマー、タイ、ラオス、ベトナム、カンボジアなどに流布している仏教がこれである。二千年前のインド初期仏教が「テーラヴァーダ仏教」と呼び習わされていたわけではないと思われるが、今日の東南アジアの仏教は、インドの初期仏教（ブッダの時代から紀元一世紀頃まで）の伝統を強く引き継いでいる。

東南アジアにおいても仏教はそれぞれの地域の「神々」と遭遇した。例えば、タイではもともと家、樹木、山などに精霊がいるという民間信仰が信じられていたのであるが、スリランカからの上座仏教を受容した後でも、精霊信仰を捨てることはなく今日に至っている。日本において鰻や鮭などに対する供養塔が多く作られていることは、日本において一種の精霊信仰が生きている証左であるといえよう。山が神であるという伝統は今日の日本においても強く生きており、日本仏教にとっても山岳宗教あるいは山林修行の重要性は忘れられてはならないのである。

今日のベトナムにおいてはテーラヴァーダ仏教と中国系の大乗仏教が流布している。後者の仏教は民間信仰である聖母信仰と結びついている。この信仰形態では仏教僧が憑依状態になることも認められるという。シャマニズム的身体技法である憑依が仏教的環境の中で認められるということは、仏教の変容を物語るものだが、このことはチベット仏教のニンマ派やカギュ派の密教的瞑想法、さらには日本の修験道の「神降ろし」などにも見られる。

東南アジア、インド、バングラデシュなどにおける仏教と他の宗教を考える場合には、イスラームの存在を無視することはできない。今日のインドネシア、マレーシアなどの地域の宗教はイスラームが支配的である。インドネシアに伝えられた大乗仏教は、ヒンドゥー教さらにはイスラームによって消滅せざるを得なかった。また、この地では大乗仏教滅亡の後、上座仏教が広く流布することはなかった。もっとも今日のジャワ島には仏教徒の村が残っているると報告されており、また、インドネシアのバリ島東部のブッダカリン地区には今日も密教の要素を有する大乗仏教が、ヒンドゥー教の影響を受けながら、ほんのわずかではあるが残っている、という報告もある。しかし、これらの仏教徒たちは例外的な存在にすぎない。

明治以降、戦前においてインド、チベット、ネパールなどに出かけていき、その地域の儀礼の実際を見ることは途方もなく困難なことであったろう。その困難を乗り越えた人たちがいた。

その中のひとり河口慧海（一八六六―一九四五）は一九〇五年の二月から十二月にかけてカトマンドゥ盆地を中心として滞在し、梵語仏典の収集などを行っている。その間、彼はカトマンドゥ盆地におけるネワール大乗仏教（金剛乗）の実際を見たにちがいない。慧海のチベット仏教にかんする調査・研究が偉大であることはここにあらためていうまでもない。もともと日本の既成教団に批判的であった慧海であるが、三十代の半ばで黄檗宗の僧侶となった後でもその態度は維持された。ネパールにおいて梵語写本を収集し、チベット仏教の調査を行ったのも、あるべき仏教のすがたを求めてのことであったろう。

ネパールやチベットの仏教を見た慧海が結論として提唱したのはウパーサカ仏教、つまり在家仏教であった。これは在家の仏教信者が五戒（殺さない、盗まない、邪な性行為をしない、嘘をつかない、酒を飲まない）を守ることを基礎とする、大乗仏教の一つのかたちとして考えられたものであった。彼には在家と出家の違いに対する強いこだわりがあったようである。しかし、彼のこの運動は大きな成果を生まなかった。

幾世代も前、日本の仏教徒たちが自分たちの所属する宗派の教説や儀礼とあまりにかけ離れたアジア諸国の仏教のあり方を見ることができたとき、彼らは戸惑いを隠すことはできなかった。タイ、スリランカなどの東南アジアには、明らかに日本仏教よりもはるか以前の仏教のすがたが残っている、と多くの研究者あるいは僧侶は感じた。

それらの人の中には「東南アジアの仏教こそが真の仏教なのであって、日本の仏教はもはや仏教ではない」とさえ思う者が現れた。ヨーロッパにおいてもブッダ自身の仏教あるいは東南アジアの仏教に仏教の本質を見ようとする傾向が強かった。近代ヨーロッパの文献学的方法から多くを学んでいた日本の研究者たちは多かれ少なかれその影響を受けた。

サンスクリット、パーリ語、チベット語などの文献の研究が進むにつれて、「日本仏教は仏教ではない」という考え方がインド仏教研究者たちの間にしばしば見られるようになった。このような見解は今も残っている。

仏教の開祖のゴータマ・ブッダの生涯や思想がパーリ経典を通して明らかになると、パーリ経典の伝えるブッダの教えの中には、阿弥陀仏のような帰依（バクティ）の対象となるような仏・如来が登場しないことを知って、「本来の仏教」を見つけたと思う人々も現れた。「神」も存在せず、護摩などの儀礼もなく、マンダラやダラニ（呪）も用いられないかたちの仏教こそが「合理的宗教」であり、「われわれはブッダの仏教に戻るべきだ」と考えた人々の数は日本人の中にも少なくなかった。

日本においては浄土教、特に浄土真宗の教義を仏教全体の中でどのように位置づけるのかが常に大きな問題となってきた。明治期の思想家井上円了（一八五八―一九一九）は、その膨大な知識を駆使して日本仏教に関する一つのパラダイムを作り上げた。彼は日本仏教を智力的宗教である聖道門と情緒的宗教である浄土門に分けたが、彼の関心のほとんどは前者に向けられ、後者は関心の外にあった。真宗大谷派の寺院に生まれた円了ではあったが、彼にとって天台・華厳・真言というような哲学的な教義を有する伝統が仏教の基調なのであった。浄土教は仏教思想の基本の枠外に置かれたのである。

イギリスで学んで帰国した南条文雄（一八四九―一九二七）はサンスクリット文献の研究を進めたが、真宗の僧侶としての態度を崩さなかった。山口益《すすむ》（一八九五―一九七六）はフランスでサンスクリット、チベット語等を学んで帰国し、大谷大学で教えた。彼は中観仏教や唯識仏教の原典研究を進めるとともに、そのインド大乗仏教の理論によって日本浄土教の理論的根拠を示そうとした。

村上専精《せんしょう》（一八五一―一九二九）は二十世紀の初頭、大乗非仏説論を唱えて、大きな反響を呼んだが、自らは真宗大谷派の僧籍を離脱せざるを得なかった。彼は「大乗仏教はゴータマ・ブッダ（釈迦）の説ではない」と主張したのであって、「大乗仏教は非仏教である」と唱えたのではなかった。だが、「自分たちは大乗仏教の伝統に生きている」と考えていた当時の日本の仏教者たちにとって、大乗仏教が開祖ブッダの説ではない、といわれたことはショックであったのだろう。しかし、専精自身「非仏説である大乗仏教がいかにして仏教でありうるのか」を説明することはできなかった。今日では、ゴータマ・ブッダの説と大乗仏教が大きく違うことは、誰の眼にも明らかである。むしろその違いを含んでいることが仏教の特質なのである。アジア諸国に広がる中で仏教は豊かになった。その豊かさとはどのように生まれたのか。われわれはこのような視点から「アジアの仏教と神々」を取り上げたのである。

今日の日本仏教界にあって各宗派間の教義や儀礼などの違いは厳然としてある。宗派を超え、アジア諸国の仏教との共通点を探り、仏教の有する「財」を世界に提示しようというような機運はほとんど見られない。事態はさらに深刻である。というのは、仏教を考察する場合、インド・中国・日本の三国のみの仏教で仏教の歴史を考えるという、アジアの現実から見るならば歪んだ系譜論を今も引きずっているからである。その影響が今日の我が国のアカデミズムの中にも見られる。

われわれはアジア諸地域における仏教徒の教団のあり方、儀礼のあり方を考察することが重要であると考えた。

その際、われわれは人類学的な研究方法を重視することにした。本書の執筆者は、仏教学、人類学および宗教学の研究者によって構成されている。われわれはアジア諸地域における儀礼の構造や教団のあり方などの調査・研究を通じてテキスト研究によっては明らかにできない仏教のあり方を解明しようとした。

われわれはアジア諸地域で行われている儀礼のうち、特に死者儀礼に着目した。アジア諸国において死者儀礼は実にさまざまなかたちを見せている。例えば、チベットのポン教は死者儀礼を中心とした宗教であるが、ポン教の死者儀礼にあっては、チベット土着の神々と仏教から取り入れられた神々とは共に重要な役を果たす。カンボジアでは「死者との最もシンプルかつ直接的な交信」(サエン)が一般になされる一方で、「コミュニティをあげての故人への追善」を仏教寺院において行うのである。死者儀礼はどの地方においても行われているものであり、それぞれの地方の「神々」への崇拝と仏教との関わりを観察するには格好の場である。

これまでも、仏教学者、人類学者、歴史学者をはじめ多くの研究者によって、アジアの仏教を展望する試みがなされてきた。しかし、その生きたすがたは十分にはわれわれに伝えられてこなかったようだ。われわれはこれまでには知られていなかった新しい道を開くことができればと思い、この書を企画した。仏教がその歴史においてどのような異種の宗教・文化と接しても「戦火を交えることなく」相手を理解しようとしてきた。経典を高く掲げながら、人々を戦争へと駆り立てたことは、不幸な例外を除いて、仏教の歴史にはない。仏教は自らをかなり大きく変容させてきた。それは決して仏教がなんら核となるものを持っていなかったからではなく、むしろ確固たる核心があったからこそ、それぞれの地域、時代において他の宗教あるいは文化の伝統から多くを受け取ってきたのである。われわれはその歴史に学ぼうとしている。

アジアの仏教と神々＊目次

はじめに　i

インド　仏教とヒンドゥー教
——バクティ崇拝の誕生——……立川武蔵　3

スリランカ　シンハラ仏教徒のパリッタ儀礼と神々……藪内聡子　20

コラム1　仏教と食事……蓑輪顕量　42

ネパール　玉座の少女
——クマリ——……前田知郷　46

チベット　チベットの仏教とポン教……立川武蔵　66

ミャンマー　ミャンマー上座仏教の世界
——出家者の視点から——……藏本龍介　85

コラム2　上座仏教社会における女性の出家……飯國有佳子　105

タイ　タイの仏教と神々……田邉和子　108

**カンボジア**　カンボジア農村における死者儀礼……小林　知　129
**ラオス**　ラオスの仏教と精霊信仰……池上要靖　148
コラム3　金鯱・金比羅……立川武蔵　168
**ベトナム**　ベトナム仏教に影響を与えた民間信仰について
——三府・四府聖母信仰を中心として——……トラン・クォック・フオン　171
**インドネシア**　インドネシア・バリ島における大乗仏教
……スゲング　タント　194
**中　国**　中国仏教と『盂蘭盆経』……大野榮人・武藤明範　208
コラム4　六祖信仰の現在……陳　継東　226
**台　湾**　台湾の仏教と神々……林　觀潮　230
コラム5　媽祖信仰……鄭　夙雯　249

韓国　韓国仏教における神々
——山神と神衆を中心として——……釈　悟震　253
コラム6　北斗七星が降りた寺
——韓国・雲住寺——……佐藤　厚　272
日本　法会・祈願・葬送にみる神と仏……蓑輪顕量　276
コラム7　死者供養の二つの位相……池上良正　293
日本　流行神・シャーマン・霊神
——近世日本の「神人習合」——……林　淳　296
コラム8　カイラス修験道での一週間……宮家　準　313
あとがき　317
執筆者略歴　323

## 本書で紹介する国と地域

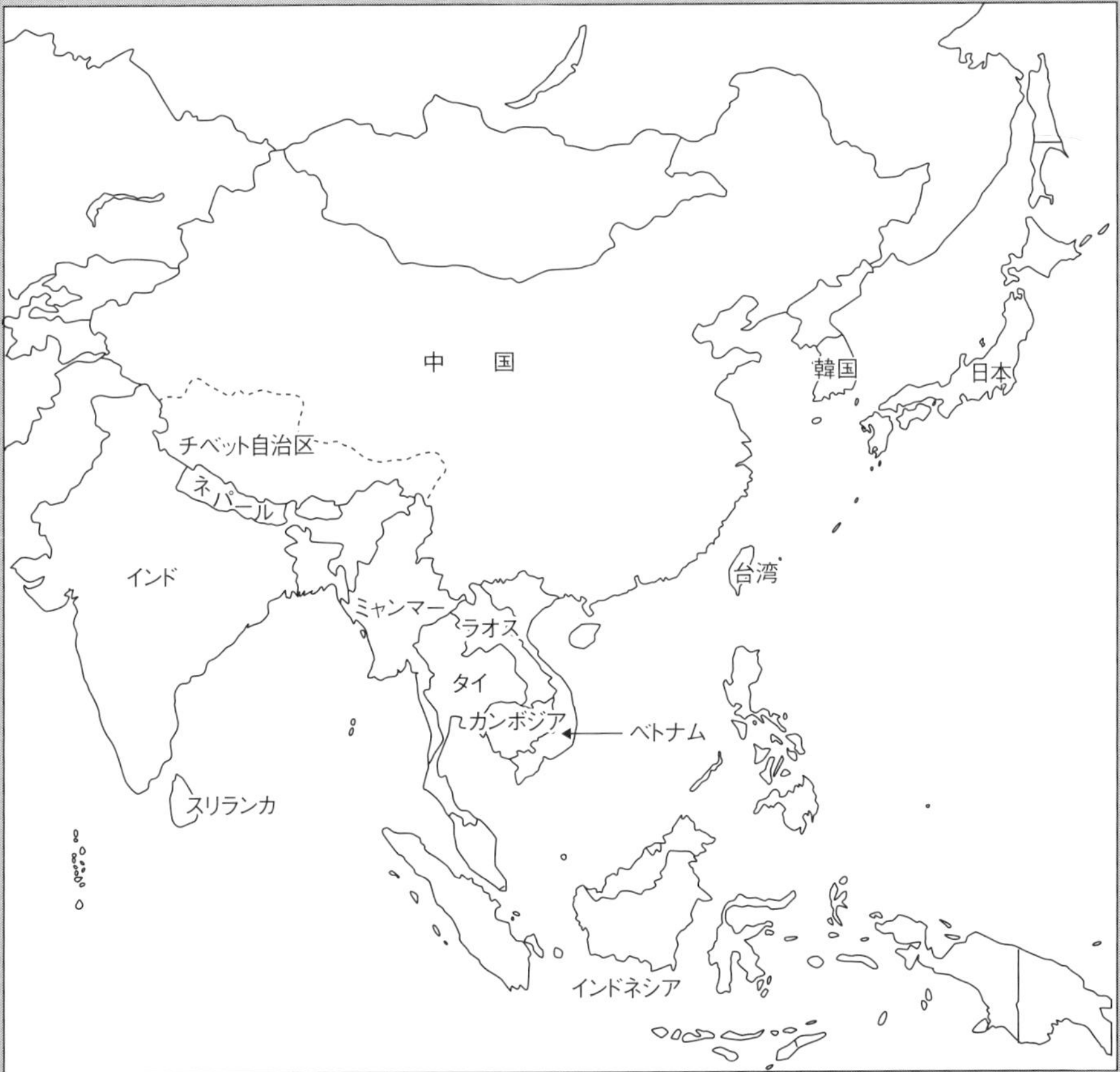

# アジアの仏教と神々

# 仏教とヒンドゥー教

## ——バクティ崇拝の誕生——

立川武蔵

### はじめに

一、二世紀のインド仏教に、信仰形態（崇拝形態）の大きな変化が見られた。大乗仏教が興隆していたこの時期に、仏（ブッダ、仏陀）に対する仏教徒の態度に変化が起きたのである。すなわち、戒律を守って修行を積むことによって仏教の最終目的である悟りを得るという方法に加えて、「人格神」に対する帰依によって精神的救いを得る方法が認められるようになった。仏の働きあるいは職能の観点からすれば、修行のモデルとしての釈迦から、魂の救済者である阿弥陀へという変化が生まれたということができよう。

ところで、これは単に仏教内に起きた変化ではないようだ。ヒンドゥー教においてもこの時期に同じような変化が起きていた。つまり、人格神ヴィシュヌに対する帰依（バクティ）によって、「個々人の魂（アートマン）の救い」

を得ようとする態度が見られるようになった。このような態度あるいは崇拝形態は、それ以前のバラモン教や初期ヒンドゥー教には見られなかった。

帰依という態度の萌芽的なものは仏教以前のバラモン教にも見られるが、人格神に対する帰依によって魂の救済を得ようとする方法が人々に承認されるのは、ヒンドゥー教にあっては紀元後、つまり大乗仏教の興隆とほぼ同時期であった。

このような変化は、ヒンドゥー教が仏教に与えた影響の結果なのか、あるいはその逆であろうか。それとも、ヒンドゥー教も仏教も、ともに両者を包む大きな流れの中にあったのであろうか。

## 一　ヨーガとバクティ

インドの宗教史は六期に分けられる。第一期は、インダス文明の時代（紀元前二五〇〇年から紀元前約一五〇〇年の間）であり、この時期にはインダス河流域において都市文明が開けていた。その後、紀元前約一五〇〇年頃、パンジャブ地方にインド・アーリア人が侵入した。インダス文明をインド・アーリア人が破壊したのか、あるいはインダス文明が消滅した直後に彼らが侵入したのかは不明であるが、紀元前一五〇〇年頃から紀元前五〇〇年頃までを、第二期「ヴェーダの宗教の時代」と呼ぶ。この時期はヴェーダ聖典に基づいて、バラモン僧たちが儀礼を行っていた時代である。次の第三期、つまり紀元前五〇〇年頃から紀元六〇〇年頃までは、非アーリア的な宗教が盛んであった時代であり、「仏教およびジャイナ教の時代」、あるいは「非アーリア系の文化の時代」である。第四期は、六〇〇年頃から一二〇〇年頃まで、すなわち、ヒンドゥー教の力が仏教のそれを凌いで発展した時代である。一二〇〇年頃から一八五〇年頃までの第五期は、インドがイスラム教徒による政治的支配を受けた時代である。その後の第六期、つまり十九世紀の中頃から今日に至る時代は、近代ヒンドゥー教の復興の時代である。

インド思想史の第二期、つまり「ヴェーダの宗教」と名づけられた時代は、バラモン教の時代とも呼ばれる。「バラモン」とは、「ブラーフマナ」（ブラフマンを有する者）の訛った形であるが、ブラフマンとは元来、呪力のある言葉、呪文のことを意味した。この語は、後に、宇宙的原理を指すようになった。ブラフマンはヒンドゥー教のパンテオンに男性神格として組み入れられてブラフマー神となり、仏教のパンテオンの中に取り入れられて梵天となった。

「ブラーフマナ」とは、呪力ある言葉、つまり祝詞（ブラフマン）を儀礼の中で詠う権威を占有していた職業的な歌い手集団であったが、後世、彼らはバラモン僧階級へと発展していった。

古代バラモン僧たちは、ヴェーダ祭式において神々に供物を捧げた。たとえば、ヴェーダの宗教を代表する儀礼の一つソーマ祭では、インドラ神（帝釈天）などに対して幻覚剤の一種ソーマ酒を捧げた。バラモン僧たちもその酒を飲んだ。つまり、儀礼を行っているバラモン僧たちとインドラ神との間には「交わり」があった。インドラ神に対してバラモン僧たちは、この神の好むソーマ酒を捧げ、その代償として神に自分たちの望みをかなえてくれるように願ったのである。祭官たちはインドラなどの神々が、あたかも自分たちの恵み深い「王」であるかのように語りかけ、自分たちの願いを伝えた。このような意味で、バラモン僧たちにとってインドラは、明らかにペルソナを有する者、すなわち人格神であった。もっともこの時代の祭式においてバラモン僧たちは、儀礼を依頼した者たちや自分たちに対する神からの恵みを期待したが、後世のヴィシュヌ信仰に見られるような、魂の救済を願ったわけではなかった。

われわれに残されているヴェーダ聖典の最も重要なものは『リグ・ヴェーダ』であるが、この神々への讃歌集は、紀元前一二〇〇年頃から紀元前九〇〇年頃までに編纂されたと考えられる。『リグ・ヴェーダ』をはじめとするヴェーダ聖典に基づいて、多くのバラモン僧たちは儀礼を執行し、王族たちもバラモン僧たちが執り行う儀礼を重視しながら政治を行った。しかし、紀元前八、七世紀ともなると、このような儀礼主義に対して、バラモン僧たちの間にも反動が起きた。主知主義的な態度をとる者たちが、ウパニシャッドといわれる聖典群を編纂しはじめたのである。この新しい運動では、ヴェーダ祭式を最優先させるというよりも、個我（アートマン）と宇宙原理、あるいは世界原理（ブラフマン）とが一体であることを直証することが重視された。ここで注目すべきは、ウパニシャッドにおいて語られるブラフマンは、中性原理であって人格神ではなかったことである。

ヴェーダの宗教（バラモン教）の時代を代表するヴェーダの儀礼主義とウパニシャッドの主知主義は、その後のインドの精神文化の二本の柱となった。ヒンドゥー教においては後に、この二本の柱にバクティ、つまり帰依（献信）の伝統が第三の柱として加わった。ヒンドゥー教においてバクティの伝統が第三の柱となった時期と、インド仏教、とくに浄土思想において帰依（バクティ）の伝統が生まれた時期とは、すでに述べたように、ほとんど同時期である。

紀元前五〇〇年頃から仏教およびジャイナ教が勢力を有するようになるが、それ以前から、ヴェーダの宗教はすでに力を弱めていた。しかし、その後、紀元前三、二世紀頃からヴェーダの宗教の要素も残しながら、土着的な文化の要素も組み入れて、新しい形のバラモン主義が復活してきた。その形態をヒンドゥー教と呼んでいるのである。

ヒンドゥー教の実践にとっては、二つの伝統、すなわちヨーガとバクティが重要である。ヨーガの行法は仏教の誕生以前からすでにインド・アーリア人たちに知られていたが、その起源はインド・アーリア人にもともとあったものではなくて、おそらくドラヴィダ系の民族が有していた実践形態が、インド・アーリア人の文化の中に組み入れられたものと考えられる。

ブッダの誕生は紀元前五〇〇年頃なのか四〇〇年に近いのかは、はっきりしない。はっきりしていることは、ブッダもヨーガ行者であったことだ。その後、仏教およびヒンドゥー教において、ヨーガの行法は最も重要な実践の方法であり続けた。

ヨーガという宗教実践の伝統とは別の伝統として、遅くとも紀元前一世紀頃には「人格神に対する崇拝によって個々人の精神的至福を求める方法」、すなわちバクティ崇拝が生まれてきた。先述のインドラ神も人格神であり、この神と祭官たちの間には「やりとり」あるいは「交わり」が存したが、人格神への帰依（バクティ）という崇拝形態は、ヴェーダの宗教にはなかった。少なくとも一般的ではなかった。

ヒンドゥー教や仏教におけるバクティあるいは帰依の伝統を考える際、同時にヨーガの伝統をも考慮に入れなくてはならない。というのは、インドの宗教の歴史において、もっぱらヨーガあるいはバクティのいずれかによって救済が追求されることもあったが、バクティの伝統は、ヨーガの伝統と関係して存続した場合がほとんどであるからだ。

ヒンドゥー教においては、ヨーガの実践はすこぶる古く、初期ヒンドゥー教の形成以前にすでに存在していたが、バクティ（帰依）が明確な救済方法として登場するのは、『バガヴァッド・ギーター』（『ギーター』）においてである。これは、インドの叙事詩『マハーバーラタ』に挿入された七百偈ほどの頌歌である。インドの文献としてはむしろ小品であるが、『ギーター』は今日までヒンドゥー教、とくにヴィシュヌ派におけるバクティの伝統の聖典として用いられてきた。この聖典では、神クリシュナすなわちヴィシュヌが王子アルジュナに対して、ヨーガの道、知識の道、およびバクティの道という三つの道の統合を説いている。

叙事詩『マハーバーラタ』が現在の形をとるのは五世紀頃であるが、その原形はおそらく紀元前三世紀に遡ると思われる。もちろん『マハーバーラタ』の中には仏教誕生以前、すなわち紀元前五世紀以前の古いエピソードも含まれている。『ギーター』はおそらく紀元前二、三世紀から紀元後二世紀の半ばまでにおいて形成された。『ギーター』が今日の形を採ったのは、一五〇年頃と考えられている。これは大乗仏教が台頭しつつあった時代である。人格神への崇拝というバクティが明確な形を採るのは、『ギーター』においてである。

中国や日本の仏教者たちが『般若心経』に対してそれぞれの立場から注を施してきたように、後世のヒンドゥー教の思想家たちは、こぞって自分たちの考え方を『ギーター』の注の形で述べてきた。今日、『ギーター』に対しては、シャンカラ（八世紀）、ラーマーヌジャ（十一世紀後半から十二世紀前半）、マハーラーシュトラの聖者ジュニャーネーシュヴァラ（十三世紀末）といった古代、中世の思想家たちの注が残されている。さらには、ローカマニヤ・ティラク（一八五六—一九二〇）、オーロヴィンド・ゴーシュ（一八七二—一九五〇）、ガンディー（一八六九—一九四八）といった近代のヒンドゥー教の復興に貢献した人たちも、『ギーター』に対してそれぞれの立場から注釈をし、書物を残してきた。『ギーター』の注釈史は、ヒンドゥー教の思想史ともいえるのである。

インドがいわゆる第四期に入り、仏教を支えていた商人階級が没落し、農業を中心とした時代へと戻ってしばらくした頃、つまり八世紀頃に、インド哲学最大の哲学者シャンカラが生まれた。彼は第四期の初期、つまりヒンドゥー教が支配的だった時代の先駆的イデオローグとして、ウパニシャッド聖典群に注を施すことによって、古代のバラモン的な精神を蘇らせた。もっとも、シャンカラにとっての究極的な存在は中性的な原理、非人格的な原理であった。シャンカラにあっても人格神に対するバクティ崇拝の側面がないわけではなかったが、シャンカラはバクティというよりもヨーガに重点を置いた。

第四期の末期、すなわちイスラム教徒による支配がはじまる直前に神学者ラーマーヌジャが生まれた。彼の説く神イーシュヴァラは、まさに人格神ヴィシュヌであった。シャンカラはどちらかといえばシヴァ崇拝との関係が深かったが、シヴァはヨーガ行者としての性格が強い。一方、ヴィシュヌはヨーガ行者というよりは人々の保護者であり、自分の姿をさまざまに変えて人々を救うような神である。森の中で瞑想に耽っている行者のような存在ではない。ラーマーヌジャ以後、ヒンドゥー教においてはバクティの伝統がますます重視された。

## 二　仏教におけるバクティ

千七、八百年にわたるインド仏教の歴史は、おおまかには三つに分けられる。仏教誕生から紀元前後までを、初期仏教と名づけることができる。紀元前後から六〇〇年頃までをインドの中期仏教と呼び、六〇〇年頃からインド仏教が滅ぶ十三―十四世紀頃までが後期仏教の時代である。

初期仏教ではブッダは偉大な教師であり偉大な先達であったが、ブッダは修行者の魂の救済者ではなかった。初期仏教徒たちは、ブッダに向かって、自分の魂を救済してほしい、とは願わなかった。僧たちはそれぞれヨーガの行法を実践することによって、自分の救済あるいは悟りを得ようとしたからだ。それは、ブッダ自身が生前行った方法でもあった。

インド中期仏教の初期に台頭しつつあった大乗仏教の運動にあっては、まず般若経典群の成立が見られた。この経典は、どのようなものにも不変で恒常的な実体はない、つまり、空である、と主張する。同時に、仏の働きやイ

図１　禅定印を結ぶ阿弥陀仏（中央）　スヴァヤンブー仏塔のトーラナ：カトマンドゥ

メージにも変化が起きていた。この経典群におけるブッダのイメージは、もはや釈迦族の太子ではなく、初期仏教には見られなかったような神格化を受けている。一方で、般若経典群におけるブッダは、われわれの住むこの娑婆世界に住む存在である。

二、三世紀頃には『阿弥陀経』『無量寿経』などの浄土経典が生まれた。この経典群におけるブッダの働きは、初期仏教、さらには初期大乗仏教の原始般若経典におけるブッダのそれとは大きく異なる。『阿弥陀経』や『無量寿経』にはサンスクリット原典やチベット語訳が残っており、数種の漢訳も残っている。中国においてこれらの浄土教経典は盛んに用いられ、日本における浄土教はこれらの経典を基本経典として用いてきた。

これらの経典にあっては、阿弥陀崇拝に対する帰依（バクティ）によって精神的救済が可能であると述べられている。これらの浄土経典に登場する阿弥陀仏は、魂の救済者なのであり、「自分の名前を唱えた者は必ずわたしの国、極楽浄土に生まれる」と約束する（図１）。

「浄土」とは清らかな国土のことであって、阿弥陀の仏国土のみを言うわけではない。「浄土」は一般名詞であり、仏の住む国土はすべて浄土である。『華厳経』の大日如来が住む国土も浄土なのであるが、阿弥陀仏の仏国土が有名であるゆえに、「浄土」と言えば阿弥陀仏の極楽浄土のことであると考えられがちであった。仏教では、一人ひとりの仏が国土を有している。一つの仏国土には、一人の仏しか住めない。

われわれの住む世界、すなわち娑婆世界の仏は釈迦牟尼（シャカ・ムニ）である。一方、阿弥陀はこの娑婆世界にではなく、遠く離れた極楽浄土に住むと考えられる。しかし、この阿弥陀を衆生、つまり人々はこの娑婆世界から見ることはできる。見ることはできるが、その浄土に生まれるためには死ななければならないと、『無量寿経』などの古代の浄土経典は述べる。これらの経典において阿弥陀は、「わたしを念ずるならば、わたしの国に生まれる」と宣言するが、「わたしと同じように如来になることができる」とは言わない（図2）。

図２　仏塔に彫り込まれた阿弥陀仏
：カトマンドゥ

インド中期仏教の終わり頃、つまり四、五世紀には密教的な色彩の強い大乗仏教が生まれ、この密教の流れはインド仏教の消滅まで続いた。ちなみに、大乗仏教の中に密教（タントリズム）と呼ぶ形態が見られるのであって、大乗仏教の時代の後に密教の時代が続くのではない。

密教の中で最も重要な仏の一人は、大日如来である。この仏は、この娑婆世界に住む仏である。つまり、釈迦と不一不二の関係にある仏である。この仏には、阿弥陀とは違って、修行者の究極的モデルという側面がないわけではない。しかし、初期仏教におけるゴータマとは異なって、帰依という方法によって精神的救済を与える仏でもある。

## 三　ヒンドゥー教におけるバクティ

ドイツの宗教哲学者ルードルフ・オットーは名著『聖なるもの』の著者であるが、彼の講演集（一九二九年）に『インドの恩寵の宗教とキリスト教』（『インドの神と人』立川武蔵・希代子訳、人文書院、一九八八年）がある。この書において、オットーはキリスト教文化圏に属する者として、インドの恩寵の宗教や日本の浄土教に、キリスト教信仰におけるのと同じような信仰があることに驚きを表現している（『インドの神と人』一九頁）。第二次世界大戦以前から欧米において日本の浄土教に対する関心が高まっていたが、オットーはそのような関心を持った者たちの先駆者的存在である。彼は日本にも来たことがあるが、真宗やヒンドゥー教の分派ヴィシュヌ教に関する研究を行い、『バガヴァッド・ギーター』に関しても著作を残している。

彼は先述の書の中で、仏教やヒンドゥー教において最も高いレベルの宗教的な財が問題になっていると述べ、救済の道への関心はウパニシャッドの言葉に呼びさまされて以来、インドの中で人を動かし続けてきた、と言う（『インドの神と人』一三頁）。また、バクティという救済は高度の訓練を積んだエリートたちのみではなくて、一般の者たちにも通ずるものであり、バクティによって主の恩寵を単純に信頼して受け入れることによって救いがもたらされ、バクティによる信仰は行為によるのではない、という点で親鸞に通ずるものだ、と言う。

オットー自身はキリスト教信仰に身を置いているゆえに、「主の恩寵」というようなキリスト教的観念によってバクティを説明しようとしている。しかし、彼の理解がインドのバクティ崇拝から遠く離れているとは思えない。自分の外に存する者からの恵みを受け入れ、自分自身の存在を主張するのではなくて、反対に己を空しくするという構造は、キリスト教信仰にもバクティ崇拝にも共通に見られるのである。

オットーは、ヒンドゥー教におけるバクティの運動が、仏教におけるそれよりも、はるかにキリスト教の信仰理念に近いと考えている。彼は、「なるほど真宗の教義は人格神的表象や解釈に近いが、人格神的解釈に到達することはなく、その最終的結果の手前でどこか脇道にそれざるを得ない。さもないと、仏教の枠を超えてしまうからだ」と言う（『インドの神と人』一二一頁）。

親鸞は、阿弥陀仏の人格神的側面が強調されるならば、そのイメージが「一人歩き」するのではないか、とおそれた。というのは、自己の外に存在する救済者のイメージが精緻なものになるにつれて、信仰者は明白なイメージを有する阿弥陀仏の前に立つ自己自身の存在により一層関わることになる、と親鸞は考えた。そうなれば、自己の「はからい」が増えるばかりなのである。それが理由であろうか、親鸞は阿弥陀仏を人間に似た像で描くことをすすめることなく、南無阿弥陀仏という文字を用いた。

オットーが「仏教の枠を超えてしまう」と言うのは、真宗のバクティの特殊性を感知していたからであろう。すなわち、親鸞はむろんヨーガの実習をすすめたわけではないが、念仏の中にすべてのものが組み込まれていき、信仰者の中では、自己と救済者の相違がむしろ意識されなくなることを目指した。念仏すなわち南無阿弥陀仏には、「南無」と言うように、人が阿弥陀へと向かうヴェクトルと、そのヴェクトルの向かう対象としての「阿弥陀仏」という、二つの契機が含まれている。というよりも念仏とは、その二つのヴェクトルが統一されて現成していることを言うのである。このようなバクティのあり方は、少なくともオットーの考えるキリスト教にはないものであったろう。

オットーは一方で、『マハーバーラタ』（森の篇、三十章および三十一章）の中のエピソードに言及する（『インドの神と人』二六頁）。パーンダヴァの五王子の長兄ユディシュティラが、百王子の長ドゥルヨーダナに賭け事に負けたため、財も国も奪われて、五王子と共通の妃ドラウパディーは森へ追放の身になる。その森の中で、ユディシュティラと妻のドラウパディーが対話をする。ドラウパディーは自分たちをこのような目にあわせたドゥルヨーダナが憎いとか、神はそのことを放っておくのか、とさんざんに神を詰《なじ》り、夫に向かって悪態をつく。

王子ユディシュティラは、神に背くことなく、神を認識することを学び、神を敬い、神への疑いを投げ捨てよ、と妻に言う。「神の恩寵によって死すべき人間が死から自由へと至り得る。その方こそ最高の神ではないか。今後この神を冒瀆することはやめよ、ドラウパディーよ」と妻をたしなめる。

今述べた箇所が『マハーバーラタ』に挿入されるのは、明らかに『バガヴァッド・ギーター』の挿入後である。すでに述べたように、『ギーター』が現在の形になるのは二世紀頃であり、このユディシュティラとドラウパディーの対話は、それ以後のかなり発展した恩寵、あるいはバクティの形を示しているからである。

すでに述べたように、インドでは古来、行為あるいは儀礼の道が、救いあるいは天界への道であるという儀礼主義の伝統が強い一方で、儀礼を行っても究極的な救いは得られず、知識あるいは智慧が重要なのだと主張する主知主義の伝統もともに存在してきた。このように、インドでは「行の道」と「知の道」との二つの伝統があったが、古代から続いてきたこの二つの伝統が、『ギーター』において受け継がれている。その二つの統一を『ギーター』は図ったのである。

一般に行為は目的を有するのであるが、『ギーター』におけるクリシュナは、目的を度外視して粛々と行為を行え、とアルジュナ王子に命ずる。これは一種の自己否定の道である。行為の目的を捨てて行為を行え、というこの自己否定の態度によって、『ギーター』はヒンドゥー教の聖典になり得た。というのは、個々人の魂の救済、つまり精神的至福を追求する形の宗教にあっては、自己否定の契機が不可欠だからである。『ギーター』もまた精神的至福を求める者たちに対して、ヴィシュヌ神への帰依を説いている（図3）。

『ギーター』は、行為の道と知識の道をまず統合し、その統合を踏まえてヴィシュヌへの帰依（バクティ）を導入する。行為の道と知識の道の統合のためには、儀礼を精神化（あるいは内化）することが必要であった。たとえば、ホーマ（護摩）は神々への供物を火の中へ入れる儀礼であるが、この儀礼行為に対して後世の仏教タントリズムでは、自分の心の中で煩悩を焼く行為でもあるという精神的意味を加えた。儀礼に対するこのような意味づけを、内化あるいは精神化と言う。『ギーター』は古代のヴェーダ祭式を、ウパニシャッドの説くブラフマンの活動と見なすことによって精神化している。

『ギーター』は、先ほど述べた自己否定の契機と儀礼の精神化という二つの操作によって、まず行為（儀礼）の道と知識の道との統合を図った。儀礼あるいは行為を精神化し、目的を考えずに行為するという形の自己否定の態度を貫くことによって、バクティすなわち人格神へ

図3　世界を三歩でまたぐヴィシュヌ
エローラ第15窟

図4　ヴィシュヌ四臂像。円綸、ほら貝、棍棒などを持つ
エローラ第16窟

の帰依の道を準備したのである。

## 四　見仏とヨーガ

『ギーター』十一章において、バクティの道の説明を終わった神は、アルジュナ王子に自分の姿を見せる。ルーマニア生まれの宗教学者ミルチア・エリアーデの言う「聖性顕現」（ヒエロファニー）である。アルジュナは神ヴィシュヌによって力を与えられて、ヴィシュヌの姿を目の当たりにする。ヒンドゥー教のバクティの伝統にあってはこれ以後、神の姿あるいはイメージは、信者が眼にすることができるものであると考えられてきた（図4）。

神のイメージの視覚化は、仏教においても問題となった。『阿弥陀経』や『無量寿経』は、仏弟子が浄土に住む阿弥陀仏を見たと述べる。当時は浄土の仏を見ることつまり見仏は、重要な問題であったと思われる。大乗仏教の大成者世親（四〇〇年頃）に帰せられる『浄土論』の中にも、浄土あるいは仏を見ることが一つの重要な宗教実践として述べられている。浄土あるいは仏を見る手段はヨーガである。つまり、シャマタ（止。精神集中の対象を定めること）とヴィパシュヤナー（観。定められた対象へと心がどこまでも伸びていくこと）によって見る、と世親は述べている。要するに、ヒンドゥー教および仏教では、ヨーガが基本になっているのである。もっともこのような見仏の思想は、親鸞の信仰にあってはほとんど問題にされない。そのことは親鸞の信仰の特質に根ざしている。

俗なるものをあくまで否定する運動を続けようとする遠心的なヴェクトル（方向を有する行為エネルギー）、それを担うのが阿弥陀仏である。俗なる現世に対して、否定的な契機を有しながらも現世を守ろうとする求心的なヴェクトル、これを担うのが密教における中心的仏である大日如来である。遠心的な力と求心的な力は本来、一人の仏にともに備わっていると思われるが、浄土教にあっては阿弥陀の有する遠心的な力が重視され、密教では大日如来の求心的な力が強調されるのである。

インドの浄土思想にあってはバクティが主要なる実践方法として用いられたが、上述のように、ヨーガが見仏の方法として採用されることもあった。一方、中国や日本の浄土教ではバクティの要素がとくに重視された。後世の密教においては、ヨーガとバクティの両方が重視された。

このように仏教およびヒンドゥー教にあっては、紀元前後においてバクティ運動が盛んになった。阿弥陀信仰は仏教におけるバクティ崇拝の現れの一つであり、ヒンドゥー教における現れは、『ギーター』に見られるクリシュナ（ヴィシュヌ）へのバクティ信仰である。その後もバクティは、仏教およびヒンドゥー教における主要な信仰形態となった。阿弥陀信仰とヴィシュヌ信仰との間に歴史的関連があったか否かの問題に、われわれはここで立ち入ることはできない。おそらくは、仏教とヒンドゥー教をともに巻き込んだ「帰依の宗教運動」が、世界的規模で起きていたのであろう。

## おわりに

ドイツの哲学者カール・ヤスパースが仏陀、ソクラテス、孔子およびイエスが出た時代を「軸の時代」と名づけている。それ以前の時代とは異なって、この時代において人類は、個々人の魂を問題にするようになったとヤスパースは考えた。

だが、この「軸の時代」の中でも大きな変換があったと思われる。つまり、この時代の初め頃にはバクティは明確な形を採っていなかったが、この時代の終わり頃には、バクティあるいは恩寵を中心とした信仰形態がはっきりしたのである。それまでには見られなかった阿弥陀信仰の台頭は、バクティの伝統が仏教史において加えられたことを意味する。

バラモン教あるいはヒンドゥー教においては、バクティあるいは神からの恩寵(プラサーダ)の思想が、『ギーター』以前から存在していた。そもそも『ギーター』に登場するクリシュナ神は、『ギーター』においてはヴィシュヌとすでに同一視されているが、元来は仏教の誕生以前における歴史的人物であり、ヤーダヴァ族の長であったクリシュナが、次第に人格神へと発展していったものと考えられている。しかし、バクティ崇拝がヴィシュヌ信仰の形態として確立したのは、『ギーター』以後である。

ユダヤ・キリスト教的伝統においては、われわれがバクティと呼んできた伝統はかなり以前から存在した。たとえば、『旧約聖書』「ヨブ記」に見られるように、神への信仰によって魂の救済を追求する伝統は、イエス以前にも見られた。そのような伝統を、イエスが明確な形で打ち出したのである。

ヤスパースがあげた四人の内、イエス以外の三人、ブッダ、ソクラテスおよび孔子は、「軸の時代」のむしろ初期に属した。この初期の時代には、われわれが問題にしてきたようなバクティは見られない。バクティの運動が明確になるのは四人目のイエスの時代、別に目を転ずれば阿弥陀崇拝の時代である。このように考えるならば、「軸の時代」の初めと終わりでは大きな変化があったと言えよう。

なぜこの時期、すなわち紀元前後から二、三世紀の時代に、バクティあるいは恩寵が問題となったのか。おそらくそれは、死の問題と関係があると思う。阿弥陀の国に生まれるためには、人は死ななくてはならない。『ギーター』は、戦争で死ぬ運命にある者たちにヴィシュヌが説く言葉を聖典としたものだ。イエスの天国は、死後に赴くところであった。

参考文献


1、上村勝彦『バガヴァッド・ギーターの世界―ヒンドゥー教の救済―』(日本放送出版協会、一九九八年)。
2、立川武蔵『ヒンドゥーの聖地』(山川出版社、二〇〇九年)。
3、辻直四郎著訳『バガヴァッド・ギーター』(講談社、一九八〇年)。
4、藤田宏達(訳)『梵文和訳無量寿経・阿弥陀経』(法藏館、一九七五年)。
5、ルードルフ・オットー(立川武蔵・希代子訳)『インドの神と人』(人文書院、一九八八年)。

# シンハラ仏教徒のパリッタ儀礼と神々

藪内聡子

## はじめに

スリランカで一般に普及している仏教徒の儀礼は、パリッタ儀礼と呼ばれている。日常的に、また年中行事として、あるいは人生の節目に行われ、シンハラ仏教徒の生活には切り離すことのできないものである。朝五時半には、比丘により誦唱されたパリッタがラジオから流れ、一日の開始となる。パリッタ（paritta）は、パーリ語で護呪、あるいは短小を意味し、したがって短い護呪経を内容とする。シンハラ語では、ピリット（pirit）と称されている。そしてパリッタ儀礼とは、パリッタの誦唱を伴う儀礼を指す。

パリッタ儀礼は、人生の始まりから終わりに至るまで、祝福のときも、悲しみのときも、災いから身を護るときも、いかなる場合においてもシンハラ仏教徒の心のよりどころとなっている。真実のことばを発することによって

図１　仏塔：カタラガマ

目的は必ず実現されるというインド古来の確信のもとに、人々は、仏陀の加護を得、禍から逃れ、福徳、幸を授かることを願い、パリッタ儀礼に参加する。パリッタ儀礼は、聖典の誦唱を通して出家者と一般民衆とを結びつけ、神々を包括したシンハラ人独特の仏教体系を所有しつつ、歴史を通じて引き継がれてきた。このようなスリランカの仏教徒の儀礼はどのようなものか、形式と思想の両面から明らかにしてみよう。

## 一　上座仏教と民間信仰

紀元前三世紀、インドマウリヤ王朝第三代目のアソーカ王の、息子あるいは弟として伝承されるマヒンダ長老によって、上座部の仏教が公式に伝道されたのが、スリランカへの仏教初伝とされる。スリランカのサンガはやがて、マハーヴィハーラ、アバヤギリヴィハーラ、ジェータワナヴィハーラの三派に分かれるが、十二世紀にマハーヴィハーラ派の伝統が正統とみなされて統一され、このマハーヴィハーラ派の仏教が東南アジア各国にもひろまった。近世の植民地時代にスリランカの仏教は衰退したが、ミャンマーやタイから戒脈を逆輸入し、今日に至っている。

上座仏教は、パーリ語を聖典用語とし、三蔵とその註釈を受持し、戒律を保ち、瞑想を実践して、輪廻からの解脱と涅槃を目指す。またパリッタを重視し、パリッタ儀礼を通じて一般の人々に対する現世利益的な解決をも図ってきたという歴史がある。もともと上座仏教には、通過儀礼などの個人の生活を規制する儀礼は存在しなかったが、その間隙をぬって、儀礼という形を民間信仰などから取り込みつつ、俗習と融合しながらシンハラの民衆に浸透して今日に至った。

現在のスリランカの寺院形態についても、ヒンドゥー教をはじめとする民間信仰としての神祇信仰の影響を受けているといえる。というのは、神々が、ヒンドゥー教寺院だけではなく、仏教寺院の境内にも祀られているのである。神々には地域性があり、どの神々を祀るかは寺院によって異なる。国家的守護神、地方神、俗神等を祀る祠をデーワーレと称するが、このデーワーレが、仏教寺院の境内においても、仏塔、仏殿、菩提樹の礼拝所とともに存在していることが多い。神々は、仏殿の回廊部や、ときに内陣部にも見られるが、デーワーレが建立されてその中に祀られている場合、そのデーワーレは仏殿や菩提樹の近くに配置されている。人々は香や花を捧げ、純粋な心で仏陀に礼拝して功徳を積み、デーワーレにおいては、財物を捧げつつ、今積んだばかりの功徳を神々に回施して現世利益を願う。現在のスリランカの仏教寺院は、仏陀を安置しているところであるとともに、他方で神々を祀るところともなっている（前田惠學、一九八七）。在家仏教徒にとっては、神々に対する信仰もまた重要なものであり、仏教と民間信仰の両者は、シンハラ仏教徒の生活には重なり合って存在しているといえよう。

図２　仏教寺院内にあるデーワーレ：パーナドゥラ

## 二　神々と仏教

ここで神（deva, devatā）は、シンハラ仏教の体系の中にどのように取り入れられてきたのか、その歴史的経緯をみておこう。

仏陀在世時のインドにおいても、神々の存在は仏教に敵対するものではなく、仏陀を尊崇し、敬慕する存在とみなされている。パーリ聖典の中には、神々が仏陀の近くにおもむき、教えを請うた例は多数みられ、仏陀と神々、さらに比丘と神々の対話が、聖典の至るところに伝承されている。神々も他の生きとし生けるものと同様に輪廻の生存の中にあり、仏陀に帰依する存在であった。そして仏陀の説示により、多数の神々が人間たちと同様に、阿羅漢果、不還果、一来果、預流果に達することができたとされる。

神々も仏陀の下位にあるというとらえかたはスリランカにも継承され、スリランカの正史『マハーワンサ』は、紀元前六世紀に、仏陀は神サッカ（帝釈天）にスリランカ島の守護を命じ、さらにサッカは、その任務を神ウッパラワンナに委任したと伝承している（Mhv. ch.7, vv.2-5）。神々は守護する力ある存在であって、仏陀を崇拝して助力し、サッカを頂上として上下の階層的関係をなす体系をつくり、最終的には常に仏陀の命令、委任に遡る。

現在のシンハラ人の有する仏教体系においても、仏陀が階層の最上に位置していると、とらえられていることに違いはない。仏陀に対する畏敬や崇拝の念は、他に対して見られぬ尊いものである。そして仏陀の下位に、仏陀の助力者として位置づけられているのが、ヒンドゥー神などのさまざまな神々である。これらは守護神であり、恩寵を認め、仏陀の権威の委譲を受けて現世で人々の願いに応え、世俗の事柄において人々を助ける。しかし神々の中でも階層があり、その境涯も一様ではない。高い境涯の神は慈悲心に富んでいて、理性的ではあるが、神々もすべて輪廻の中にあり、解脱、涅槃を求め、仏陀に帰依する存在である。そしてさらに神々の下位に、人間に災いをもたらす夜叉、鬼神などの悪霊が位置づけられている。理性なく、ときに人々に恐怖を引き起こす（片山一良、一九七三）。

このシンハラ仏教の階層体系において、祀られ、礼拝されるのは、仏陀と神々のみである。夜叉や鬼神などは、供物で宥められることはあっても、祀られることはない。神々が祀られるデーワーレは、仏教寺院内にも存在するが、仏教寺院の境内で神々の祈禱を担うのは、比丘ではない。カプラーラと呼ばれる専従の祈禱師である。カプラーラはバラモンとは異なり、妻帯した在家仏教徒である。寺院の外に家族とともに住み、必要なときに寺院に来て奉仕をする。寺院に食事を運ぶ当番も引き受ける。比丘の指図に完全に従いながら、デーワーレに関わる仕事を受け持っている。神々への祈禱に関わる儀礼やマントラの正確な知識は秘密であり、世襲であることが多い。人々は、寺院に来てデーワーレに詣でるときは、カプラーラに依頼して神呪を唱えてもらう。カプラーラは、神と人とを仲介する役目を担っている（前田惠學、一九八七）。

比丘たちは、神々に礼拝して祈願するようなことはない。比丘たちは、パリッタ儀礼を通して、すなわち聖典を誦唱することにより、神々に功徳を与える。比丘たちが神々の存在を認めていないわけではない。しかし、比丘たちにより唱えられる聖典は仏陀の語りの代弁であり、パリッタ儀礼の執行者である比丘たちにより、神々が招待される。かつて仏陀在世時に法集会に喜んでおもむいた神々のように、現在も神々は、パリッタ儀礼に参加して仏陀のことばを拝聴することを心から喜ぶと信じられている。仏・法・僧の三宝の威力のみならず、あらゆる神々の力との協力において、人々が安寧へと導かれるとされる。

図３　大統領選挙直前のパリッタ儀礼に集まった人々：コロンボ

## 三　パリッタ儀礼の目的と形式

では、現代のスリランカにおけるパリッタ儀礼の目的、誦唱形態、方法について具体的にみてみよう。

パリッタ儀礼は比丘により執行されるが、仏教徒であれば誰でも依頼することができる。儀礼の行われる機会は、個人的、社会的、宗教的、政治的目的の四つに分類可能である。個人的目的とは、出産、結婚、死などの人生の節目、また新築、移転、病気治療、旅行、開業などを行う場合、さらに無病息災を祈願する場合などがあげられる。社会的目的としては、新年（四月十三日）の節目、学校や病院の開設式などの行事、また水害や飢饉、伝染病の蔓延などの被害が生じた場合などである。宗教的には、仏教における重要な日、すなわち仏陀の誕生日（五月の満月の日）、マヒンダ長老により仏教が伝来した日（六月の満月の日）、仏陀が伝道を開始した日（七月の満月の日）、サンガミッター長老尼が菩提樹を将来した日（一月の満月の日）などにおける記念行事、さらに寺院建立、仏舎利奉納、仏像開眼供養などの場合があげられる。政治的目的には、独立記念日、大統領の海外訪問、要人来訪などの場合がある。

次にパリッタ儀礼の誦唱形態であるが、現在、大きくは、ワル・ピリット、徹夜ピリット、七日ピリットの三種類がある。ワル・ピリットとは、それぞれ所要時間が約一時間のパリッタ儀礼を、三回、五回、七回というように数回に分けて行う。三人前後の比丘によって行われる。ワルとは、シンハラ語で回の意味である。儀礼は、その日の朝と晩に一回ずつ行われ、たとえば三回のワル・ピリットであれば、朝に始まって、その日の晩と翌日の朝、または晩に始まって翌日の朝と晩の三回行われることになる。五回、あるいは七回行われるものもあり、その場合は、三日、あるいは四日に及ぶ。徹夜ピリットとは、夜九時から翌朝六時頃まで、八人以上の比丘によって、約二時間毎に偶数人ずつ交代しながら連続して誦唱が行われる。七日ピリットとは、七日間、徹夜ピリットを繰り返す。二十四人以上の比丘が必要となる（高橋壮〈前田編所収〉、一九八六）。

儀礼のための場所は、聖化される必要がある。パリッタ儀礼は、一般には在家信者の家か寺院で行われるが、その場合にはマンダパヤと称される六角形、あるいは八角形の囲いの場が設けられる。白一色で統一され、ナー樹葉、ココナッツ花、キンマ葉、ナー若木などがつりさげられ、床には、焼籾、カラシ、ジャスミン花、イー草などを撒く。マンダパヤの中には、テーブルと椅子が用意される。舎利の小壺、ピリット書、水瓶、ランプ、キンマ葉を盛った皿がテーブルに置かれ、比丘が椅子にすわる。また、ラージャガハあるいはインダキーラ（インドラキーラ）と称される柱が椅子に固定される。舎利の小壺は「仏」の、ピリット書（パリッタを記した書）は「法」の象徴であり、比丘すなわち「僧」の存在とともに、仏・法・僧の三宝がマンダパヤの中に位置づけられることになる。そして香、花が捧げられる（片山一良、一九七七）。

しかしながら、簡単に行われる儀礼には、マンダパヤもなく、さらに舎利の小壺もピリット書もない場合が多い。比丘がパリッタを唱える行為のみであるが、そのような折にも、水瓶は必ず比丘と在家信者との間に置かれる。水瓶の口は白布で覆われ、周りは糸でしばられている。誦唱後、人々は、この水を飲んだり、頭などにつけたり、家庭で行われた場合は家の壁につけたりする。水には、仏・法・僧の三宝の威力と功徳が含まれており、潤いによる恵みと浄めの作用があると考えられている。

糸が用意され、誦唱の間、舎利の小壺、ピリット書、水瓶、比丘、在家信者がつながれる。この糸も、三宝の力と功徳を伝える役割を果たし、誦唱後、糸は切られ、儀礼に参加した人々の首、手首、腰などの周りに結ばれる。糸は結び目を作ることによって護符の役目を果たし、悪霊などからの影響を排除するものとなる。最後に比丘に布施がなされ、終了となる。

## 四　パリッタ儀礼の歴史と聖典

すでに仏陀在世時に、古代インドで護身のために経典が唱えられたとされるが、スリランカにおいては、パリッタの誦唱が王の命のもとに国家行事とされ、飢饉、疫病蔓延などの禍に瀕して行われていたことが、史書により知られる。アヌラーダプラ時代のウパティッサ一世（在位三六八―四一〇年）治世下の事例が、文献に見られるパリッタ儀礼の最初のものである（Cv. ch.37. vv.191–198）。舎利の純金の模造品が作られ、仏陀の石鉢に水を入れ、比丘たちが『ラタナ・スッタ』を誦し、水を撒きながら右繞礼をなして、夜分にアヌラーダプラの都を巡行する雨乞いの儀礼がなされている。セーナ二世（在位八五三―八八七年）の治世下の儀礼は、疫病一掃のためであり、『ラタナ・スッタ』が黄金板に書写され、舎利のかわりにアーナンダ像が引かれながら、パリッタが誦唱された（Cv. ch.51. vv.79–81）。ダンバデニヤ時代、パラッカマバーフ二世（在位一二三六―七〇年）の治世下に至っては、歯舎利を用いながら、三宝、そしてこの時代には神として礼拝されたナータ（観世音）やメッテッヤ（弥勒）に供養しつつ、「神よ、雨を降らせ」という句とともに雨乞い儀礼がなされているのを、史書から確認することができる（Cv. ch.87. vv. 1–9）。

パリッタの誦唱が次第に制度として整えられる過程で、チャトゥバーナワーラ（四誦分）パーリと称される聖典群が、さまざまな目的のパリッタ儀礼で唱えられるに至った。チャトゥバーナワーラパーリは、律蔵の註釈によれば、初学の比丘が布薩などの日に説法するために覚えるべきものと位置づけられ（Sp. IV, p.788）、スリランカにおける紀元後十世紀の碑文によれば、これから出家しようと思う者が、得度する前に覚える学習のとりかかりとしての聖典群と位置づけられていた（EZ. I, p.48）。現在唱えられる聖典群は二十九種であるが、十三世紀には二十二種であったことが知られている。現在の聖典群となったのは、少なくとも十八世紀以降である。

以下に、現在スリランカに普及しているピリット書『マハ・ピリット・ポタ』に掲載されている、チャトゥバーナワーラパーリをあげてみよう。

(1)『サラナーガマナ』(Khp. p.1)
(2)『ダサッシッカーパダ』(Khp. pp.1–2)
(3)『サーマネーラパンハ』(Khp. p.2)
(4)『ドゥワッティンサーカーラ』(Khp. p.2)
(5)『パッチャウェッカナー』(AN. III, p.388)
(6)『ダサダンマ・スッタ』(AN. V, pp.87–88)
(7)『マハーマンガラ・スッタ』(Sn. pp.46–47, Khp. pp.2–3)
(8)『ラタナ・スッタ』(Sn. pp.39–42, Khp. pp.3–6)
(9)『カラニーヤメッタ・スッタ』(Sn. pp.25–26, Khp. pp.8–9)
(10)『カンダ・パリッタ』(AN. II, pp.72–73)
(11)『メッターニサンサ・スッタ』(AN. V, p.342)
(12)『ミッターニサンサ』(Ja. VI, p.14)
(13)『モーラ・パリッタ』(Ja. II, pp.33–35)
(14)『チャンダ・パリッタ』(SN. I, p.50)
(15)『スリヤ・パリッタ』(SN. I, p.51)
(16)『ダジャッガ・パリッタ』(SN. I, pp.218–220)
(17)『マハーカッサパテーラ・ボッジャンガ』(SN. V, pp.79–80)
(18)『マハーモッガッラーナテーラ・ボッジャンガ』(SN. V, p.80)

(19)『マハーチュンダテーラ・ボッジャンガ』(SN. V, p.81)
(20)『ギリマーナンダ・スッタ』(AN. V, pp.108–112)
(21)『イシギリ・スッタ』(MN. III, pp.68–71)
(22)『ダンマチャッカパワッタナ・スッタ』(SN. V, pp.420–424)
(23)『マハーサマヤスッタ』(DN. II, pp.253–262)
(24)『アーラワカ・スッタ』(Sn. pp.31–33)
(25)『カシバーラドゥワージャ・スッタ』(Sn. pp.12–16)
(26)『パラーバワ・スッタ』(Sn. pp.18–20)
(27)『ワサラ・スッタ』(Sn. pp.21–25)
(28)『サッチャヴィバンガ・スッタ』(MN. III, pp.248–252)
(29)『アーターナーティヤ・スッタ』(DN. III, pp.194–206)

第一誦分は(1)から(16)まで、第二誦分は(17)から(21)まで、第三誦分は(22)から(29)の途中まで、第四誦分は(29)の残りの部分である。『サラナーガマナ』つまり三帰依文によって仏教に帰依し、基本的学処を授けられ、戒に安立したのち、経典誦唱がなされていく。

これらはすべて、パーリ聖典に典拠をもつ。スリランカの現在の全サンガ(シャム派、アマラプラ派、ラーマンニャ派)で共通である。『マハ・ピリット・ポタ』は書店で容易に入手できるので、スリランカの仏教徒のほとんどの家庭に存在する。それぞれの経典は見開きにシンハラ語訳があり、パーリ語に通じていなくても、仏教徒であれば、シンハラの民衆はパリッタの内容を把握しているものである。

公式な場では、チャトゥバーナワーラパーリは全部誦唱されるが、時間の制約により聖典群全部が誦唱されないときもあり、またひとつの経典についても部分的にのみ誦唱される場合がある。また目的によっては、誦唱される経典が入れ替わり、聖典群が再構成される（出産のときには『アングリマーラ・スッタ』（MN. II, pp.97–105）がくみこまれる）など、柔軟に対応されている。

## 五　パリッタ儀礼に招待される神々

次に、順序が逆になるが、チャトゥバーナワーラパーリを誦唱しはじめる前の導入部を紹介するとともに、パリッタ儀礼で神々の招待される場面をみておこう。導入部ではつなぎのことばとして、パーリ聖典からのそのままの引用ではなく、儀礼執行のためにまとめられたパーリ語の偈も唱えられる。パリッタ儀礼を行う目的が集約され、さらに神々は人々に対する守護を比丘たちにより仰せつかる。導入部全体はサンガの各派で若干の違いがあるが、大要を記しながら、パーリ語の日本語訳を示す。

準備が整ったのち、儀礼を依頼する人々（在家者）が、現前にいる比丘たちにキンマを捧げ、「アーラーダナー」と称される偈を唱える。

「災厄を防ぐため、一切の栄華の成就のために、一切の苦しみを滅するために、吉祥なるパリッタを唱えてください。災厄を防ぐため、一切の栄華の成就のために、一切の恐怖を滅するために、吉祥なるパリッタを唱えてください。災厄を防ぐため、一切の栄華の成就のために、一切の病気を滅するために、吉祥なるパリッタを唱えてくだ

図４　神々の壁画：デウンダラ

さい」

そして比丘による短い説法、敬礼、三帰依文、五戒文ののち、比丘が「デーワーラーダナー」と称される偈を唱え、神々が儀礼に招待される。

「鉄囲山の至るところにおられる神々よ、こちらにおこしください。天界や解脱を与える牟尼の王（仏陀）の正法を聞いてください」

この偈が唱えられたのち、比丘によってパリッタ儀礼開始の宣言がなされる。再び敬礼したのち、『ダジャッガ・パリッタ』の一部が唱えられて、仏（如来の十号）・法・僧の三宝の徳が讃えられ、儀礼に参加した人々、そして神々に三宝の尊さが再確認されると同時に、これが真実語の発露となる。

「かの世尊は、供養に値する方（阿羅漢）、完全に覚りを開いた方（正等覚者）、明知と行いをそなえた方（明行足）、幸せな方（善逝）、世間を知る方（世間解）、無上の方（無上士）、人を調教する御者（調御丈夫）、神々と人間の師（天人師）、仏陀、福をそなえた方（世尊）である。

世尊により善く説かれた法は、現実のものであり、時を隔てぬものであり、来たり見よといわれるものであり、導くものであり、智者たちによって各自に知られ得るものである。

世尊の弟子の集いは、善く実践している。世尊の弟子の集いは真っ直ぐに実践している。世尊の弟子の集いは道理に基づいて実践している。世尊の弟子の集いは方正なる実践をしている。その集いとは、すなわち四双八輩である。世尊の弟子のこの集いは、供養されるべきであり、尊敬されるべきであり、施与を受けるべきであり、合掌されるべきである、世人にとって無上の福田である」

「この真実語により、三宝が汝をお守りされますように」

次に、『マハーマンガラ・スッタ』（大吉祥経）、『ラタナ・スッタ』（宝経）、『カラニーヤメッタ・スッタ』（慈経）が誦唱される。この三つの経は、マハ・ピリットとも称されてとくに重要視され、導入部とチャトゥバーナワーラパーリの両方で誦唱される（『ダジャッガ・パリッタ』も両方で誦唱されるが、導入部では先に紹介した一部のみである）。

その後、祝福と守護のために、比丘が神々と人々に次のように述べる。

「一切の吉祥あれ。守りたまえ、一切の神々よ。一切の仏陀の威力により、常に汝に安寧あれ。一切の吉祥あれ。守りたまえ、一切の神々よ。一切の法の威力により、常に汝に安寧あれ。一切の吉祥あれ。守りたまえ、一切の神々よ。一切のサンガの威力により、常に汝に安寧あれ」

続いて厄払いのための偈が唱えられ、覚りの威力を確信し、守護を固める宣言がなされる。

「星宿や夜叉や鬼神や不吉な蝕を遮るため、パリッタの威力によりそれらの禍を打ち砕け」

「一切の仏陀は力を得、独覚も得たその力、阿羅漢も得た威光により、我らはことごとく護を結ぶ」

他に、「パティッチャサムッパーダ」「ジャヤマンガラガーター」「マハージャヤマンガラガーター」が誦唱される場合もあり、導入部が終了する。そして、チャトゥバーナワーラパーリの誦唱が始まる。七日ピリットについては、最後の七日目に、神の使者（デーワドゥータ）と称される行列が、デーワーレへと繰りだされる特別な行事が付け加えられる。

チャトゥバーナワーラパーリの誦唱がすべて終了すると、次の偈が唱えられて誦唱全体の締めとなる。

「虚空に住する、また地に住する威力大なる神々、ナーガたちよ。その功徳に随喜して、人々と仏法を久しく守りたまえ」

## 六　パリッタ聖典の中の神々

ここで、導入部とチャトゥバーナワーラパーリの両方に含まれている三つの経、すなわちマハ・ピリットの内容を、註釈（Pj. I, II）をふまえて明らかにしよう。これらの経典は、クッダカ・ニカーヤ中の『スッタニパータ』と『クッダカパータ』の両方に、そのまま重複して存在する。この事実により、これらの経典の一連の詩句が、現在のかたちのニカーヤに編纂される以前から、重要視されてきたことを指摘できる。

『マハーマンガラ・スッタ』（大吉祥経）

本経は、人生の最高の吉祥とは何かを仏陀が説いたものである。偈から成るため、また、ほとばしることばをそのまま伝承しているため、内容は必ずしも体系的ではないが、平易なことばで、仏道修行の要とその日常的心構えが説かれている。あるとき、閻浮洲のあらゆる場所で、人々の間に吉祥とは何かという議論が広がり、さらにそれらの人々の守護神たちの間で、さらには地に住む神々、虚空に住む神々、四大天王、三十三天の神々の間で同じ疑問が起こり、一万の鉄囲山のあらゆる場所で、吉祥についての思案が生じた。吉祥とは何かという問いに対して意見が分かれ、十二年が過ぎ、三十三天の神々は、神々の王であるサッカにこの意味をたずねることにした。サッカは、火を捨てて蛍の光をともすがごとき状態をいましめ、我ではなく仏陀におたずねすべきであるとして、一人の神を仏陀のもとに遣わした。その神は一群の神々を従えて仏陀のもとにおもむき、利益と安楽をもたらす最高の吉祥を、私たちに説いてくださいと申し上げる。仏陀は、単に息を出し入れして生きているだけの愚者に親しまず、現世と来世の正義において智の歩みをもって行く賢者に親しむこと、つまり、愚者に親しんで吉祥に関する間違った見解を持ったことを非難し、仏や仏弟子たちに親しむ人々が、あらゆる恐怖、災難、災禍を打ち破り、梵天の世界、神の世界、善趣の世界に生まれることを説くことから始め、家族を大事にすること、正しい誓願を立てること、仕事に精を出すこと、布施をし、他の人々の幸せを願って法を説くこと、尊敬と謙遜の念をもつこと、足るを知って満足し、感謝すること、時に応じて法を聞くこと、耐え忍び、柔和であること、苦行と梵行を行い、聖なる真理を見ること、涅槃を現証することなど、それぞれを仏道修行の観点から説いていく。そしてこれらを実行し、あらゆるところで打ち砕かれることなく、あらゆるところで安寧となることこそが、最高の吉祥だと説かれる。

これらの教えを聞いたのち、一兆の数の神々が阿羅漢の境地に達した。預流果、一来果、不還果を得たものも、数えきれないほど多数にのぼったとされる。

『ラタナ・スッタ』（宝経）

本経は、ヴェーサーリーが飢饉や疫病に見舞われ、それらを鎮めるため、リッチャヴィ族たちが、請うて仏陀をラージャガハから招聘したときに語られたものである。当時、ヴェーサーリーは、雨が降らず穀物が実らなかった。食べ物がなく、人々が死に、死体の臭いで鬼神が集まり、さらに蛇風病という伝染病が発生した。仏陀がヴェーサーリーに到着すると、神々の王であるサッカは神々の一団にかしずかれてやって来た。威力大なる神々が集まったので、鬼神たちのほとんどは逃げてしまった。その同じ日、仏陀は都ヴェーサーリーの城門で、この災害を防除するために本経を説いた。アーナンダ長老が本経を学びとって護呪として誦えながら、仏陀の鉢に水を入れ、都城に撒いて巡り歩いた。長老がはじめの句を唱えただけで、ごみためや壁に残っていた鬼神は、都城の門を通って、あるいは城壁を破って退散した。人々の身体の中の疾病は平癒した。

仏陀は公会堂で設けられた座に坐り、比丘、王たち、民衆、そしてサッカをはじめとする神々も座についた。アーナンダ長老もヴェーサーリー中を歩いて守護を行ってから、ヴェーサーリー都城の住民とともにやって来て、一方に坐り、そこで仏陀はすべての人々のために本経をあらためて説いた。

本経はまず、鬼神や神々たちに対して仏陀が呼びかける。人間に慈しみを与えよ。友であること、利益する気持ちを起こしたまえ。命を憐れむものは多くの功徳をつみ、慈しみを受けた側にとっても、ともに利益あることである。人間はおまえたちに昼夜に供えを捧げ、おまえたちに恩恵を与えているのであるから、怠らずに守りたまえ。不利益をとりのぞき、利益を与えよ。恩を知る者であることを心に銘記して、常に思い出して守れ。次に、人間の災害を鎮めるために仏・法・僧の三宝の徳を明らかにする。すぐれた道をもたらし、一切智を獲得し、涅槃に導く法を説く如来（仏陀）と等しいものはなく、煩悩の滅尽、離欲、すぐれた不死、心の統一を説く法と等しいものはない。また四双八輩の世尊の弟子たちの集いは、不死に入って寂静を享受し、動揺せず、聖なる真理を断固として見る。施せば大きな果報がある。預流者は、第八の生存は取らず、三つの結縛を滅し、四つの苦界と六つの極罪を犯すことはない。古い業は尽き、新しく生ずることはなく、未来の生存に対して心は離欲し、種子を滅ぼし、それが生長することを欲しない堅固なる人たちは、燈火のように消える。このように仏・法・僧におけるすぐれた宝を示し、真実語を述べながら、この真実によって幸せあれ、と語る。これらのことばは、鉄囲山に存在する一兆の数の鬼神たちに受け取られたという。神々の王サッカも、次のように考えてことばを述べる。仏陀が三宝の徳に基づいて、真実のことばを結びつけて都城に幸せをもたらしてくださったのだから、私も都城の幸せのために、三宝の徳に基づいて、何か言わなければならない。生きとし生けるものは、神々と人間がつかえる、仏・法・僧の三宝を礼拝しよう、幸せがありますように。

『カラニーヤメッタ・スッタ』(慈経)

本経は、樹神に修行を妨げられた林住の比丘たちに対して、慈しみについて説いたものである。その時種々の地域にいた比丘たちは、仏陀のもとで観念修行法を習得してから雨安居に入ろうと仏陀のところへやって来た。仏陀は貪りをもつものには不浄観念法を、瞋をもって行為したものには慈しみ等の観念修行法を、癡をもって行為したものには念死観念修行法を、その他、出入息念や地遍処、界分別観など八万四千種の行為に応じた観念修行法を説かれていた。五百人ほどの比丘たちは、仏陀のもとで観念修行法を学びとってから、適した臥坐処を求めて辺境の村に行くと、村人たちは比丘たちに会うこと自体が困難であったので、喜ばしく思い、三か月の雨安居をそこに住んでもらうことを請い、修行の場や食糧などを整えた。

比丘たちは雨安居の期間、時刻を知らせる銅鑼をたたきながら、夜も昼も叢林の樹の根本で瞑想をしていた。戒を保った比丘たちの威光のために、自分たちの威光を損失した樹神たちは、住処である樹からおり、子どもたちを

図５　仏坐像：ダンバデニヤ

連れてあちらこちらと歩きまわった。一体いつ大徳たちは去るのだろう、そんなに長く子どもをかかえて出かけて暮らすことはできないと思い、比丘たちに、夜叉の姿になって恐ろしい声をたてたり、悪臭のある所縁を使ったりした。比丘たちは心の統一ができなくて、他の臥坐処に移動しようと仏陀にその旨を申し上げた。仏陀は、考えをめぐらしたが、彼らに適した臥坐処は他にはないことを見て、同じところに住んで煩悩を滅するように、そして慈しみが功徳をそなえることを助成するものであることを示し、神々からおどろかされないための護呪として、また業処として本経を学ぶことを説く。ことばやさしく柔和で、足ることを知り、簡素で、非難を受けるような行いをせず、他人を欺くことなかれ。あたかも母が己が独り子を命を賭けても守るように、生きとし生けるものたちに対して無量の慈しみの心をおこせよ。慈しみを修する人は、人々、また非人からも愛される。自分が嫌恨の情を調伏することによって、他からの障りなく、恨みなく、敵がない。そしてますます慈意を修習し、増大せよ、と語る。

比丘たちは慈心を基本として観に励んだ。すると神々は、臥坐処を掃除し、湯を用意し、比丘たちの背中を拭いたり、足を洗ったりして比丘たちの修行を守るようになった。そして比丘たちは、雨安居の三か月のうちに阿羅漢の境地を得た。

パーリ聖典のことばは、仏陀と神々との関わりの中から生まれたものでもあることを、われわれはここで確認することができた。註釈の史実性は明らかではないが、神々に対しても注がれている仏陀の慈しみの心、仏陀に対する神々の敬愛の念は、シンハラ仏教徒が深く信ずるところのものであり、それが、神々をも含めた仏教儀礼をつくりあげてきた所以となっていることは確かであろう。

## おわりに

仏教聖典は、古来口頭伝承されてきたものであるが、パリッタとして唱えることにより、また三宝を現前化した儀礼としての形式が整えられることによって、一般民衆に確固たる支持基盤を提供し、深く浸透するものとなったといえよう。

パリッタは短い護呪経を内容とするものであるが、呪力の源泉は、三宝の威力と真実語の力、慈しみの心を有しながら功徳を増しつつ仏道修行に邁進することにより得られる智慧、そしてそれから生じる清らかな聖性である。そして神々の守護あって、人々は安寧へと導かれる。

最後に、死に際してのパリッタ儀礼について付記しておこう。臨終前にパリッタの誦唱がなされるのは、死の直前の想念が、死後、次の生における再生のあり方を決定するという、シンハラ仏教徒の考え方が根本にある。それまでに行った功徳行為を思い出させ、パリッタ誦唱により心を浄化させる。そして、夜叉や鬼神などの悪霊が近づかないようにし、できるならばその場で功徳行為ができるようにしむけ、次の生でのより良き再生に結びつけることを願う（大岩碩〈前田編所収〉、一九八六）。死後一週間目、三か月目などに行われるパリッタ誦唱も、いつ再生が起こるか定かでない死者のために、再生の前に功徳を回向するためのものである。

シンハラ仏教徒のなすパリッタ誦唱は、祝福にあたり未然に災いを防ぎ、すでに生じた禍をも消散させ、人生のさまざまな場でなされる。そして最終的には、神々の守護のもとに、仏教本来の目的である、輪廻からの解脱、涅槃へと導かれるためのものなのである。

参考文献

1、片山一良「セイロンに於ける仏教と呪術的アニミズム—Pantheonをめぐって—」（『宗教学論集』第六輯、一九七三年）。
2、片山一良「パリッタ（Paritta）儀礼—スリランカの事例—」（『宗教学論集』第九輯、一九七七年）。
3、前田惠學編『現代スリランカの上座仏教』（山喜房佛書林、一九八六年）。
4、前田惠學「現代スリランカにおける仏と神々—仏教の二重構造—」（『日本仏教学会年報』第五二号、一九八七年）。
5、Lokuliyaya, Lionel, n.d. *The Great Book of Protections : Sinhala-Maha Pirit Pota*, H. M. Gunasekera Trust.

略号

AN.／*Aṅguttaranikāya*　Cv.／*Cūlavaṃsa*　DN.／*Dīghanikāya*

| | | |
|---|---|---|
| Ja.／*Jātaka* | Khp.／*Khuddakapāṭha* | MN.／*Majjhimanikāya* |
| Mhv.／*Mahāvaṃsa* | Pj.／*Paramatthajotikā* | SN.／*Saṃyuttanikāya* |
| Sn.／*Suttanipāta* | Sp.／*Samantapāsādikā* | （いずれも Pali Text Society より刊行） |

EZ.／*Epigraphia Zeylanica,* Archaelogical Department：London & Colombo, 1904-

コラム…❶

# 仏教と食事

蓑輪顕量

仏教者は菜食主義であり、また午後は食事をしない。これが古くからの原則であると思っている方が多いと思う。しかし、ことはそう単純ではない。

インドにおいて、仏教は出家主義を選んだ。出家主義とは、一切の生産活動を自らは行わないことを意味する。生活のすべてを在家の者たちに負う道を選んだのである。自分たちは生産には関わらず、解脱を目指して生活をする、だから生きていくために必要なものはすべて、在家の方からの布施に任せた。出家を誓う儀式のときに、四依住《しえじゅう》なるものが必ず誓われるのであるが、それは糞掃衣住、乞食住、樹下住、陳棄薬住であった。乞食住は、まさに余り物の食事をいただくことで生活することを宣言するものであった。食事はいただき物であったから、いただいた物はありがたく頂戴することが原則であった。

しかし、中には一般には食べないようなものが布施されることもあったとみえ、僧侶の方々の信用を落とすようなこともあったようだ。僧侶の品位を落とすような食とは、一般にタブーとされていた肉の食事、また、自らのために動物を殺させ、それを食するような場合であることは容易に想像がつく。つまり、食べてはいけない肉が存在したのである。とくに自らのためにその動物が殺されたことを見た、聞いた、疑われたの三通りに分けられ、それらの場合の肉は、三つの不浄の肉（見・聞・疑の三不浄と言う）と制定された。しかし基本は、布施されたものは好き嫌いなく頂戴することであった。

タブーの肉としては、『四分律』巻五十九によれば、象肉、馬肉、人肉、狗肉、毒虫獣肉などがあげられている。象は古代においては戦車を引く重要な軍事動物であった。象は国王

ミャンマー・マハシー道場の食事。肉料理がある

の所有と考えられ、その肉を食べることはもっての外であった。また、犬は南アジア世界では卑しい動物と考えられた。その卑しい動物の肉を食べることは、当然食べた者たちを卑しめることになる。そうなれば世間からの尊敬は得られず、布施は集まってこない。おそらく、そのような理由から、犬の肉は禁止されたのであろう。

ところが、肉食全般を禁止する理由が、別のところから生じた。それは、輪廻思想と慈悲の心とからであった。仏教よりも早くヒンドゥー教において肉食を禁止する慣習ができ上がったと考えられているが、仏教においても、慈悲の精神から、肉食そのものを禁止する動きが生じたのである。その傾向は、大乗仏教の中に顕著に表れた。東アジア世界に伝わった仏教は主に大乗であり、そこでは、基本的に肉食は禁止されるものであった。ここに、仏教は菜食主義であるとの通念が成立することになったのである。

東アジア世界の仏教では、僧侶は肉食をしない、精力をつけるような五辛を食べない、酒を飲まない、ということが大事にされた。また、非時食も守られたが、実際にはその適用には柔軟な部分もあった。病気のときには例外が許され、薬石と称して簡単な夕食をとることも可能であった。

しかしながら、肉食は、一般の方から厳しい目で見られた。その

韓国・全羅南道・双渓寺門前街の精進料理

ような中で、中国の明代の頃からと想像されるのであるが、菜食を肉食のように見せるという調理技術が生まれた。福建省の料理に起源を持つと言われるが、いわゆる肉「もどき」の大豆料理が生み出されたのである。この料理は、日本に江戸時代の初めに黄檗宗の僧侶の方々によってもたらされた。現在ではそれは、普茶料理という名称で一般に親しまれている。その食材の一例をあげよう。今では日常の食べ物となった「がんもどき（雁の肉のようなもの）」は、実は、彼らがもたらしたものである。

普茶料理は、見た目はさほど肉料理ではないが、一見、肉と見まがうものがある。しかし、すべてが精進の野菜料理である。四人で一卓を囲むのが正式な作法というが、肉食を禁じられたがゆえに野菜等を肉料理に見せる遊び心が、普茶料理の中にはかいま見えて微笑ましい。

また、韓国においても食事は精進である。ちなみに韓国の寺院は山の中に在ることが多いので、そのせいであろうか、山菜をふんだんに使った料理が多い。いわば、山菜づくしのキムチ料理といった感がある。

日本の仏教もまた、この精進の伝統の中に生きている。平安時代の『枕草子』の中に、お寺の料理が「そうじもの（精進物）」として登場するのが早い例であるが、奈良の寺院では、法会のときに野菜を中心とした料理が供される。高野山では冬の寒さを利用した高野豆腐が、また比叡山では引き上げ湯葉と定心房と呼ばれた大根の漬け物（のちに沢庵和尚がウコンで色を着け、タクアンとなった）が、特徴的な料理であったという。

このように東アジア世界においては、仏教者には菜食の伝統が育まれ継承されたのである。

# 玉座の少女——クマリ——

前田知郷

## はじめに

暗がりの部屋の奥、玉座にすわる少女がいる。ここはネパールのパタン市、彼女はクマリ（図1）と呼ばれる生身の女神である。あどけない姿には似つかわしくない、女神としての威厳を感じる。クマリは玉座にすわるとき、笑うことも話すこともしない。ただ、クマリは訪れた信者の額に祝福のティカ（赤い印）を授ける。パタン市のクマリには二―三歳のハク・バハ（仏教寺院）に属するネワール（ネワール語を母語に持つ人々）の仏教徒の少女が選ばれ、初潮までの期間、その少女は女神として人々から崇拝される。クマリは脱魂・憑依のような状態に陥り、霊的存在との直接交流を行うシャーマンとは異なる。少なくともネワールの人々は、クマリがシャーマンであるとは考えていない。時に、クマリは女神を招き入れる純粋無垢な容器として表現されるが、少女自ら霊的存在と交流することはない。ネワールにとって、クマリは本来、目に見ることのできない神が、自分たちの目前に人間の姿で顕現しているのである。クマリはネワール社会において重要な女神とされている。それは仏教徒に限らず、ヒンドゥー教徒にとっても同様である。ネワール社会に残る多くの儀礼には、クマリの臨席が必須である。クマリは単に人々に崇拝されるだけの女神ではなく、儀礼においてもその存在は大きな意義を持っているのである。

マッラ王朝期（十二―十八世紀）、ネパールでは密教中心の仏教が盛んになっていた。出家する人々が増え、仏教徒は増加する一方であった。そのような状況下で、十四世紀末、世俗の生活を捨て出家する人々が増加すれば、カースト制度が支えていた国家体制が崩壊するという危機を感じたジャヤスティティ・マッラ王は、カースト制度の法制化を行った。その結果、仏教徒たちもヒンドゥー教のカースト制度に組み入れられることになり、ネパールの仏教は出家制度を持たない仏教となってしまう。マッラ王朝下、ネパールの仏教は栄華を誇るが、その仏教はヒンドゥーの要素を多分に吸収したものであった。そして、シャハ王朝によって統一された十八世紀以降のネパールでは、さらにヒンドゥー教の勢力は強まり、仏教への弾圧が激化し、仏教徒の多くはヒンドゥー教へと改宗していった。

図1　パタン市のクマリ

クマリ崇拝の明確な起源はいまだ解明されていない部分が多いが、クマリ崇拝にはこのような仏教徒が歩んできた歴史が深く関わっている。たとえば、ネパール最大の国民的祭りで、クマリの就任の儀礼が執り行われる秋の大祭ダサインでは、ネワールの仏教徒、ネワールのヒンドゥー教徒、ネパール語を母語に持つネパーリのヒンドゥー教徒はそれぞれ、クマリの参加を必須とする。しかし、クマリに対する崇拝の方法や構造には違いが見られる。クマリ崇拝の全体的な構造を解明すること、さらにはクマリを軸にダサイン祭を考察することは、ネパールにおいて仏教がどのようにヒンドゥーの神々や土着の神々と関わり、儀礼を行ってきたのか、その一面を知る手がかりとなると考えられる。

## 一　カトマンドゥ盆地を守護する女神たち

### 聖なる盆地とネワール

ネパールの政治、文化の中心として栄えてきたカトマンドゥ盆地は「ネパール・マンダラ」と呼ばれてきた。盆地は閉ざされた一つの世界であり、聖なる空間として位置づけられた。そして、この聖なる盆地は八母神を祀る寺院によって囲まれ、守護されている。これまで、カトマンドゥ盆地に古くから住み、ネパールの文化の担い手であったのはネワールの人々である。彼らの文化は高度な精神性を持ち、精緻な彫刻を施した多くの建築物が残されている。ネワールはチベット・ビルマ語系に属するネワール語を母語に持つ人々のことである。シャハ王朝が樹立される以前にカトマンドゥ盆地に住んでいた人々の子孫を、現在ネワールと呼ぶ。一方、現在のネパールで圧倒的多数を占める、印欧語系のネパール語を母語に持つ人々はネパーリと呼ばれ、彼らはシャハ王朝の樹立とともに盆地に移り住んできた征服民であり、彼らの多くはヒンドゥー教徒である。

現在、ネワールの人々はヒンドゥー教を信奉する者もいれば仏教を信奉する者もいるが、ネワールの人々が代々継承してきた仏教をわれわれはネパール仏教と呼び、仏教徒とはネワールの仏教徒を指す。彼らの仏教は、インドの大乗仏教の伝統を引き継いだものであり、現在のネパール仏教を構成する神々は、インド後期密教の神々とほぼ同じである。

ネパール史の中で、最初に仏教の存在を確認できるのはリッチャビィ王朝（五―九世紀）時代である。七世紀にはすでに、密教がネパールに伝えられていた。ネパールの中で密教の勢力が強まってくるのは、過渡期と呼ばれる九―十三世紀である。そして、マッラ王朝下、ネパール仏教は密教中心となり、この時期、多くの仏教寺院が建立され、仏教はネパールの地で栄えた。しかし一方で、マッラ王朝は外部からヒンドゥー的な文化を多く摂取し、既存の文化と融合させ、独自の文化を発展させていった。このようなヒンドゥー的要素の浸透は仏教にまで及び、密教中心となっていた仏教はヒンドゥー教的な色彩を帯び始める。シャハ王朝においては、ヒンドゥー化を強固に進め、仏教への弾圧は続いた。現在の仏教がヒンドゥー教の多くの儀礼を取り込んでいるのは、仏教がヒンドゥー教の波にのまれつつも、ネパールという地から彼らの伝統を絶やさないための苦肉の策だったに違いない。このマッラ王朝期のヒンドゥー的要素の仏教への浸透は、明らかにクマリ崇拝にも及んでおり、複雑なクマリ崇拝の構造を作り出したのは、このような歴史的背景によるものである。

## ネワールとクマリ

クマリという発音はネワール語に倣ったものであるが、サンスクリットではクマーリーと発音し、処女や童女を意味する言葉である。ネワール社会で、クマリと呼ばれる少女は一人だけではない。首都のカトマンドゥ市には十八の主要な仏教寺院があり、以前そのすべての寺院にはクマリと呼ばれる少女がいた。ネワールの仏教徒たちは、ある特定の儀式においてクマリの臨席を必須とし、少女を女神として崇拝する伝統を守ってきた。しかし、その伝統も次第に衰退し、多くのクマリはその姿を消している。なぜなら、クマリになると、その少女や家族には多くの制約が課せられるからである。さらには、クマリの伝統を守るための援助をどこからも受けられず、維持が困難だからである。クマリの伝統の衰退とともに、クマリの臨席を必須としていた儀礼もまた、変容を余儀なくされている。クマリがいなくなった今日では、クマリの隣席を他のもので代用するなどの方法がとられている。

クマリ崇拝は伝統継承の衰退という現実的な問題に直面しているが、カトマンドゥ市、パタン市、バクタプル市のマッラ王家と縁のあるクマリたちの伝統は、彼女らの属する寺院の人々の尽力により現在も維持され続けている。マッラ王朝期、カトマンドゥ市、パタン市、バクタプル市は、それぞれ一つの独立した国であり、この三都市国家にはそれぞれロイヤル・クマリと呼ばれるクマリが存在していた。その中でも、シャハ王朝によって守られてきたカトマンドゥ市のクマリはロイヤル・クマリと現在も呼ばれ、ネパールを統治する権限をシャハ王に授ける役割があると認識され、クマリの伝統は継承されてきた。パタン市とバクタプル市のクマリはシャハ王家の庇護を受けることはなかったが、パタン市のクマリの伝統はバクタプル市に比べると厳格に継承され、一方、バクタプル市のクマリの伝統はかなり衰微してきている。最も古いクマリの伝統を持つのはパタン市のクマリであり、われわれ外国の者が比較的容易に会うことのできるクマリもまた、パタン市のクマリである。

マッラ王家と縁のあったクマリたちは、仏教徒から選ばれるにもかかわらず、ヒンドゥー教のマッラ王朝の守護女神であったタレジュと密接に関係を持つ。人々がクマリを崇拝する場合、クマリはクマリとして崇拝される場合と、他の神と関連づけられながら崇拝される場合がある。他の神と関連づけられる場合、多くのヒンドゥー教徒たちは、クマリはタレジュであると考える。現在では、その信仰の形態が一般的なクマリ崇拝であるかのように思われている。しかし、仏教徒もまたクマリを崇拝の対象としており、彼らにとってクマリはタレジュではない。クマリは仏教の秘儀においては、インド後期密教の神であるヴァジュラ・ヴァーラーヒーであると考えられている。

## ハク・バハとクマリ

マッラ王朝時代、ハク・バハと呼ばれる仏教寺院はパタン市の王宮の中にあり、このハク・バハに属するヴァジュラーチャールヤの幼女がクマリに選ばれており、現在もこのクマリの伝統は続いている。ハク・バハのサンスクリット名称は、シュリー・ラクシュミー・カルヤーナ・ヴァルマ・サンスカーリタ・ラトナーカラ・マハービハーラと言う。パタン市が一つの王国であったマッラ王朝後期、ハク・バハのクマリは王族と深い関係を持ち、いくつかの儀礼の際にはクマリの臨席を必要としていた。

現在、ハク・バハは王宮から東方に五分ほど歩いた場所にある。ハク・バハの本堂に向かって左側には、クマリのアガム（密教堂）へとつながる入り口がある。ここを抜けると左手奥に階段があり、その上にクマリのアガムがある。普段はとくに使用されておらず、中には何もない。クマリは通常、ハク・バハ内にあるクマリ専用の家で生活することが望ましいとされる。しかし、老朽化が進み、日常生活を送ることが困難であるという理由から、家族とともに自宅で生活するクマリもいる。

日常、クマリは赤い服を身に纏い、目には長いアイラインを引き、額には第三の眼をつけ、その少し上には少量の赤い粉をつけている。特別な祭りの日には、第三の眼の周囲を赤く塗り、多くの装飾品を身につける。クマリの生活には多くの制約が課せられている。特定の祭りや儀礼への臨席が義務づけられ、それ以外の日は自宅から外へ出ることは許されず、学校へ行くことさえもできない。また、祭りや儀礼のために外へ出る際、直接地面に足が触れることは禁止されており、常に誰かに抱えられて移動しなければならない。

## 二　国家儀礼としてのダサイン祭

### 美しい町、パタン

美しい町を意味するラリタプルを正式名称として持つパタン市は、仏教色を色濃く残す町である。この町は三都市（カトマンドゥ市、パタン市、バクタプル市）の中で一番古い歴史を持ち、クマリの伝統も最も古い。町の中央部にはマッラ王朝後期の王宮（図2）が残り、その周辺には古い町並みが広がる。王宮の一角に、「主要な中庭」を意味するムール・チョークという庭がある（図3）。ムール・チョークは、王家の犠牲祭を行うための場として建立され、地面にはレンガが敷き詰められている。ムール・チョークはほぼ正方形の中庭をぐるりと囲むように建物が建てられ、大小二つの寺院を併設しており、いずれもマッラ王族の守護女神であった、タレジュを祀る寺院である。

マッラ王朝期に建立されたムール・チョークは、ネワールのグティと呼ばれる組合によって管理されている。グティとは、ネワール族社会の宗教儀礼や冠婚葬祭などの行事や寺院の維持管理をする組合のことである。ムール・チョークのグティには最も重要な任務があり、それは儀礼に際し剣と棒を持つことである。剣と棒を持つ人はグティより任命され、証明書が発行されるほど重要な役割である。剣と棒はマッラ王を象徴しており、以前マッラ王

図２　マッラ王朝の王宮：パタン市

が臨席していた祭祀、儀礼には、現在でも必要不可欠なものとされている。

ムール・チョークで行われる祭祀、儀礼はネワールのヒンドゥー教司祭が執り行う。司祭の集団は、「タレジュ儀礼実行団体」という名称を持つ老若十人からなる組織である。彼らはマッラ王朝の儀礼を司る者たちであり、マッラ王朝が滅亡した現在においてもマッラ王朝の伝統に従い、種々の儀礼を執行している。そして唯一、彼らだけがタレジュ寺院に足を踏み入れることが許されている人々である。団体の長である司祭をム・プジャリと呼び、彼が主となり儀礼を行う。

マッラの治世からシャハへと移行した後、ムール・チョークの内部にも変化が生じた。ムール・チョークで行われる犠牲祭の執行者はネワールのヒンドゥー教司祭であったが、そこにネパーリのヒンドゥー教司祭も加わるようになった。ネパーリのヒンドゥー教司祭は、シャハ王家の伝統を継承する者である。また、王家との縁を持つ家系の者が補佐役として司祭を手伝い、現在、補佐人は四つの

図3　ムール・チョークの内部と
タレジュ寺院

家族によって引き継がれている。

ネパーリのヒンドゥー教司祭の犠牲祭への介入は、マッラ王朝の伝統を衰退させるものではなかった。彼らは、ムール・チョークの中に新たに彼らのための犠牲祭の神事の場を建立した。それが、バイラヴァの祠とユーパである。ユーパは犠牲の場であり、犠牲に捧げる動物の頭を固定するための木の杭が立てられている。バイラヴァの祠は、ダサイン祭に女神ドゥルガーを安置する場所として利用される。ネパーリとネワールのヒンドゥー教司祭たちは、同じ場所で同じ時に、長い間犠牲祭を司ってきたが、互いの伝統を打ち消し合うことなく、それぞれの伝統に従ってきたのである。

## ムール・チョークのダサイン祭

ダサイン祭はネパールで行われる一年で最も大きなヒンドゥー教徒の祭りで、十五日間続く。西暦の九月の中旬から十月の初旬あたりがこの時期に相当する。ダサイン祭の特徴は三つある。一つめは、インド全域とネパールに見られる豊穣儀礼である。各家庭や寺院では、大麦などの種を盆あるいは壺の中に撒く。それを祭りの期間中、太陽の光に当てることなく栽培する。十日目以降、それらの新芽（ジャマラ）と額につける赤い印（ティカ）とを、ともに目上の者から人々は授かる。二つめは、インドの一部かつネパールにおいて見られる、女神を称える儀礼である。ドゥルガー、タレジュ、八母神といった女神たちへの供養がなされる。この女神を称える儀礼においては、神々に動物の犠牲を捧げる場合がある。三つめは、武器を清める儀礼である。
ムール・チョークでのダサイン祭は、ネワールのヒンドゥー教司祭と、ネパーリのヒンドゥー教司祭による二つの伝統に従った儀礼が執り行われる。それについて、ネワールとネパーリそれぞれのダサイン祭の大まかな工程を見ていくことにする。

ネワール

一日目　小さなタレジュ寺院内に壺の安置、剣の安置。

二日目　朝晩、神々に対する供養。

（八日目まで毎日同様のことが行われる）

七日目　タレジュのシュリー・ヤントラ（護符）が、大きなタレジュ寺院から小さなタレジュ寺院へと移される。その後、二頭の山羊の供犠。

九日目　小さなタレジュ寺院の前にて、一羽の鶏、一羽のあひる、四頭の山羊、二頭の水牛の供犠。山羊と水牛の頭部は、小さなタレジュ寺院内に供えられる。童女供養。

十日目　司祭や関係者は、クマリよりティカとジャマラを授かる。

ネパーリ
一日目　バイラヴァの祠内に壺の安置、一頭の山羊の供犠。
二日目　早朝、一頭の山羊の供犠、晩には神に対する供養。
（八日目まで毎日同様のことが行われる）
六日目　童女供養。
七日目　フル・パティ（花や葉を寺院の中に運び供養を施す）と、二頭の山羊の供犠。
剣の供養、童女供養。
八日目　八日目から九日目にかけての深夜、ホーマ儀礼とユーパとバイラヴァの祠内で、三頭の山羊と二頭の水牛の供犠。
九日目　ホーマ儀礼、ユーパにて四頭の山羊と七頭の水牛の供犠。
十日目　補佐人は司祭からティカとジャマラを授かる。

九日目、ネワールもネパーリもともにダサイン祭で最も大きな犠牲祭を催す。この犠牲祭は一般の人々にも公開され、マッラ王を象徴する剣と棒の臨席も確認できる。ムール・チョークでは、楽隊によって奏でられる音楽が鳴り響き、見物人たちは犠牲に捧げられていく動物を目の前にし、異様な盛り上がりを見せる。辺りは次第に血の海になり、人々の熱気によって、ますます血の匂いはムール・チョーク全体へと広がっていく。犠牲に捧げられた水牛の腹から腸が取り出され、きれいに処理された腸は、小さなタレジュ寺院の入り口とムール・チョークの入り口にそれぞれ吊り下げられ、犠牲祭は終焉を迎える。

以上がダサイン祭の大筋の工程である。この工程の中で、クマリと関連のある事項は、童女供養である。童女供養はネパールの一般家庭においてもダサイン祭に行われる供養の一つであり、ネパールのみならず、インドのベンガル地方などにおいても行われる。ネパールでは、ネワールの仏教徒の間でも童女供養が行われることが特徴的である。ネパールでの童女供養は少女を着飾らせ、女神として崇拝し供物を捧げるというのが基本的な形態のようである。

## 三　ムール・チョークにおける童女供養

### ネパーリのヒンドゥー教徒

パタン市のムール・チョークでは、ダサイン祭の期間中、ネパーリのヒンドゥー教司祭は二回の童女供養を行う。一回目は、六日目の早朝、バイラヴァの祠の中で執り行われる。バイラヴァの祠の中では山羊が犠牲に捧げられたばかりである。犠牲に捧げられた山羊の頭部はドゥルガーに捧げられ、身体は即座に祠内にて解体される。山羊の解体後、間もなくして少女が祠の中へと招かれる。彼女はネパーリであり、ジーンズに刺繡入りのピンク色のシャツを着ている。童女供養を施される少女は、本来赤い衣服を着なければならないが、彼女は、普段よりも少しおしゃれをしているようではあるが、供養のために特別な身なりで寺院を訪れているようには見えない。少女は祠の中で直立のまま司祭により供養を受ける。司祭はバナナやグァヴァを葉っぱで作られた器にのせ、それを少女の足元に供える。額と両足の甲に赤い粉がつけられ、マントラと花によって少女は供養を施される。この供養はおよそ二分で終わる。

二回目は、七日目の夕刻である。七日目はネパーリのヒンドゥー教徒にとって、フル・パティ（花と葉）と呼ばれる重要な日である。フル・パティはネパーリのヒンドゥー教徒が行う儀礼の一つである。彼らは花や葉を女神と見立て供養を施す。ムール・チョークでは、六日目に二人の補佐人がパタン市からドゥンベシという村を訪れる。そして、バナナの葉、マリーゴールド、ベルの葉、しょうがの葉、サトウキビ、トゥラシーの葉を持ち帰る。司祭はパタン市のプル・チョークまで、それらを迎えに出向く。ハク・バハはムール・チョークとプル・チョークとの間にあり、花や葉を迎えた司祭一行はクマリのもとを訪れる。この司祭の訪問に合わせ、クマリは、ハク・バハの入り口の前に用意された玉座にすわっている。司祭はまずクマリの周辺を花で清め、その後、クマリの足と手を聖水で清める。司祭はクマリの足元に額をつけ崇拝する。クマリへの供養は三分間ほどで終了し、司祭一行は再びムール・チョークへと歩を進める。

## ネワールのヒンドゥー教徒

ダサイン祭の九日目の夜、ハク・バハにはクマリと十一人のハク・バハに属する子供たち（仏教徒）が集う。ハク・バハのクマリのアガムにおいて、子供たちは「タレジュ儀礼実行団体」のム・プジャリから供養を受ける。その後、場所をムール・チョークに移し、再び子供たちは司祭より供養を受ける。子供たちの供養が終了すると、ハク・バハにいたクマリはムール・チョークへと導かれ、小さなタレジュ寺院の中で司祭から供養を受ける。この一連の供養はおよそ四時間にわたる。ハク・バハに属する人々はこの供養を、クマリ・プジャと呼ぶ。

子供たちはガナ・クマリと呼ばれ、バイラヴァ、ガネーシャ、クマーラに扮した三人の男子と、八母神であるブラフマーニー、マーヘーシュヴァリー、カウマーリー、ヴァイシュナヴィー、ヴァーラーヒー、インドラーヤニー、チャームンダー、マハーラクシュミーに扮した八人の女子によって構成される。以前は、子供たちの構成は二人の男子と九人の女子であったが、いつの頃からか構成の内容は変わったという。

ガナ・クマリたちは各々が扮している女神や男神の色の衣服を身に着けている。首にはコインをつなげた飾りと赤い布の飾りをかけている。男子の額の中央部には赤い粉がつけられ、女子の額はクマリのように赤く塗られている。そして、それぞれが各々自分の扮した神の冠を与えられている。冠は普段、クマリの自宅の玉座が据えられた部屋に、箱に入れられ保管されているものである。

ハク・バハでは、ハク・バハに属する男性によって構成された楽隊が、ハク・バハの入り口を抜けた左側の舞台にすわり、太鼓や小さなシンバルのような楽器を打ちながら、ダファと呼ばれるジャンルの歌を歌っている。司祭、ガナ・クマリ、そして最後にクマリがハク・バハへとやって来る。クマリはハク・バハの入り口を抜けた右側に備えられた玉座にすわる。クマリの額には第三の眼が描かれ、彼女は特別な装飾品を身に着けている。

ガナ・クマリはクマリのアガムに集められる。アガムには、司祭と彼の従者、子供たちとその両親のみが入り、供養がなされる。終了すると、クマリの両親がクマリの玉座の脇で、ガナ・クマリに赤い布（衣服の代わり）と食べ物（菓子と果物）を与える。

その後、ガナ・クマリはムール・チョークへと両親とともに移動する。ムール・チョークの入り口前で、司祭はガナ・クマリに対して約二十分間の歓迎の儀礼を行う（図4）。歓迎の儀礼の終了後、ガナ・クマリはムール・チョークの中にある儀礼を行う部屋へと連れられて行く。この儀礼は約二分間で終了する。ガナ・クマリは司祭より土製の皿と黒い袋に包まれたものを授かる。この儀式が終了するとガナ・クマリはハク・バハへと戻り、各々家

図4　ムール・チョークの前に集まるガナ・クマリ

路につく。

ガナ・クマリの供養が終わると、司祭は従者たちを連れ、クマリをムール・チョークへと迎えるために、再びハク・バハを訪れる。まず、クマリのアガムでクマリに対して短い供養が行われ、その後、クマリと司祭一行はムール・チョークへ向かう。ムール・チョークの入り口の前に到着したクマリは、約七分間の歓迎の儀礼を受ける。そして、クマリは司祭に導かれながら小さなタレジュ寺院の中へと導かれる。小さなタレジュ寺院の中で儀礼が行われている最中、楽隊は休むことなく小さなタレジュ寺院の前に座し、演奏する。儀礼はおよそ二十五分間で終了し、クマリは小さなタレジュ寺院の前に立ち、関係者たちにジャマラとティカを授ける（図5）。

司祭を除く一行はクマリの家へと向かう。クマリの家に着いた一行にはバナナ、水牛の肉などの食べ物と酒が振る舞われ、クマリ・プジャは終了する。

## 童女供養の重要性

ここまで、ダサイン祭の期間中、ムール・チョークにおける、ネパーリのヒンドゥー教徒とネワールのヒンドゥー教徒が行う童女供養の内容を見てきた。彼らはいずれもクマリを崇拝するが、その供養の時間だけを考慮しても、クマリを崇拝する重要性に相違があることは明白である。

七日目、ネパーリの司祭は、花や葉を迎えた帰りにクマリのもとを訪れる。フル・パティはシャハ王朝にとってダサイン祭の重要な儀礼の一つであった。なぜなら、首都であるカトマンドゥ市においては、フル・パティの儀式はシャハ王自らが出席する重要で華やかな儀式であったからである。現在、カトマンドゥ市も、パタン市と同様にドゥンベシという村から花や葉を運んでくるが、両都市とも、昔はシャハ王家の故地グルカから花や葉を何日もかけて運んできていた。彼らは、フル・パティの儀式において国の平和を祈るのである。

パタン市のシャハ王家の伝統を継承するネパーリの人々にとっても、フル・パティは重要な儀礼である。花や葉を歓迎する帰りにクマリを訪れるという行為には、どのような意味が込められているのか。まず注目すべき点は、ネパーリの司祭はクマリのもとを、彼女

図５　人々にティカを授けるクマリ

を崇拝するためにわざわざ訪問するわけではないということである。「ハク・バハは、花や葉を迎えたプル・チョークからムール・チョークまでの途中に存在する。だから、クマリを崇拝した。なぜなら、クマリへの敬意を示すために」。このような図式が描けるような雰囲気が漂っているクマリ訪問である。シャハ王家にとって、前王朝のマッラが国家儀礼の中枢に据えていたクマリの伝統に敬意を払うことは、ネパールを治めるためには必要なことであったはずである。しかしそこには、首都として定めたカトマンドゥ市のクマリと、単なる一つの都市となったパタン市のクマリとに対する敬意の表し方に相違が生じていた。そのためにパタン市では、ネパーリの司祭はクマリへの敬意は示すものの、彼らの儀礼においてクマリへの供養はそれほど重要な位置を占めていない。なぜなら、彼らは六日目に童女供養をすでにすませているからである。さらには、この六日目のネパーリの少女に対して行われた童女供養の内容を見ると、ネパーリにとって、童女供養自体がそれほど重要視されていないことがわかる。さらに、クマリの側から供養の重要性を考えた場合も、ネパーリの司祭から受ける供養は、それほど重要視されていないことがわかる。なぜなら、クマリの父親はこの供養を、「小さな供養」と形容するからである。

他方、ネワールのヒンドゥー教司祭たちが行ったクマリ・プジャは、彼らにとって、ダサイン祭のクライマックスの儀礼である。また、クマリにとっても、彼女が臨席しなければならない儀礼の中で、ダサイン祭のクマリ・プジャは最も重要なものとして位置づけされている。ダサイン祭九日目に行われるクマリ・プジャは、その内容から、ガナ・クマリの供養とクマリの供養の二つに分けることができる。そして、この二つの供養の大きな相違は、マッラ王の臨席を象徴する剣と棒の存在である。ガナ・クマリの供養には剣と棒の臨席はなく、クマリの供養では剣と棒は臨席する。つまり、マッラ王朝時代、クマリの供養には王が臨席しており、王家にとってクマリ供養は重要なものであったと言える。

クマリがクマリ・プジャの際に、小さなタレジュ寺院の中に入って行うのは、同日の夕刻、ムール・チョークで行われた犠牲祭によって捧げられた水牛の肉を食べることである。犠牲祭では、水牛はマッラ王家の守護女神タレジュに捧げられた。しかし、犠牲祭はそれだけでは完結するものではなく、最終的にクマリが水牛を食することで終わりを迎える。マッラ王朝期、ネワール仏教徒の持つクマリ崇拝の伝統は、国家儀礼の中枢部へと引き上げられた。その際、マッラの王によって、クマリはヒンドゥー教的な性格を与えられた。それが、ダサイン祭でのクマリ・プジャなのである。

それでは、ガナ・クマリの供養に剣と棒の臨席がないということは何を示しているのか。おそらく、マッラ王にとって、ガナ・クマリの供養は、クマリの供養に比べるとそれほど重要ではなかったのではないかと思われる。この供養は、王家にとって重要であるというよりはむしろ、ネワールの仏教徒にとって重要なものである。ネワール社会には、少女に対して行われるイヒと呼ばれる結婚儀礼がある。この儀礼はベルと呼ばれる果物との婚姻を意味すると一般的には考えられており、ネワールの家庭祭祀の中では最も神聖で重要なものとされている。ムール・チョークの一室で行われたガナ・クマリの供養は、このイヒ儀礼に代わるものとして位置づけられている。クマリを取り巻く集団であるガナ・クマリの供養は、クマリ・プジャの一つの儀礼として組み込まれてはいるが、ガナ・クマリに扮した彼女たちにとってクマリ・プジャは、イヒ儀礼に代わるものとして認識されている。

## おわりに

ネパール仏教はヒンドゥー教勢力に押されながらも、存続の道を見出してきた。クマリの伝統はその一例である。

マッラ王の治世、ヒンドゥー化を進めたい国の意向と自分たちの伝統を絶やしたくない仏教徒の思いによって、クマリは仏教の女神でもあり、ヒンドゥー教の女神でもあるという立場を得る。さらに、この伝統が継承され続けた重大な背景にはマッラ王家の存在がある。マッラ王が国家の儀礼にクマリを参加させたことで、仏教の神々の一成員であったクマリは、国を守護する女神という最高の地位を獲得した。

伝統継承という恩恵を受けた一方で、クマリは自身が最も嫌う血の不浄にさらされることとなる。ダサイン祭の九日目、クマリがムール・チョークを訪れることは、クマリにとってそのようなリスクを冒すこととなる。しかし、クマリはタレジュ寺院を訪れ、水牛の肉を食さなければならないが、動物が犠牲に捧げられるその場面に立ち会っていないため、血の不浄にさらされていない、と仏教徒は解釈する。また、ムール・チョークで行われたクマリ・プジャに参加するハク・バハの仏教徒たちも、クマリ・プジャはイヒ儀礼なのだと解釈する。つまり、ヒンドゥー教の祭りに仏教徒が参加するということに、彼らなりの解釈を加えている。マッラ王がクマリはタレジュであると解釈したように、仏教徒もまた、その現実を受け入れるための策を講じている。

さらに、同じヒンドゥー教徒でありながら、異なる伝統を継承し、異なる民族であるネパーリのヒンドゥー教徒のクマリへの崇拝は、形式的なものであった。カトマンドゥ市のクマリにはネパールを統治する権限をシャハ王に授ける役割があったが、パタン市のクマリにその権限は与えられなかった。一つの国家として機能していたパタン市の人々にとって、クマリは崇拝すべき女神であったが、シャハ王にとってはそれほど重要な女神ではなかった。

それでは、同じヒンドゥー教徒でありながら、ネパーリにとってクマリが重要な女神とならなかった理由は何か。それは、クマリの伝統はカトマンドゥ盆地に育まれたネワールの伝統だからである。他の地域の仏教の伝統の中に、少女を女神として崇拝する伝統は見られない。そうであるならば、少女を女神として崇拝する伝統の起源は仏教でもなく、ヒンドゥー教でもなく、ネワール独自の土着的な伝統であったと考えることも可能かもしれない。ネワールのヒンドゥー教の儀礼とネパーリのヒンドゥー教の儀礼は、同じダサイン祭であっても大きく異なる。その大きな理由の一つが、ネワールという独自性にある。ネワールの仏教がヒンドゥー教的な色彩を帯びたように、ヒンドゥー教もまたネワールの独自の色彩を帯びている。したがってクマリは、ネワールの土着的要素と仏教の要素とヒンドゥー教の要素とを含んだ、多面的な性格を持つ女神と言える。

参考文献

1、佐伯和彦『ネパール全史』（明石書店、二〇〇三年）。
2、立川武蔵『曼荼羅の神々　仏教のイコノロジー（新装版）』（ありな書房、二〇〇四年）。
3、田中公明・吉崎一美『ネパール仏教』（春秋社、一九九八年）。
4、Allen, Michael, *The cult of Kumari-Virgin Worship in Nepal*, Kathmandu, Tribhuvan University, 1975.

# チベットの仏教とポン教

立川武蔵

## はじめに

インドにおいて仏教が誕生してからインド仏教が消滅するまで、およそ千七、八百年の時期があった。この時期は、誕生以来、紀元前後までの初期仏教、六〇〇年頃までの中期仏教、それ以降、十三―十四世紀にインド亜大陸から消滅するまでの後期仏教というように、三期に分けることができる。後期仏教の時代になると、インド仏教徒たちは仏教の勢力が衰退に向かっていることを感じはじめたが、チベットが仏教を精力的に導入しはじめるのは七世紀以降であった。インド後期仏教の僧たちは、有望な新天地を見つけたかのように、自らが消滅するまで、ラサを中心とした中央チベットやラダック地方のレーを中心とした西チベットへと、宣教のために赴いたのである。

インド仏教は、チベットの地において幾多の宗教と出会ったが、その中で最も強力な相手はポン教であった。チ

図１　ティテンノルプツェ・ポン教寺院：カトマンドゥ

ベットにおいて仏教は、インドにおけるのとは異なった発展を遂げたのであるが、チベット仏教史の展開にとってポン教は、常に無視できない存在であった。一方、ポン教は仏教の影響を強く受けて展開し、今日においてもポン教徒はチベット自治区、ネパール、四川省、青海省などの中国内陸部において活動を続けている（図１）。

ポン教はチベットに仏教が導入される以前からチベットではかなりの勢力を有しており、葬儀を中心とする宗教であった。個々人の精神的救済を求めた仏教とは異なる型の宗教なのである。今日われわれが「ポン教」と呼んでいる形態は、元来、ラサを中心とする中央チベットにおいて育ったものではなく、チベット西部マノサワル湖周辺の地域、シャンシュンを中心にして形成されていたものと思われる。ポン教の伝承では、ポン教はイラン文化の影響を受けていると伝えている。また、ポン教にはヒンドゥー教シヴァ派の影響が見られるという説もある。七世紀頃から中央チベットに強力な王国が形成されるようになると、ポン教の勢力が中央チベットに引き寄せられたと考えられる。

チベット仏教は印欧語系のインド人の仏教から多くのものを吸収しながらも、自らのチベット・ビルマ語系独自の要素を保持した。一方、ポン教も仏教あるいは、わずかではあろうが、ヒンドゥー教からの多くの要素を受け入れながらも、彼らの故郷およびチベット古来の伝統を失わなかった。つまり、チベット仏教およびポン教ともに、チベット固有の文化的基層を有しているのである。このように同じ文化的基層を有しながらも、仏教とポン教とはその思想や実践において異なっている。

## 一　チベット仏教と密教

チベット仏教が栄えていた時代には、チベット仏教は数多くの大僧院によって先導されていた。デプン、タシルンポ、ガンデン、セラといった僧院には、千から数千の僧侶が集まって学習や修行を続けていた。しかし、密教の修行に進み得たのは、それらの僧侶たちの中から選ばれたほんのわずかなエリートたちにすぎず、ほとんどの僧侶が顕教の学習に留まっていたのである。したがって、少なくとも僧院においては、非密教（顕教）的仏教のほうが主流だった。僧院に住まずに妻帯した密教僧たちも存在したが、彼らは常に少数派であった。このような意味において、チベット仏教は、密教と顕教（非密教）の両方の側面を合わせ持った宗教であり、一般的な意味ではむしろ、顕教のほうに重点が置かれている（図2）。

「チベット仏教の仏たち」には、妃を伴って踊るおどろおどろしい異形の仏たちが見られる。ポン教のパンテオンにもそのような恐ろしい神々が登場する。しかし、今日われわれが眼にすることのできるチベット仏教やポン教のおどろおどろしい神々のイメージの多くは、すでに後期インド仏教、タントリズムに存在していたのである。

図２　論理学の学習をする僧たち、ティテンノルプツェ寺院：カトマンドゥ

そうなのではあるが、たとえば、チベット仏教僧院の壁面などにおいては、人や動物の腸や肝臓などがことさらにリアルに描かれていることが多い。かつてのインドの僧院においてはなかったことであろう。また、今日のカトマンドゥ盆地におけるネワール密教の僧院においても、そのような壁画は見られない。チベット仏教僧院の壁などの絵の血なまぐささは、牧畜を営むチベット人たちが、動物の死体の処理に慣れていたという事実と合わせて考える必要があろう。

## 二　前伝期のチベット仏教とポン教

六世紀末から七世紀前半にかけて、ソンツェン・ガンポという有能な王がチベットに現れた。この王の時代以降、チベットは国力を増大させることができた。今日残っている歴史書から推定できることは、この王の晩年、六四〇年前後に、中国とネパールの仏教がチベットに導入されたということである。この王は、息子のために中国から文成公主を迎えるが、息子が早死にしたためその寡婦を娶り、さらにネパールから来たペーモ・ティツン公主をも妃とした。

次世紀のティソン・デツェン王は七六一年頃、仏教を本格的に導入しはじめる。王はインドの仏教にも関心を寄せ、インドの学僧シャーンタラクシタをチベットに迎えようとした。その甲斐があって、シャーンタラクシタはチベットに渡り、インド仏教をチベットに伝えることになった。彼は当時のインド仏教を代表する学僧であった。そのような人物がチベットに渡り、チベットの地で没したという事実は、当時のインドおよびチベットにおける仏教の歴史的状況を語っている。

チベットには仏教が七世紀前半から本格的に導入されたが、それまでのチベットにはポン教の原初的形態が存在したと推定される。『旧唐書』（吐蕃書《とばんしょ》）によれば当時、チベットでは動物供犠が行われていたという。五世紀頃までのそのような形態は、後世「芽の出たポン教」、あるいは「穴の開いたポン教」（ドゥルポン）と呼ばれた。ディグム・ツェンポ王（五世紀）の葬儀に際して、中央チベットのポン教徒たちはカシミール、フンザ、およびシャンシュンからポン教司祭を招いたという。これは、当時の中央チベットのポン教徒たちが、自分たちの儀礼の形態をよりいっそう整備、洗練されたものにしたいと考えたためであろう。この時期の葬儀においては、羊や馬などの家畜が犠牲にされて死出の旅の供を務めたといわれるが、五世紀頃からチベットへの仏教導入が本格化する八世紀前半までを、「方向を転じたポン」（キャルポン）と呼ぶ。

八世紀後半、チベット王室はインド仏教を新しい国家イデオロギーとしようとして、インドから学僧を招聘した。結局、ポン教勢力はチベット王室とインド仏教との連合勢力に敗北し、八世紀末には弾圧を受けた。しかし、十一世紀には仏教からの影響を受けて、悟りという精神的至福をも求める宗教へと変質して今日に至っている。八世紀後半頃以降のポン教は、「変質したポン」（ギュルポン）と呼ばれている。もっとも、八世紀後半から十一世紀までのポン教の実体を語る文献資料はほとんどない。しかし、この時期に変質への準備がなされていたことは確かであろう。

シャーンタラクシタが迎えられてしばらくすると、伝染病がチベットに蔓延したという。ポン教徒たちは、仏教僧をインドから呼んだためにこのような病気が広がったのだという理由をつけて、インド仏教導入に対する反対運動を繰り広げた。やむなくシャーンタラクシタはひとまずネパールに帰り、次の機会を待った。そして、七七〇年代に第二回目のチベット入りをし、今度はポン教との論争に勝ったのである。

シャーンタラクシタが対決した「ポン教」がどのようなものであったかは、今日よくわかっていないが、彼の時代には、ポン教は仏教と対抗するほどの力を得ており、仏教導入に積極的であったチベット王室が無視できなかったことは確かである。新しい動向に対処しつつあったポン教は、結局、チベット王室とインドから招かれた仏教僧たちの連合勢力に負けてしまった。

シャーンタラクシタは七八七年、チベットで最も由緒あるサムイェー寺院を建立した。この僧院の開眼供養を記念して、チベットにおいて初めて出家僧が生まれた。シャーンタラクシタは、インドのウッディヤーナ出身の密教行者であり呪術者でもあったパドマサンバヴァ（蓮華生）をチベットに招き、この寺院の地鎮祭を執行させたという。この密教行者の「法力」は、ポン教の司祭たちの行法や呪法の力を凌ぐものであったのであろう。彼はチベット仏教のニンマ派（古派）の祖として、今日においても尊崇されている。

シャーンタラクシタとの対論に負けた後、サムイェー寺院の造営が終わる直前の七八五年頃に、ポン教徒は大弾圧を受けた。それ以後、十一世紀初頭まで、ポン教についてはほとんど何もわかっていない。

一方、ポン教の勢力を鎮めることに成功したチベット王室は、インド仏教を本格的に導入しようと決意する。しかし、その決定以前に、すでに中国から仏典がいくつかチベットにもたらされていた。中国系仏教との対立が表面化することを予知したシャーンタラクシタは、将来、中国仏教との対決が行われるようなことになった際には、自分の弟子であるカマラシーラをインドから招聘するように遺言して、サムイェー寺が建立されたその年に没した。

シャーンタラクシタの没後、彼が予知したように、チベットで中国の摩訶衍《まかえん》（マハーヤーナ、大乗和尚）が布教をはじめた。彼は、「無念を修し、無作意に徹するのが菩提を証する早道である」、要するに、何も考えないのが悟りを得るに至る最上の早道である、と説いた。これは、シャーンタラクシタやカマラシーラたちの言う「順を追って長い道のりの修行の末、仏教の目指す悟りに至るのが肝要である」という考え方とは、真っ向から対立するものであった。チベット王室は、摩訶衍と対決させるために、シャーンタラクシタの遺言に従ってインドから学僧カマラシーラを招いた。七九四年にカマラシーラはサムイェー寺に着き、「眼を働かせないならば対象は見えないゆえに、対象は存在せず、空である」というような摩訶衍の唯心論的立場を打ち破った。この「サムイェーの論争」の後で、カマラシーラは『修習次第』という本を著す。タイトルからもわかるように、彼はこの著の中で、修行者つまり僧たちは、順を追って長く厳しい修練を行って初めて悟りを得ることができると述べている。

シャーンタラクシタとカマラシーラによって築かれたチベットにおけるインド大乗仏教の伝統は、二人の死後も受け継がれ、多くの翻訳がなされ、チベットは急速に仏教を導入していった。

八〇三年、チデ・ソンツェンが登位するが、チベットではこれ以後約四十年の間に膨大な量の仏教経典がチベット語に訳された。八一四年頃には『翻訳名義大集』という辞書が編纂されている。これは、チベット語とサンスクリットとの辞書であり、サンスクリット文献をチベット語に翻訳するときの手引きであった。チベット人たちは、サンスクリット文字からヒントを得て、まず文字を作り、サンスクリット文献を訳すことができるように、自分たちの言語の文法をも整備したのである。

八二二年、中国との和平が成立する。これによってチベットは政治的にも安定し、仏教もチベットの中で急速に発展していった。しかし間もなく、チベット仏教の展開にかげりも見えはじめた。仏教教団の国家的維持がチベットの経済にとって負担となり、他の理由も加わって、八四〇年頃に仏教に対する弾圧が行われたのである。これ以後、一、二世紀の間、チベット仏教は「暗黒時代」を迎えることになる。チベットの伝統によれば、チベットがインド仏教の導入に着手してからこの弾圧までを、チベット仏教の一つの時期と考え、「前伝期仏教」と呼ぶ。

## 三　後伝期チベット仏教とポン教の変質

チベットに本格的に仏教が導入されつつあった九世紀頃には、インドでは仏教とヒンドゥー教との混淆あるいは折衷が盛んになり、その動きに伴って仏教は徐々に力を失っていった。とくに九、十世紀頃以降、それまでのアカデミズム中心主義からはずれた、在野のヨーガ行者や密教行者たちの活躍する時代となった。その行者たちは、土着の言葉を使ってシンボリックな表現で、自分たちの宗教体験を語ったのである。こうした密教行者たちの伝統も、十一世紀以降、チベットの地に続々ともたらされた。

チベットにおける仏教弾圧の後、インド仏教はこのような状態にあったが、中央チベットから離れたところ、たとえば、現在の青海省にあるアムドとか、あるいはラサから西方にあるガリにおいて、仏教復興の運動が起きた。十一世紀には新しいチベット仏教、つまり「後伝期仏教」の諸派が立てられたのである。インド人アティーシャ

（九八二―一〇五四）のカダム派、チベット人マルパ（一〇一二―九六）のカギュ派、同じくチベット人コンチョク・ゲルポ（一〇三四―一一〇二）のサキャ派などが次々と成立した。少し遅れて十一世紀末には、南インド出身のパタンパサンゲーがシチェ派を開いた。一方、前伝期のチベット仏教を受け継ぐニンマ派も新しい活躍をはじめたのである。

すでに述べたように、十一世紀以降のチベット仏教は「後伝期の仏教」と呼ばれるが、これは、さらに三期に分けられる。すなわち、十一世紀における仏教復興から十五世紀初頭におけるゲルク派立宗までの第一期、ゲルク派立宗以後、一九五九年の「チベット動乱」までの第二期、動乱の後、今日に至るまでの第三期である。

### カダム派

チベットにおける仏教復興にあたって、最も初期に活躍した人物はアティーシャである。彼はインド人であるが、チベットに招かれてカダム派と呼ばれる宗派を創始した。厳密には、アティーシャの弟子のドムトンパという人が、カダム派を確立したというべきであろう。アティーシャは密教に対して関心がなかったわけではないが、シャーンタラクシタたちと同様、仏教僧は戒律を守り、長期間にわたる修行階梯の順を追うべきであると主張した。後年のダライラマの学派ゲルク派は、このアティーシャの伝統を受けている。

### カギュ派

マルパ（一〇一二―九七）は、インドやネパールにおいてナーローパなどの密教行者に師事し、チベットに帰って、パドマサンバヴァの派とは異なるタントリズムの思想と実践であるカギュ派を立てた。「カ」とは教え、

「ギュ」は伝統のことである。したがって「カギュ」とは、「教えの伝統」を意味する。マルパ自身は壮大な理論体系を築き上げたわけでもなく、巨大な教団を組織したわけでもない。彼は妻帯して人里離れたところに住み、行者として過ごしたが、タントラ経典の翻訳は数多く行っている。

マルパの弟子に有名な行者ミラレーパがいる。彼は、復讐のために魔術を習って親類の者たちを殺したと伝えられる。その後、マルパの弟子となり、マルパのもとで悟りを得たミラレーパは、生涯の後半は山中で行者として住んだ。彼にはチベット仏教史にとって重要な弟子たちがいる。その一人が十二世紀前半に活躍したガムポパ（一〇七九—一一五三）である。この人によって教団組織が整備され、この流派の伝統を守る者たちによって多くの分派も生まれ、カギュ派の伝統が後伝期のチベット仏教の主要な宗派のひとつとなったのである。

十二世紀とは、インドの大乗仏教がまさに亡びつつあるときであった。このときチベットでは、強固な組織体を持った宗派が成立したのである。チベット仏教において特徴的なことは、チベットの宗派がそれぞれ、豪族との結びつきを強くしていったことである。たとえば、ガムポパの弟子のパクモトゥパ（一一一〇—七〇）は豪族出身であり、彼の率いるパクトゥ派は、氏族教団という形を採って存続した。

パクトゥ派を含めて、ガムポパの死後カギュ派は九つ余りの派に分かれるのであるが、そのうちとくに重要な派は、トゥスムケンパ（一一一〇—九三）の設立したカルマ派である。一般的にいえばこの学派も、先ほどのマルパと同じように、論理学、認識論、あるいは修行階梯の体系といった壮大な理論体系は作らなかった。むしろそれぞれの行者が、それぞれの立場で瞑想に専念し、修行体験を得ていくという方法を守ったのである。

十九世紀の初頭にトゥカンがまとめたチベットの仏教の歴史『一切宗義』によれば、カギュ派の観想法の目的は自分の心を把握することである。現在の生の認識のあり方そのままをそっと瞑想することによって、心そのものを赤裸に感ずれば、心の本質におのずと出会い、目指す真理である大印（マハームドラー）が体得できる、という。このような考え方は、ニンマ派さらにはポン教のそれとも似ている。ポン教徒は瞑想にあっては、「無作意に心の本質を見る」という態度を重視している。

## サキャ派

カギュ派と並んで重要な宗派はサキャ派である。この派は、カギュ派とほとんど同時代に生まれてきた。この学派を創始したのはコンチョク・ゲルポであり、一〇七三年にサキャ寺を建てた。彼の子供に、サチェン・クンガーニンポ（一〇九二―一一五八）がいるが、この人が、サキャ派の理論の基礎を固めたのである。彼は、「涅槃を得るには二つの道がある。一つは煩悩を捨てる道であり、もう一つは煩悩を捨てずに涅槃に至る道である」と述べている。この煩悩を捨てずに涅槃に至る道というのが、いわゆる密教の道であり、「俗なるもの」としての煩悩や業を聖化する道を指している。

サチェン・クンガーニンポの甥にサキャパンチェン（一一八二―一二五一）がいるが、彼の時代からサキャ派は元朝と関係を持つようになった。彼の後に出たパクパあるいはパスパ（一二三五―八〇）の時代に、サキャ派は元朝と結びついて全盛時代を迎えたのである。四半世紀ほどの間ではあったが、サキャ派は元朝の支持をバックにして全チベットを支配した、あるいは、元朝よりチベットの支配を任せられた。

サキャ派の考え方として有名なのは道果説である。「道」とは修行の実践階梯のことであり、「果」とは結果を意味する。「道果」とは、結果を有する道程を意味する。つまり、涅槃に至る道が結果をすでに含んでいるという考え方である。人は煩悩に覆われている。これは因のあり方である。この認識に立って菩提心を起こし、悟りすなわち結果に向かって道を歩くわけであるが、この「道」にすでに目的が含まれている、というのである。

## シチェ派とシャマニズム

シチェ派とは、カギュ派やサキャ派に比べればはるかに小さな派であるが、シャマニズムの要素を多く含んだ宗派である。その修行方法は、自分の身体を女神に捧げるというようなものである。夜、墓場に座って瞑想する。女神がやってくると、行者は自分の身体を女神に捧げる。行者の身体は女神に切り刻まれた後、またもとに戻るといわれる。一度解体されてよみがえるというのは、死と再生のサイクルを指しており、シャマニズムにおいてよく知られたモティーフである。

## ニンマ派

ニンマ派は当時チベットに存在した土着崇拝の要素を吸収し、さらにインド仏教には見られなかった神々をも自派のパンテオンの中に組み入れ、今日でもなおネパール、北インドなどのヒマーラヤ地方において活動を続けている。ニンマ派では儀礼的呪術的要素が一層顕著である。もともと「ニンマ派」と一括して呼ぶことのできるような組織が存在したわけではなく、いくつかの同種の伝統をまとめて呼ぶのである。この派の思想や儀礼は、土着的要素との結びつきが強いことは事実である。

カギュ派とかサキャ派の場合は、誰が開祖であり、どのように法燈が伝わったかというようなことが、ある程度はっきりわかるのであるが、ニンマ派と呼ばれている宗派は、そうした意味では、はっきりした一つの宗派ではない。この「派」は、土着的民間信仰に基づいた儀軌を中心とする者たちと、教説を中心とするエリート集団「大究竟（ゾクチェン）派」とに大別されるが、後者を理論的に大成したのは、ロンチェンラプジャムパ（一三〇八―六八）である。この派の思想では、「有と無というような矛盾するものの統合が最高真理である」というように非合理的側面が強調されることも、できる限り合理主義を貫こうとする後述のゲルク派と対照的である。

後世、ポン教は仏教から大きな影響を受けたが、ポン教が最も影響を受けた宗派はニンマ派である。「ポン教はニンマ派と同化した」と言われることもあるが、さまざまな側面において似ていることは両者とも認めるのではあるが、「同化した」とは、この二派のいずれもが認めないであろう。

## 四　ツォンカパとゲルク派の創立

十三世紀、インドで大乗仏教が消滅すると、チベット仏教は独り歩きを強いられることになった。十四世紀に入ると、かつての密教の「洪水」は去り、チベット仏教は「山中に住む例外者としての行者」ではなく、民衆を含む教団組織の改革、強化のための指導者を必要とするようになった。ここに登場したのが、ツォンカパである。彼は宗教実践において秩序立った修行階梯を重んじたカダム派の伝統を継承し、僧たちには厳格な僧院生活をすすめた。顕教の学修を重要視する一方で、顕教と密教との兼修をも説いている。しかし、ツォンカパは性的実践を認めなかった。

インド後期仏教では、性的欲動あるいは性行為を仏教修行の手段として認めるようなことが、一部の密教行者に見られたようである。チベット仏教においても、そのような性的実践を行った者たちがいたと推定される。後期インド仏教タントリズムにおいて登場してきた「無上ヨーガ・タントラ」の中では、性的実践をすすめているとも読むことのできる個所が多いのであるが、ツォンカパによって、ゲルク派の学修はもっぱら観念的、精神的なものへと昇華、「内化」された。

ゲルク派では、迷いの世界（因）から悟り（果）に至るためには、長く厳しい修行過程（道）が必要であると考えられ、「道（過程）が元来、果（悟り）を含んでいる」と主張するサキャ派の道果説とは対照をなしている。ゲルク派ではこのように、「俗なるものの聖化」はサキャ派よりも厳しい条件のもとでなされるのである。

ツォンカパによって立てられたゲルク派は、カギュ派やサキャ派との抗争の後、十七世紀の中葉、ダライラマ政権を確立させた。ツォンカパのゲルク派立宗以降、一九五九年の「チベット動乱」までのチベット仏教を、「ゲルク派を中心とした時代」と考えることができる。われわれはすでにゲルク派立宗以後、一九五九年の「チベット動乱」までの仏教を、「後伝期の仏教」第二期と名づけた。この時期はさらに、ツォンカパからダライラマ政権が確立するまでの「前半」と、それ以後の「後半」との二期に分けることができる。「前半」においてゲルク派に対抗することのできたカギュ派やサキャ派は、「後半」においてその勢力のほとんどを失っていた。一六四二年に確立されたダライラマ政権は一九五九年にチベットから追われるまで、チベット全土を支配した。

## 五　「変質したポン」（ギュルポン）

ポン教には元来、開祖はなかった。少なくとも「芽の出たポン」（ドゥルポン）の頃には、開祖を中心にした形態を有してはいなかったのである。おそらくは五―八世紀前半までのポン教、つまり「方向を転じたポン」（キャルポン）の時代における仏教との対決を通じて、ポン教徒たちはゴータマ・ブッダという開祖を中心にした仏教の崇

図3　本堂入口天井に見られるポン教のマンダラ、ティテンノルプツェ寺院

拝形態から、影響を受けはじめていたであろう。しかし、八世紀後半の弾圧までの期間に、ポン教が開祖を有する形態を採っていたとは考えられない。九―十世紀においてポン教はマンダラなどの仏教から多くを学ぶ中で、シェンラプミオという一人の人格を核にして、開祖を有する崇拝形態を形成していったと考えられる（図3）。

シェンラプミオの年代などについては、ほとんど何もわかっていない。十世紀頃の編纂と推定されるいくつかの伝記（『ドドゥ』「セルミク」『シジ』など）には、チベット西部のシャンシュンの地で生まれたと記されている。おそらく、シェンラプミオのモデルになった歴史的人物はいたのであろう。「シェン」とは、「いけにえを捧げる者」を意味した。「シェンラプミオ」と呼ばれた者は、ポン教の伝統的司祭であったシェンの一人なのであったと推定されるが、やがて彼は、「トンパ・シェンラプ」と呼ばれるようになる。「トンパ」とは、「〔教えを〕示す者、説法者」を意味する。「シェンラプミオ」から「トンパ・シェンラプ」へと変わったことは、ポン教が「変質した」ことを意味する。

図４　ポン教の祖シェンラプミオ、ティテンノルプツェ寺院本堂内部

これは、仏教、キリスト教などの世界宗教の要素、つまり、個々人の精神的救済を得ようとする実践形態を備える宗教となったことを意味したと理解できる（図４）。

仏教徒はゴータマ・ブッダの生涯をさまざまに解釈した。ジャータカ物語では、前世において人々を救うために自分の命を投げ出すという、自己犠牲を払う菩薩ととらえた。浄土経典では法蔵という名の菩薩が世自在王の許で、「すべての衆生を救うまでは、自分は仏とはならない」という誓願を立て、修行の後、阿弥陀仏となった、と言われるが、この法蔵菩薩が阿弥陀仏となったことは、ゴータマ・ブッダの生涯の浄土教的解釈である。

そのようにポン教の開祖トンパ・シェンラプの場合も、この開祖の伝記がポン教の大まかな構造を浮き上がらせた。仏教ではすでに『宝性論』（二一・五四―五六）に見られるように、十四の行状によって仏伝が語られるが、ニンマ派などでは、ゴータマ・ブッダの生涯は十二の重要な行為の連なりとして語り継がれてきた。ポン教の「開祖」の伝記もまた、十二の行為によって語られている。ポン教における十二の行為は、明らかにトンパ・シェンラプの伝記が、悟りを求めたゴータマ・ブッダの生涯を踏まえている。このようにしてポン教もまたこの時期以降、仏教と同様、個々人の精神的至福を求める宗教へと変質したのである。

一〇一七年にシェンチェンルガ（九九六―一〇三五）が、それまで迫害を逃れて「埋蔵されていた」古い経典を発見したと伝えられる。これが、「変質したポン教」（ギュルポン）の実質的な始まりである。一〇七二年にイェールイェンサカの僧院が建立されたのに続いて、数多くの僧院が建てられた。これ以後三世紀あまり、ポン教は農民らの支持を得ており文献も残されているが、その後再び徐々に衰えた。

一三八六年、イェールイェンサカ僧院が洪水で消滅したのを象徴的事件として、ポン教は仏教徒、とくにゲルク派からの迫害を受けて活動を抑えられた。その後もポン教は、たびたびゲルク派を中心とする仏教勢力によって弾圧を受けている。たとえばダライラマ五世は、ニンマ派やポン教に対しては寛容であったと伝えられるが、最終的にはポン教徒を中央チベットから追い払っている。ポン教徒抹殺のために、蒙古や中国の軍隊が派遣されたこともあった。こうした困難の中でもポン教の伝統は伝えられ、十九世紀後半、シャルザ・タシゲルツェン（一八五八―一九三五）を中心にして復興の試みもなされている。

ポン教の文献はこれまで外部にはほとんど知られていなかったが、その量は驚くほど多い。ポン教経典は、発見された埋蔵経（テルマ）と口伝のものとに大別できる。前者は発見された地域ごとに「中央部の宝」「南部の宝」「北部の宝」などと呼ばれる。後者にはシェンの伝記やポン教の理論を収めた『シジ』が含まれる。今日ではこの口伝のものも文字化されている場合が多い。十八世紀にポン教大蔵経およそ三百冊が開版され、近年では新しい版も出版されている。ポン教大蔵経の目録も出版された。

ポン教はニンマ派などの仏教の影響のもとに、「九乗（あるいは九道）」と呼ばれる理論を十世紀までに築いた。

九乗のそれぞれは、(一) 予言、(二) 現世界の神あるいは魔の調伏、(三) すべての敵を追い払うための儀礼、(四) 死から再生までの中有、(五) ポン教徒のあり方、(六) 苦行者のあり方、(七) マンダラなどのタントラ的実践、(八) ポン教的生起および究竟次第、(九) 絶対 (根本) などを主たる内容としており、チベット宗教実践の全領域のものを含んでいる。明らかに (六) から (九) までの内容が仏教の影響を受けているが、(一) から (五) までの内容は、ポン教が古代から持ち続けてきたものである。もっとも (四) の「中有」という概念は、紀元前のインドにすでにあったものである。

## おわりに

ポン教のパンテオンは、シャンシュン、インド、中国の他、おそらくイランに由来する神々やチベット土着の神々から構成されている。「大母神 (サティクエルサン)」や教祖シェンラプミオを含む柔和な四主神や、女神ラゴトクパをはじめとする恐ろしい形相をした五神などがいる。仏教と共有の神もあるが、多くはポン教独自のものである。象徴・法具・儀礼など仏教と共通の場合も多いが、しばしばその意味や手順が、ポン教の特色を出すために変えられている。仏教もまたポン教から、とくに儀礼形態においては多くの影響を受けた。

宇宙には無数の遊離魂が存在し、樹木・石・貝・穀物などにも精霊が宿っている。これらの無数の精霊の発動によって吉凶禍福が現れると、ポン教では考えられている。したがって、これらの精霊に祭祀や祈りを捧げ、これを宥め、災難を防ぎ、幸福が訪れることを目指す。それらの精霊が人間に意志を表すためには、巫僧の媒介を必要とする。

このようなポン教の側面は、仏教の影響を受けて自らの体系を変えて「変質したポン教」となる以前から持ち続けてきたものであるが、これに加えてポン教には、個々人の精神的救済としての悟りを追求する宗教であるという側面も存するのである。ポン教の特質は、今世紀においてもいわゆる「集団的宗教行為」を中心とする崇拝形態と、「個人的宗教行為」を中心とする形態との両者を、仏教と比較するならば前者の形態が顕著であるままに、持ち続けていることにある。

一九五九年の「チベット動乱」から半世紀の時が経った。チベット自治区におけるチベット仏教は、かつての勢力を取り戻してはいない。これからの歴史において、仏教がチベット人たちにとってどのような機能を果たすのかはまだ不明である。一方、ポン教徒にこの半世紀の間、苦難の日々がなかったわけではなかった。しかし、ポン教はこの半世紀においてその勢力を伸ばすことができたと思われる。


**参考文献**

1、シャルザ・タシ・ギャルツェン（森孝彦訳）『智恵のエッセンス―ポン教のゾクチェンの教え―』（春秋社、二〇〇七年）。

2、長野泰彦（編集責任）『チベット　ポン教の神がみ』（国立民族学博物館、二〇〇九年）。

3、山口瑞鳳『チベット』上・下（東京大学出版会、一九八七・八八年）。

4、Bon brgya dge legs lhun grub rgya mtsho, S. Tsumagari, M. Tachikawa and Y. Nagano, *Bompo Thankas from Rebkong*, Suita, National Museum of Ethnology, 2011.

# ミャンマー上座仏教の世界

## ――出家者の視点から――

藏本龍介

### はじめに

スリランカや東南アジア大陸部の国々、たとえばタイ、ミャンマー（ビルマ）、カンボジア、ラオスなどを訪れると、剃髪し、黄衣の袈裟をまとい、鉢を携えて早朝の村や町を歩く人たちの姿を見かけることだろう。彼らは上座（部）仏教の出家者たちである（図1）。

上座仏教は、出家者と在家者（一般の信徒）の区別を顕著な特徴としている。そして出家者は、上座仏教と最も濃密に関わる存在であるといってよい。そうした出家者に注目することによって、ミャンマーに息づく仏教の姿の一端を描き出そうというのが本論の狙いである。本書のテーマである、神々の世界や死者の世界との関係といった問題も、出家者の視点からとらえてみたい。

図1　托鉢して村をまわる出家者たち（筆者撮影）

本論の構成は次のようなものである。まず上座仏教の出家者とは何かについて、教義的な特徴を整理する（一節）。その後、ミャンマーを事例として、出家者という生き方とはどのようなものか（二節）、さまざまな神々とどのように関わっているか（三節）、出家者の社会的役割とはどのようなものか（四節）、という問題を検討する。

こうした具体的な検討に入る前に、ミャンマーの概要について触れておこう。ミャンマーは東南アジア西北端に位置し、七管区と七州から構成されている連邦国家である（図2）。人口は約五千九百万人（二〇〇九年の推計）、面積は日本の約一・八倍である。中央部の管区地域は、エーヤーワディー河流域の平原地帯となっており、人口の約七割を占めるビルマ族が多く居住している。周縁の州地域は山岳地帯であり、少数民族が多く居住している。シャン、ヤカイン、モンなど、州の名前にはそれぞれの地域に住む主要な民族名がつけられている。ビルマ族はほぼすべて、少数民族も四—五割が上座仏教徒であり、全体として人口の約八—九割が上座仏教徒であると推定されている。

このように一口にミャンマーといっても、その内実は多様である。したがって当然のことながら、出家者のあり方も地域や民族によって大きく異なる。しかし本論では、こうした差違を描く余裕はない。その背後に整理しきれないような多様性があることを断った上で、本論では一般的・規範的な側面に焦点を当てて、ミャンマーの出家者の特徴を描く。

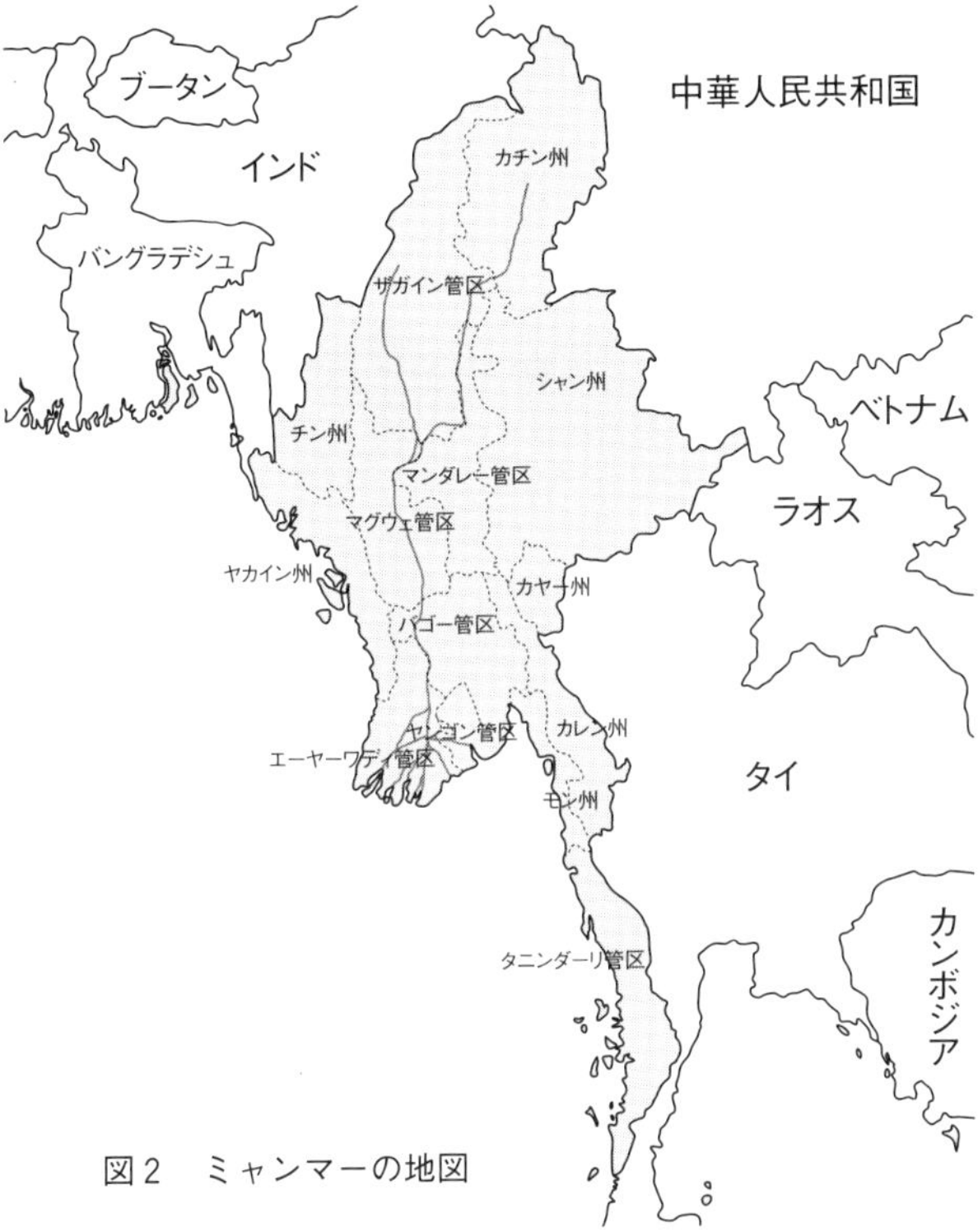

図２　ミャンマーの地図

## 一　出家者の教義的特徴

ここでは教義的な視点から、上座仏教の出家者を定義する。そもそも上座仏教とは何か。現在、スリランカや東南アジア大陸部を中心に信奉されている上座仏教は、パーリ仏典（パーリ語で書かれた仏典）を聖典としている。中国や日本へと伝えられた大乗仏教が、各地で独特な思想的展開を見せ、多様な仏典が生み出されたのとは対照的に、上座仏教ではパーリ仏典のみを絶対的な根拠とし、新たな追加、削除、変更を一切認めないという態度をとっている。そのため上座仏教は大乗仏教と比べて、保守的・同質的であるといわれている。

　こうした上座仏教の理想を一言でいうならば、無執着、つまり欲望（煩悩）から離れることにある。なぜ欲望を離れなくてはならないのか。上座仏教では欲望は決して満たされえないものであって、欲望を追求することは苦しみにしかならないと説く。老・病・死という人間に普遍的な事実をはじめとして、この世界には何一つ自分の思い通りになるものはない。思い通りにならないことに、思いをかけ、期待することは、自分で自分の首をしめるようなものである。したがって上座仏教が求めるのは、欲望から離れることであり、それによって得られる心の平安（涅槃）である。

　「上座仏教徒」とは、こうした涅槃を目指して「八正道《はっしょうどう》」に代表される仏道修行に励む存在、ということになる。ただし、具体的に指示されている修行のあり方は、信徒の立場によって大きく異なる。それが出家者と在家者の違いである。つまり世俗社会に暮らす在家者に対しては、世俗生活と適合するような修行方法が、逆に、世俗社会から離れた出家者に対しては、生活すべてを修行に収斂させていくような修行方法が定められている。こうした出家生活こそが、涅槃を目指すための、唯一ではないが最適な手段であるとされている。

　こうした出家生活のあり方を規定している出家者のルールを、律（ヴィナヤ）と言う。律には、出家者がやってはならない禁止事項や、やらなければならない履行義務が示されている。たとえば出家者は、経済活動（商売など）や生産活動（農業など）、あるいは妻帯し家族をもうけることが禁じられている。剃髪して袈裟を着るというスタイルも、律に定められたものである。出家者は律によって定められた儀礼において、律を与えられることによって正式な出家者となり、律に則った生活を求められる。その意味で律は出家者を定義づけ、在家者から区別する最も重要な基準である。

**表1　主要上座仏教国の人口（仏教徒の割合）および比丘・沙弥数**

| 国　名 | 人口（仏教徒の割合） | 比　丘 | 沙　弥 | 統計年 |
|---|---|---|---|---|
| タイ | 約6,400万（約95%） | 258,163 | 70,081 | 2007年 |
| ミャンマー | 約5,900万（約89%） | 252,716 | 291,994 | 2009年 |
| カンボジア | 約1,380万（約95%） | 24,929 | 32,421 | 2007年 |
| ラオス | 約560万（約67%） | 7,495 | 12,697 | 2006年 |

出典：ミャンマーは宗教省統計、タイは林行夫氏、カンボジアは小林知氏、ラオスは吉田香世子氏の調査による。スリランカについては統計データが存在しない。

出家者はさらに、①比丘（僧侶）と、②沙弥（見習い僧）に区別される。簡単にいえば、比丘とは二十歳以上の正式な出家者であり、沙弥とは比丘に準じた生活を送る、二十歳未満の見習いの出家者である。上座仏教の歴史上、女性の出家者（比丘尼、沙弥尼）も存在していたが、その伝統はすでに失われている。ただし、在家者として出家的な修行を行う女性修行者たちは存在し、たとえばミャンマーでは「ティーラシン」と呼ばれている（コラム②参照）。

このように教義的な視点から見ると、出家者とは、世俗社会から離れ、律を守り、欲望から離れることに生涯をかける存在であるといえる。それでは、こうした出家者の実態とはどのようなものだろうか。ミャンマーを事例として具体的にみてみよう。

## 二　さまざまな出家形態

表1は、主要な上座仏教国の人口（仏教徒の割合）、および比丘・沙弥数を示したものである。ミャンマーでは全人口の一パーセント弱が出家者という計算になる。それでは、出家者としての生き方とはどのようなものなのか。彼らはなぜ出家し、どのようなライフコースを歩むのか。ミャンマーの出家者は、出家期間の長さによって、①一時出家者と、②長期出家者に区別できる。以下、それぞれの特徴につ

いて整理する。

### 一時出家者

一時出家者とは、その名の通り、数日から数週間、一時的に出家し、その後還俗《げんぞく》する（在家者に戻る）ような出家者のことである。一時出家者はさらに、一時沙弥と一時比丘（ドンラバ）に区別されるが、ミャンマーにおいて一般的なのは、一時沙弥のほうである。ミャンマーでは一時沙弥出家は通過儀礼的な意味合いを持っており、そのため仏教徒の男子であれば一生に一回は沙弥出家を経験している。ミャンマー語で「シンビュ」と呼ばれる沙弥出家式は、村落部であれば村をあげての一大行事となり、都市部においても多くの客を招いて盛大に行われる。

一方で、一時比丘出家は一時沙弥出家ほど一般的ではない。ただし近年は都市部を中心に、在家者の瞑想実践が盛んになっており、新年にあたる四月の水祭り（ティンジャン）の時期になると、瞑想センターには在家修行者と並んで、一時的に出家した比丘やティーラシンで溢れる。

このようにミャンマーでは出家者と在家者の間を行き来するのは一般的であり、容易である。そしてその数も、毎年膨大なものである。ただし、ミャンマーにおいてはこうした一時出家者は統計データには含まれず、正確な人数は不明である。タイでも一時出家は多いが、ミャンマーと異なり一時比丘出家が多い。一方、スリランカでは一度比丘になると還俗は難しい。一時沙弥出家が慣習化しているのは、ミャンマー独特の現象である。

### 長期出家者

次に長期出家者とは、長期的に（最低、雨安居《うあんご》三か月以上）、あるいは一生を出家者として生きるような出家者を

図3　比丘出家式の様子。中央が新参者（筆者撮影）

意味する。先に見たような統計データで数えられているのは、こうした長期出家者たちである。

長期出家者は、出家した時期によって、若年出家者（ンゲーピュー）と成年・老年出家者（トートゥウェッ）に細分化される。若年出家者とは、青少年期に沙弥として出家し、そのまま比丘出家したような出家者を、成年・老年出家者は、二十歳以降、あるいは老後に出家したような出家者を指す。筆者の調査によると、長期出家している比丘の約七割強が若年出家者である。教学（仏典学習）や瞑想指導など、さまざまな側面でミャンマー仏教を牽引しているのは、こうした若年出家者たちである。そこで以下、若年出家者に焦点を当てて、そのライフコースをたどってみたい。

第一に、若年出家者のほとんどが村落部出身である。その大きな理由は教育機会の少なさにある。村落部には小学校はあっても、中学校以上がない場合がほとんどであり、遠方の町にある中学校や高校に通うためには、寮に住み込む必要がある。また制服や教科書を準備する必要がある。こうしたことは現金収入に乏しい村落部では容易ではない。

したがって政府の学校に通えないような村人、さらに言えば自前の農地を持たないような貧しい村人の子供たちが、出家者の主要な供給源となっている。実際、筆者の調査によると、沙弥出家する年齢は小学校卒業にあたる十歳前後に集中している。また興味深いことに、こうした子供たちは、国軍や反政府ゲリラの主要な供給源でもある。「出家するか、軍人になるか」という二択は、多くの若年出家者が経験した選択である。

ミャンマーは現在でも、全人口の約七割が村落部に住んでいると推定されている。こうした村落人口の多さが、他の上座仏教徒社会と比べても、ミャンマーに出家者が多い一因となっていると考えられる。タイにおいては、義務教育が整備されるにつれて出家者は減少しているという（林行夫、二〇一一）。ミャンマーにおいても、今後の経済発展およびそれに伴う村落部の変化は、出家者を減少させる要因となるだろう。

さて、沙弥時代から二十代前半の比丘時代は、教学僧院を転々としながら、教学（仏典学習）中心の生活を送り、仏典やパーリ語の知識を問う仏教試験（初・中・上級の基本試験や講師試験など）の合格を目指す。運営コストがかかる教学僧院は、平原部の町・都市部に集中しているため、若い出家者たちは、村から町・都市へ、少数民族地域からビルマ族の地域へと移動を繰り返す。こうした移動が織りなすネットワークが、ミャンマーの出家者たちのまとまりをもたらしている。教学が一通り終わると、さらに専門的な教学に進む場合もあれば、瞑想修行や福祉活動に従事したり、あるいは指導者として後進の育成にあたったりする。そして機会に応じて、村落部や都市部で自分の僧院を構え独立していくこととなる。

こうした長期出家者は、一生還俗しないというわけではない。筆者の調査によれば、長期出家している沙弥の約半数は、比丘にならずに還俗している。その一方で、比丘出家以降の還俗は相対的に少ない。その最大の理由は、出家生活と世俗生活の隔絶にある。ミャンマーにおいては、教学僧院においては外国語や数学や地理といった世俗科目を一切教えることはなく、また、仏教試験の資格が世俗教育の学位になるといった仕組みも存在しない。したがって、若い頃から僧院に住み、教学に専念してきた出家者は、その期間が長ければ長いほど、在家者の世界からかけ離れていくのである。

ある比丘は、「ロンジー（ミャンマーの伝統服）の着方も忘れてしまった。還俗しても、どうやって生きていけばよいかわからない」と言っていた。隣国のタイでは、出家者にも世俗科目を学ぶ機会が豊富にあるため、世俗教育を受けるために出家し、その後に還俗することも多いという（林行夫、二〇一一）。タイと比較すると、ミャンマーの出家者はより隔絶した世界を築いているといえる。

以上、ミャンマーにおける出家生活の概要をみてきた。上座仏教の出家は、世襲ではなく、あくまでも個人の選択である。それゆえに大きな決断が必要であるように思える。しかしここで検討したように、ミャンマーにおける出家は、一時出家であれ長期出家であれ、社会の慣習に埋め込まれたものである。

もちろん、自覚的な出家もある。ある比丘は、害虫を手でひねりつぶさなければならない農作業が恐ろしくなり、両親の大反対を押し切って出家したという。また初めは習慣的に出家したが、次第に出家生活が気に入ったというような積極的な理由も多く聞かれた。いずれにしろ、ミャンマーで長期出家するということは、還俗が可能であるとはいえ、世俗の世界と分離していくことを意味する。こうした分離が、ミャンマー仏教の大きな特徴の一つである。

## 三　出家者と神々

次に、こうした出家者が、神々とどのように関わっているかという問題を検討する。ミャンマーには、大別して二種類の「神」が存在している。①「ナッ」と呼ばれる精霊たちと、②仏教の世界観における「天界」（ナッピー）の住人である天人たちである。出家者は、こうした精霊や天人とどのように関わっているのか。

### 出家者と精霊

まず、精霊たちとの関係についてである。ミャンマーには上座仏教伝来以前から、精霊をめぐる土着の信仰が存在しており、ミャンマー仏教徒の生活に深く関わっている。一口に精霊と言ってもその内実は多様であるが、信仰の対象となっている精霊は「三十七柱のナッ」（「柱」とは精霊の数え方）に代表される精霊たちである。こうした精霊たちは、変死・横死・刑死・事故死など、まともでない死に方をした人の霊が多く、その怨念を慰撫するために祀られた存在である。「天神様」の菅原道真に似た存在であるといえよう。

精霊信仰とは、精霊のために祭祀を実施し供物を捧げるなど、精霊を慰撫することを根幹とする。慰撫された精霊は、その超自然的な力でもって、人間に対してさまざまな現世利益をもたらすとされる。ただし一度関係を結ぶと、精霊への奉仕から逃れることはできない。精霊への慰撫を怠れば、逆に、人間に対して災いをもたらすという両義性を持つ。したがって、精霊に対して人々が抱いている感情は畏怖感であることが多い。

こうした精霊信仰は、ミャンマー仏教徒の日常に深く入り込んでいる。一般家庭には神棚ならぬ精霊棚（精霊を表すココ椰子を祀る）があることは珍しくない。また、精霊信仰の聖地であるポッパ山やタウンビョン村で開催される儀礼には、全国から多くの信者が詰めかける。精霊と信者の間を取り持つ、「ナッカドー」と呼ばれる霊媒師もいる。

しかし、出家者は別である。出家者は精霊信仰に対して概して無関心である。その最大の理由は、上座仏教の教えと鋭く対立するからである。精霊信仰は積極的に欲望を肯定し、それを実現させる手段となっている。それに対し、上座仏教では欲望の追求は苦しみをもたらすものとしてこれを諌める。このように上座仏教と精霊信仰は、根本的に相容れない体系なのである（田村克己、一九九四）。したがって、ミャンマーにおいては日本のような「神仏習合」はみられない。

こうした分離は、仏塔（パゴダ）と僧院という、二つの宗教施設の分離にも現れている。日本においては僧院と仏塔は同じ敷地内に建てられることが多いが、ミャンマーにおいては両者は空間的に分離しており、機能的にも全く異なる（高谷紀夫、一九九三。生野善應、一九七五）。

まず、仏塔とは在家者の信仰空間である。仏塔は一義的には仏舎利、仏歯、仏髪などを奉納した塔を指す。しかし仏塔は、仏教によってのみ彩られた空間ではない。仏塔の境内には、仏像や仏画以外にも、仏塔を守る「お爺さん（ボーボージー）」と呼ばれる精霊や、ボーミンガウンなどのウェイザーも奉られている。ウェイザーとは、錬金術、呪符、マントラ、偈文などの術の修得によって、超自然的力を得た存在であるとされ、現世利益的な期待から、これを信奉する人々も多い（土佐桂子、二〇〇〇）。また、年中行事となっているパゴダ祭の機会には、パゴダで芸能が催されたり市が立ったりして、多くの在家者で賑わう。このように仏塔は、ミャンマーにおいては在家者のさまざまな宗教的ニーズを満たす信仰空間となっている。したがって、仏塔には精霊が祀られている場合も多い（図

図4　パゴダにて精霊に供物を捧げる人々（筆者撮影）

4）。

それに対し、僧院は出家者の修行・生活の場である。大僧院には、法堂、僧坊、食堂といったいくつもの建物が並ぶが、仏塔と比べると著しく簡素である。ミャンマー仏教徒の巡礼旅行、あるいは外国人が旅行で訪れるのは、ほとんどの場合が仏塔であり、出家者の生活空間である僧院に行くことは少ない。このように出家者は、精霊信仰やウェイザー信仰といった在家仏教徒の豊饒な信仰とは距離を置いた世界に身を置いている。

### 出家者と天人・餓鬼

しかし出家者は、超自然的な存在のすべてを認めないというわけではない。仏教的な世界観の中にある餓鬼（幽霊）や天界の住人としての神々は、在家者だけでなく、出家者にとっても馴染み深い存在である。そこで次に、こうした天人としての神々と出家者の関わりについてみてみよう。

須弥山世界と呼ばれる仏教的な世界は、地獄界、畜生（動物）界、餓鬼界、人間界、天界という五つの階層（阿修羅界を数えるならば六つ）から構成される。人間界の上にある天界は、持国・増長・広目・多聞のいわゆる四天王や帝釈天など、仏教の神々として有名な神々のほか、名前のない無数の神々が暮らす、相対的に幸せな世界である。それに対し人間界の下にある世界は、大きな苦しみの世界である。こうした須弥山世界は固定的な世界ではない。すべての生命は輪廻転生によってさまざまな世界を循環する。つまり人間は死後、天に生まれることもあれば、人間や動物や餓鬼や地獄にも生まれうる。

こうした餓鬼や神々の存在、あるいは輪廻転生という世界観は、ミャンマー仏教徒においてはほとんど当然視されており、それは出家者においても同様である。ただし、餓鬼に対する回向（後述）のほかは、こうした別世界の住人たちと積極的に関わろうとすることは少ない。というよりもむしろ、別世界であるがゆえに、通常は関わることは不可能であるとされる。

しかし特殊な場面においては、こうした関わりが問題になることがある。その一例を「森の僧」を事例に見てみよう。「森の僧」とは、人里離れた森や洞窟で瞑想修行や頭陀行《ずだぎょう》に励む出家者を指す。パーリ仏典においても、「アーランニャヴァシー（森に住む僧）」として、「ガーマヴァシー（村・町に住む僧）」と対置されて言及されている出家者のあり方である。ミャンマーにおいては圧倒的多数が「村・町の僧」であり、生涯を通して「森の僧」として生活するような出家者はほとんどいない。ただし、出家生活の一時期をこのように過ごす出家者は、わずかながら存在する。

実際に「森の僧」として数年修行したことのある比丘によれば、森での修行において、蛇や猛獣と並んで大きな修行の妨げとなり、危険なのが、神々である。神々が危険であるとはどういうことか。土地を守る神々は、律を守る清浄な出家者がくると、その場所にいづらくなるため、嫌な音や匂いを発して、出家者の修行を妨害することがあるという。そのような場合には、邪魔をしてくる神々に対して慈悲を送り、自分には敵意がないこと、神々の幸せを願っているという意思表示をする必要がある。そのようにして神々と仲良くなることができれば、その後は逆に蛇や猛獣から出家者を守ってくれる存在になる。こうした事情から、森で暮らす際には、神々に慈悲を送るための『慈経（メッター・トウッ）』と、『蘊経《うんきょう》（カンダ・トウッ）』という蛇除けの呪文といったパーリ語の護呪経典を、毎日誦唱しなければならないという。

以上、ミャンマーにおける出家者と神々の関係を、精霊信仰と「森の僧」を事例に紹介した。精霊との関わりは現世利益を求めるものであり、上座仏教の教えに反するため、在家者が関わることはあっても、出家者は全くといってよいほど関わることはない。それに対して天人や餓鬼といった存在は須弥山世界に位置づけられ、それが当然視されている。ただし崇拝の対象となることはない。輪廻転生という世界観においては、天人といえども、自分と隔たった遠い存在ではない。それは過去の自分であり、未来の自分でもありうる。天人や餓鬼に対する出家者の態度は、生命としての苦しみを共有する、いわば同胞としての態度であるといえる。

## 四　出家者の社会的役割

これまでの検討から、在家者の世界と遊離した出家者の世界が浮かび上がってきた。ここでは、こうした出家者がどのような社会的役割を果たしているのかという問題について検討してみたい。

この問題を考える上でまず指摘しておくべきは、ミャンマーにおいては出家者の社会福祉活動が少ないという事実である。タイやスリランカにおいては「開発僧」や「エンゲージド・ブディズム（社会参加仏教）」といった形で、各種の福祉活動や地域開発に貢献している出家者の事例が多数報告されている。

もちろん、ミャンマーでもこうした活動に従事する出家者はいる。子供たちに世俗教育を行う僧院学校や孤児院はその一例である。また、村の僧院は村落生活の結節点として、伝統的に地域の発展に欠かせない役割を担ってきた。しかしミャンマーにおいては、こうした出家者の福祉活動は手放しで賞賛される状況ではない。逆に、律を厳格に守ろうとする出家者ほど、在家者の生活と積極的に関わらないという態度を貫こうとする。

こうした態度は、かつて大乗仏教による上座仏教の蔑称として用いられた「小乗」を想起させるものである。つまり上座仏教の出家者は、自分の修行に専心して在家者の幸福に貢献しようとしない、利己的（小乗的）な存在であるという批判である。それでは本当に、上座仏教の出家者というのは利己的で、在家者にとっては役立たずの存在なのか。以下、「福田《ふくでん》」と「法施《ほうせ》」という役割について紹介してみよう。

## 「福田」としての役割

第一に出家者には、布施の最上の受け手（「福田」）として、布施行という在家者の積徳行《せきとくぎょう》を助ける役割がある。在家者にとって重要なのは、功徳を積んで自らの業《ごう》（運命）を改善し、輪廻転生において良い生まれ変わりをし、最終的に涅槃に至ることである。そのためにさまざまな善行を行う。こうした善行の中でも、その実行のしやすさから最も一般的なものが、布施、つまり自分の持っているヒト（労力）・モノ・カネを、他者に提供するという行為である。

布施の対象は、誰であってもよい。ただし布施によって得られる功徳の大きさは、布施の受け手によって異なるとされる。この点において、律を守るがゆえに在家者と区別される清浄性を持つサンガは、「福田」（在家者に功徳

図５　僧院での布施式の様子（筆者撮影）

をもたらす存在）として、布施の最上の受け手である。ミャンマー仏教徒が出家者に対して惜しみない布施を行う最大の理由はここにある。つまり在家者にとって出家者とは、布施を最も功徳ある善行へと変えてくれる、かけがえのない存在なのである。

こうした「福田」としての役割は、死者供養においても重要である。ミャンマー仏教における供養の根幹は、死者に対して功徳を分け与えること（回向）にある。功徳は善行を行った本人にしか得られないという原則なので、回向とは奇妙に思えるかもしれない。しかし他人の善行を見聞きしてともに喜ぶこと（随喜）によって、他人が獲得した功徳と同じだけの功徳を得ることができるとされる。他人の善行を喜ぶというのは、それ自体が立派な善行となるのである。したがってミャンマーでは、大きな布施の機会などには、必ず回向・随喜の儀礼を行い、布施という善行を皆で喜び合い、功徳を分かち合う。

同じ原理が死者供養の場面でも見られる。親族は、死者が亡くなった当日と翌日、七日後、一か月後、一年後などの節目に、僧院に出向いて、あるいは出家者を自宅に招いて布施を行い、功徳を積み、その功徳を死者に回向する。すると、一部の餓鬼は随喜することによって、功徳を受け取ることができるという。そうすれば餓鬼は、暗い餓鬼の世界を抜け出し、また別の世界に生まれ変わることができる。これがミャンマー仏教流の、死者供養の仕組みである。

ただし、こうした回向が届くのは一部の餓鬼にのみであるとされる。つまり、死者が地獄や動物に生まれ変わっていたら回向は届かない。しかし、それでも必ず回向は行われる。なぜなら輪廻転生の繰り返しの中で、誰しもがたくさんの生命と関わっており、その中には未だに餓鬼として苦しんでいる生命も多くいるからである。したがって親族の死を契機として、生きとし生けるものすべてに対して、自分の大切な家族だと思って回向することが奨励されている。

ミャンマーでは「遺体には草履ほどの値打ちもない」といわれ、墓を造る習慣がない。したがって出家者には日本のように墓を守るという役割はない。その意味で葬儀との関わりは日本と比べて薄い。しかし布施を功徳あるものとする「福田」としての出家者は、死者供養（回向）の場面においては、必要不可欠な存在となっている。

## 「法施」という役割

第二に、「法施」という役割がある。「法施」とは、法（仏法）を布施することであり、財の布施（財施）と対比される。一般的には、説法（教義を説く、瞑想方法を指導するなど）の意味でとらえられることが多い。もちろん、説法も法施の重要な一要素であるが、それと並んで重要であるとされているのが、出家者としての生き様を身をもって示し、それによって在家者の仏教に対する信仰心を育むことである。

仏教への信仰心とは、具体的には三宝（仏・法・僧）への信頼・帰依を指す。仏はブッダ、法はブッダの教え、僧はブッダの教えに従って涅槃に至った理想の出家者たちである。こうした三宝に帰依するということは、涅槃という境地が本当に存在し、法に則って努力すれば、その境地に至れるという確信を持つことと等しい。つまり、信仰心とは涅槃を目指そうという意欲の源泉であり、上座仏教徒にとって最も重要なものである。

それでは、在家者はどのように三宝に帰依することができるのか。この点において出家者が果たしうる役割は大きい。在家者は、現実の出家者の姿を通してのみ、三宝の一つである理想の出家者を想像することができる。理想の出家者をイメージできれば、そうした出家者たちが体現する法や、そうした法を説いたブッダの存在も、いもづる式に予感することができる。つまり在家者にとって、出家者というのは三宝への帰依に導いてくれる入り口なのである。逆に言えば出家者は、在家者が自分の姿を通して、理想の出家者のあり方を垣間見ることができるように接する必要がある。これは筆者がミャンマーにおいて一時的に比丘生活を送っていたときに、師僧から繰り返し注意されたことでもあった。

以上、「福田」と「法施」という出家者の役割を概観した。その特徴を一言でいうならば、在家者が「仏教的な幸福」（ロウコッタラ・チャンター）を実現するのを助ける、つまり欲望から離れる努力を助けることにあるといえる。これは在家者に「世間的な幸福」（ローキー・チャンター）を与えること、つまり在家者のさまざまな欲望に応えようとする社会福祉的な役割とは異なる。

ここで重要なのは、後者は出家者でなくてもできるが、前者は出家者でなければできないということである。つまり在家者を「仏教的な幸福」に導くという役割は、出家者が出家者としての生活を貫徹することによってのみ果たしうる。もちろん後者のような福祉的役割も、それ自体は立派なものであり、否定されるべきものではない。実際、出家者の中にはいてもたってもいられない気持ちで、こうした活動に従事する者もいる。

ただし問題は、出家者が福祉活動に乗り出すことによって、出家者としての生活を貫徹できなくなる危険性があるというところにある。福祉活動を行うためには相応の費用が必要であり、場合によっては、出家者自身が布施集めに奔走しなければならない。そのため、世俗的な問題に巻き込まれることもしばしばある。そうした環境では、出家生活を貫徹することは困難である。実際にミャンマーでは、福祉活動に従事する出家者は還俗することが多い。出家者として生きることができなくなれば、在家者を「仏教的な幸福」に誘うという役割も果たせなくなる。それでは本末顛倒である。

出家者である以上、出家者としての生き方を全うするというのは、すべての出家者に課せられている義務である。つまり出家者に求められているのは、律を守り、自らの修行を一生懸命行うことにある。それは決して利己的なあり方ではない。在家者を突き放し、一見利己的であるように振る舞うことこそが、在家者の幸福に寄与しうるという側面がある。ミャンマーにおける出家者の利他行とは、こうしたパラドキシカルな仕組みによって成立している。

## おわりに

本論では、出家者に注目することによって、ミャンマー仏教の特徴を概観した。教育体系や信仰生活を見てもわかるように、ミャンマーにおいて出家者として生きるということは、世俗社会から離れた独自の出家者世界に生きることを意味する。そしてこうした分離こそが、出家者の社会的役割を担保しているといえる。

もっともミャンマーでは近年、政治・経済・社会の各方面において、大きな変化が生じている。こうした変化の中でも、出家者は出家者であり続けることができるだろうか。出家者のあり方はミャンマー仏教のあり方全体に影響する。その動向について、今後も注視していきたい。

**参考文献**

1、生野善應『ビルマ仏教―その実態と修行―』（大蔵出版、一九九五年）。
2、髙谷紀夫「ビルマ儀礼論の展開―祭祀空間としてのパゴダをめぐって―」（『実践宗教の人類学―上座部仏教の世界―』京都大学学術出版会、一九九三年）。
3、田村克己「宗教と世界観」（『もっと知りたいミャンマー（第二版）』弘文堂、一九九四年）。
4、土佐桂子『ビルマのウェイザー信仰』（勁草書房、二〇〇〇年）。
5、林行夫「東南アジア仏教徒の世界」（『静と動の仏教　新アジア仏教史　4　スリランカ・東南アジア』佼成出版社、二〇一一年）。

コラム…❷

# 上座仏教社会における女性の出家

飯國有佳子

仏教は日本でも最も馴染み深い宗教の一つである。しかし一口に仏教と言っても、中国から日本に伝わった大乗仏教と、スリランカを経て東南アジア大陸部に伝わった上座《テーラワーダ》仏教には大きな違いがある。上座仏教では、出家と在家で遵守する戒や生活のしかたが異なるなど明確な聖俗分離が見られるが、中でも特筆すべきは出家行為をめぐるジェンダー差であろう。大乗仏教では女性の出家が正式に認められるのに対し、上座仏教社会では十一世紀頃のスリランカでの比丘尼サンガ消滅に伴い、女性は在家に留まらざるを得ないとされてきた。つまり、在家と出家というカテゴリー間の移行が可能な男性に対し、女性の場合、優婆夷《うばい》という在家女性のカテゴリーに据え置かれるのである。

ところが、これは単に比丘尼になれないことを意味するだけで、必ずしも女性の出家行為そのものが禁じられているわけではない。そのため、教義上は在家女性でありながらも、事実上は出家生活を営む女性が上座仏教社会には広く見られる。こうした女性修行者は、タイではメーチー、スリランカではダサシルマーターと呼ばれている。以下では、ミャンマーの女性修行者ティーラシンに焦点を当ててみたい。

ミャンマーの女性修行者に関する記録は比較的多く、実は比丘尼と思しき女性の記述も九世紀から十五世紀頃まで残されている（Luce, 1937；Andaya, 2002）。また、十八世紀から十九世紀にはティーラシンが僧侶とともに托鉢に出かけていただけでなく、王と僧侶の調停役を担い、后や王女らの相談役や教育係を務めるなど、サンガや歴代王権と緊密な関係を築いてきたことも知られている（Kawanami, 1991）。ティーラシンは現在も教義上は正式

托鉢を受けるティーラシン。調理済みの斎飯を供される僧侶に対し、ティーラシンは生米の喜捨を受ける

な出家者ではないものの、社会的には「サンガに連なる存在」として、「準僧籍手帳」を交付される宗教者としての公的地位を得ている。こうして彼女たちは、各地の尼僧院や僧院において経典学習や瞑想指導を実践するなど、仏の教えを広め、発展させる活動に携わっている（飯國有佳子、二〇一〇）。

しかし、ティーラシンには出家と在家のはざまに置かれるがゆえの労苦も多い。というのも、在家信者にはブッダの時代から連綿と続く正統なサンガの活動を支える義務はあるが、同じ在家のカテゴリーに含まれる女性修行者を扶養する義務はない。そのため、僧侶と違い、彼女らは炊事や洗濯など身の周りのことを自分で行わねばならず、よって金銭に触れざるを得ない。その結果、金銭に触れないという項目を含む十戒を遵守できるのはごく一部に限られ、大多数は布薩日《ふさつび》等に敬虔な在家信者が保持する八戒しか遵守できない。つまり、「戒《ティーラ》の保持者《シン》」という名で呼ばれる女性修行者が把持する戒とは、比丘尼の三一一戒ではなく、篤信な在家信者が遵守する戒と同じなのである。

ところで、この戒の遵守については興味深い話がある。ミャンマーの多数派民族であるビルマ族のあいだでは悪霊等の攻撃から身を護る「ポン」と呼ばれる仏教的な守護力に対する信仰があり、この力は男性が生得的に多く有し、僧侶において最も大きくなるとされる。精霊の祠等があれば、ポンの少ない女性はその攻撃を防ぎ守護を祈願するために、精霊に跪拝しなければならないが、生得的に多くのポンを有する男性であれば跪拝する必要はなく、僧侶にいたっては精霊が衣に触れただけで消滅してしまうという。ところが、常に八戒を遵守するティーラシンの場合、男性同様に精霊に跪拝する必要はなく、一般の女性であっても八戒を遵守する間に限ってのみ、精霊に「敬意を示す」だけで跪拝する必要はないとされる（飯國有佳子、二〇一一）。つまり、ポンの増減にはジェンダーだけでなく戒の遵守という仏教的な実践が関係しており、しかもそれは、土着の精霊信仰に対しても大きな影響力を及ぼしているのである。このように、ミャンマーにおける仏教的な実践は仏教的文脈に留まらず、常に日常生活や土着の信仰へと開かれており、それらは時に不可分なほど密接な関係を築いていると言える。

参考文献

1、飯國有佳子『ミャンマーの女性修行者ティーラシン―出家と在家のはざまを生きる人々―』（風響社、二〇一〇）。
2、飯國有佳子編『現代ビルマにおける宗教的実践とジェンダー』（風響社、二〇一一）。
3、Andaya, B. W. “Localising the Universal: Women, Motherhood and the Appeal of Early Theravada Buddhism.” *Journal of Southeast Asian Studies*, 33 (1), 2002, pp.1-30.
4、Kawanami, H. “The Position and Role of Women in Burmese Buddhism: A Case Study of Buddhist Nuns in Burma,” Ph. D. Dissertation 〈University of London〉, 1991.
5、Luce, G. H. “The Ancient Pyu.” *Journal of the Burma Research Society*. 27, 1937, pp.239-253.

# タイの仏教と神々

田邉和子

## はじめに

タイ人はもともと、家にも樹木にも山にも精霊がいると考える民間信仰を信じてきた。仏教はタイ人にとって外来宗教である。タイ国が現在のような状態で存在を示すようになったのは、十三世紀初頭にクメール人の支配から独立して、タイ国中部に政治的中心を置いたスコータイ王国のときからである。スコータイでは、タイ人が支配する前には大乗仏教が行われていたようであるが、タイ人支配になってからは、スリランカからの上座仏教を受容していたと思われる。タイ人にとっては、仏教を受容するようになっても精霊信仰を排除することなく、精霊信仰と仏教とを、混然と融通無碍に信仰して生活しているようである。

はじめに、タイ仏教の概説を述べてみよう。ここでは仏教を受容したタイを、スコータイ期、ランナータイ・アユタヤー期、トンブリー期とラタナコーシン期、現代に分けて、その仏教の歴史を述べる。そして次にタイ民衆の仏教信仰の様子を学んで、タイの民衆が受容した仏教信仰の特徴に迫ってみたい。

# 一　タイ仏教概説

## スコータイ期の仏教

スコータイ第三代のラーマカムヘーン王碑文（一二九二）によると、ナコーンシータマラートからスリランカ仏教を学んだ大長老を招いて、新しい上座仏教の伝統を樹立している。この碑文によると、上座仏教が隆盛したと書かれている。王はスリランカと交流し、美しい仏像のシーハラ仏のプラプッタシーヒンを得ている。

孫のリタイ王はモン人のスマナ長老を招き、指導を受け自身も出家している。『トライブーミカター』（『三界経』）を著したという。本書はタイの民衆に、広く十九世紀半ばまで親しまれていた。

## ランナータイ

七世紀以降、チェンマイより南のランプーンに、ロッブリーの王女チャーマテーウィーがモン人の国ハリプンチャイを建国し、パガンから上座仏教が伝えられた。十三世紀末にマンライが、ランプーンの北のチェンマイにランナータイを築いた。孫のクーナー王（一三五五―八五在位）がスコータイからスマナ長老を招き、上座仏教の伝統を確立しようとした。

ここで、『ジナカーラマーリー』『シヒンガプッタルーパニダーナ』『パタマサムボーディ』が著されている。ランナータイとスリランカとの交流では、ここにもシーハラ仏のプラプッタシーヒンが伝来している。

図1　タイの地図

## アユタヤーの仏教

アユタヤーは一三五一年に、チャオプラヤー河下流に誕生したといわれている。アユタヤーは、それ以前から港町として繁栄していたらしい。現存のパネンチュン大仏が、一三二四年（小暦六八六年）にアユタヤーに建立されたと『ルアンプラテート本アユタヤー年代記』に記述されているので、当時、この地に仏教が栄えていたことがわかる。

アユタヤーもまたスリランカと交流を保ち、上座仏教を信奉していた。十四世紀後半、アユタヤー僧ダンマキッティはスリランカに渡り、具足戒を受け帰国後、『サッダンマッタサンガハ』を著した。十七世紀に出たソンタム王は仏教教理に精通し、信仰深い王で、三蔵経の校訂を行ったという。

アユタヤー朝の末期に出たボロマコート王（一七三三―五八在位）の治世下では、仏教が繁栄を示していた。ところがスリランカでは仏教が衰微して教団の崩壊につながる様相だったので、ボロマコート王は、スリランカのキッティシリ王の要請に応じて、ウパーリ長老を団長とする仏教使節をキャンディに派遣し、授戒式を行ってスリランカの仏教教団を復興させた。すなわち、現代スリランカにおけるシャム派の教団がこれである。この王の王子ファティマ・タンマティヴェートは、『プラマーライ経』の王室欽定版『プラマーライ・カムルアン』を著している。

## トンブリー期、ラタナコーシン期の仏教

一七六七年にアユタヤーがビルマ軍の攻撃で破れ、崩壊した後、タークシンが王位について、バンコクの対岸トンブリーに都を築いたが、一八七二年に殺され、次いでラマ一世チャオプラヤー・チャクリがバンコクに都を移し

て国を建てた。ラマ一世は一七八八年、バンコクのワット・マハタートにおいて第九回目の仏典編纂会議である第九結集を行わせた。このとき作成の貝葉経典は『大黄金版三蔵経』と呼ばれる。

ラマ四世モンクット王は、一八五一年に即位するまで二十七年間、比丘として僧院生活を行い、モン僧の影響を受けて、復古的改革運動を起こし、戒律の厳守、モン僧式の黄衣着用、俗信的要素の排除等に重点を置いた、タマユット派を起こし、合理主義の姿勢をとった。従来の仏教をマハーニカイ派と呼んで区別した。ラマ五世チュラロンコン王（一八六八—一九一〇在位）は、「サンガ統治法」を定め、法王の監督のもとに組織を作り、僧はすべてこの組織の中に入る集権的組織体制を作った。

## 現在のタイ仏教

現在、タイ人口の九十パーセント以上が仏教徒であるといわれている。そしてタイ人の仏教に対する尊崇の思いは非常に強く、仏・法・僧は功徳を与えてくれるという考えが、根強く人々の心に浸透している。男子がたとえ短期間でも出家生活を送ることは、その者にもまた家族にも功徳になるという観念が今でもタイ社会に行き渡っており、出家生活を送った者は、社会の中で尊敬されたり、高い地位を得ることができることが知られている。

タイの教団は、ただ一人の法王（プラ・サンカラート）を首長とする統一教団であった。その下にタマユット派とマハーニカイ派が所属している。この二派の違いは、経典読誦のしかたとか黄衣の着かたの違いだけで、教義の区別は全くないので同一教団になっている。ただ近年、タンマカーヤという新興の仏教勢力が経済的にも強い力を持つようになってきており、タイ仏教社会に大きな影響力を持ち始めている。タンマカーヤの僧はマハーニカイ派に所属している。

# 二　タイ民衆の仏教信仰

## 出家得度・授戒式と精霊信仰

仏教信仰を持つタイ人の間でも、精神的な根底に民間信仰のアニミズム（精霊信仰）が根強く息づいている。タイ族の民間信仰には、クワンと呼ばれる精霊がみられる。クワンとは、生命の根源、生命の本質を意味し、死ぬとその人から抜け出すと考えられている。クワンは、人の生命とか、安穏とかを守るとされている。クワンは、人の頭に宿るといわれる。だからタイ人は、たとえ子供でも、肩から上部を触れられることをたいへん嫌う。

頭からクワンが離れると、病気になったり死んだりする。永久にその人からクワンが去るということは、その人の死を意味する。だから人生の節目節目にクワンの定着を強める強化儀礼を行って、命を守護してもらおうとする。昔は、子供のうちは、頭に宿るクワンを保護するために髪を切らずに髷を結っていた。この髷を切ることを大きな人生の節目と考えて、タイ人はクワン強化儀礼を行う。

また、出家得度（見習い比丘である沙弥になる儀式）や授戒式（比丘になる儀式）を行うことは、その人の大きな節目であるから、僧院に入る前に、タム・クワン・ナーガと呼ばれる招魂儀礼が大々的に行われる。タム・クワン・ナーガと呼ばれる招魂儀礼は、僧院に入ろうとする人に、彼のクワンも彼とともに僧院に入るように、クワンを招くという儀式である。そうでないと、僧院の中で不幸になったり病気になったりすると考えられる。出家希望者はナーガと呼ばれ、在俗者がこの儀式を執り行う。ナーガは、まゆと髪が剃り落とされる。壇がしつらえられ、花と

図2　授戒式の始まる前に布薩堂を巡る楽隊等の行列。ワット・ポーにて（筆者撮影）

バナナの葉で五層に飾られた飾りが中央に置かれる。そしてナーガは、手の周りに聖糸を結びつける。ミルクを飲む。在俗者が決まった言葉を誦する。そしてこの言葉の中でシヴァ神、ヴィシュヌ神、ヴィシュヴァカルマ神などの神々を勧請して供養する。そして多くの人々を招待してご馳走し、共食儀礼を行う。ナーガは、比丘になるまで白い服をまとっている。この後、寺院まで長い行列を作って進み、寺院の布薩堂（ウポーサタ堂）を三回右回りしてお堂の中に入る。この行列のときには、太鼓隊、トランペット隊、笛隊など楽隊が並び、音楽をかなでながら並んでお堂を回る（図2）。それから、出家得度式、あるいは授戒式が始まる。お堂の中では仏教儀礼が僧たちの手で執り行われる。このように、出家得度式や授戒式を行う前には必ずクワン強化儀礼が行われるが、精霊のための儀式と仏教儀礼とは区別があるものの、混然と一体になっていることがわかる。

タイ族の民間信仰には他にピー、ヴィンヤーンと呼ばれる精霊が見られる。ピーには、山のピー、水のピー、森のピー、大樹のピー、川のピー、土地のピーなど自然のすべてにピーが宿るとされる。また人に危害を与えるピー、恐ろしいピー、人々を悪霊から護るピーなど守護霊になるものもいるとされる。タイ人は、夢見が悪いとピーの社のロウソクに火をつけ、線香をたき、供物をして自分を護ってもらうように願う。また仏教儀礼の行われる満月の日には、必ずピーの社に火がともされ、供物が供えられる。ヴィンヤーンは外来語で、死んだときのみ、人に残るものと考えられ、輪廻観および死後の運命と関係している。ヴィンヤーンがピーと関連している。

タイ人にとり精霊信仰は、仏教とは異なるが融通無碍に生きていて、仏教と同じように尊び怖れながら手厚く礼拝している。

## タイ寺院壁画に見られる仏伝図とジャータカ図の中の神々

### 降魔成道図

タイ仏教寺院の布薩堂の壁画の多くには、釈尊の生涯を描いた仏伝図と、釈尊の前世を描いた十ジャータカ図が見られる。タイではアユタヤー時代から今日に至るまで、仏伝図の中で悪魔の軍勢を降伏させて仏陀となった場面が、とりわけ重視されて描かれている。しかも他の地域では見られない姿が描かれている。ここでは、近年建造されたバンコク区郊外、仏教公園ブッダモントン内の寺院壁画（図3）を例にとって紹介してみよう。

中央の菩提樹下に触地印相の菩薩が描かれ、その下に立て膝で右手で髪の元を持ち、左手で髪の末を持つ美しい女性の姿が描かれている。さらにその下に、蛇の尾を咬む動物のようなもの（キールティムカ）が見られる。

左側には菩薩を襲おうとする軍勢が描かれている。象は旗を掲げ、鼻に剣を持ち、その背中に長刀や長槍を持つ魔王と象使いを乗せて、勢いを見せて菩薩に向かっている。その下に剣を携える兵士の乗る珍獣、馬、牛、剣を手

図3　悪魔の軍勢の来襲と大地の証明。ブッダモントン内の寺院壁画（清水洋平氏撮影）

にする歩兵たちの軍勢が、菩薩に向かって疾走している様子が見られる。

ところが右側では洪水になり、象に乗る二人は蓮の花を手に持ち合掌し、象は鼻で蓮の花を持ち、菩薩に向かっている。珍獣や兵士たちは洪水に流されている。あるものは鰐に食われ、あるものは大魚にかまれて逃げ回っている様子が描かれている。

最上部には、菩薩に向かって合掌礼拝する神々の参集する姿が描かれている。

この図は、『ジャータカ』の序文である「ニダーナカター」の中に述べられている、「魔王がギリメーカラという象に乗り、悪魔の軍勢を率いて菩薩めがけて種々の武器を持って襲って来た。悪魔の軍勢も一人として同じ武器を持たず、さまざまな顔つきで襲ってきた。しかも魔王は、いろいろな手段で菩薩をやっつけようとしたが、すべて思うようにならなかった。最後に、菩薩に向かって『お前が施しを行ったことについての証人がいるか』と尋ねたのに対して、菩薩は、『私がヴェッサンタラ王子であったときの布施について知る者は、この世ではいない。しかしこの大地が証人である』と言って、手を大地に向けて差し伸べた。すると大地が、『私がそのときのあなたの証人です』と大声をあげた。そのあと、魔王を乗せるギリメーカラ象がひざまずき、悪魔の群衆は四方八方に逃げ去った」という場面に一致する。

この図に表現されている中央の髪の元と髪の末を持つ美しい女性の姿が、「ニダーナカター」の証人、大地の女神である。大地の女神ヴァスンダラーとその様子については、ランナータイで作成されたと伝えられている仏伝『パタマサムボーディ』に、次のように述べられている。

『今、私が魔の軍勢と戦っているときに、どうしてこの大地が沈黙しているのか。私のこの言葉に従って証人になってほしい』と手を差し出して大地に向かって言った。

『友、大地よ、ヴェッサンタラの生涯にあったとき、息子と娘を布施し、その他多くの布施をした。そのとき、沙門たちもバラモンたちも証人になってくれたが、今は彼らはいない。大地よ、どうして証人にならないのか』

そのとき、大地の女神ヴァスンダラーは菩薩の願力によって不思議に自由が奪われ、大地から湧き出て、女性の姿になって菩薩の前に立った。

『偉大な方よ、私はあなたの願いを知っています。あなたの布施の水によって、私の髪が一つになりました。今、回しましょう』と言いつつ、まず自分の髪をぐるぐる回して放った。彼女の髪から、ガンジス河の水のように流水が湧き出た。そのとき、これらの悪魔の軍勢は、立っていることができず、逃げた。ギリメーカラ象の足も洗われ、海の中まで入って行った。傘、旗、払子もちりぢりに破壊されてしまった。不思議を見て悪魔

たちはおそれおののいた。（筆者試訳）

ここに述べられるように、大地の女神は菩薩の証人となると同時に、髪から水を出して洪水にし、悪魔の軍勢を流してしまうという。ヴァスンダラーは、タイではメートラニー（地母神）とも呼ばれて広く尊崇されている。

この「降魔と地母神の証明の図」は、タイ寺院の布薩堂に安置されている本尊仏に対面する壁に描かれる場合が多い。それだけにタイでは仏を讃歎し、尊崇する心が強いといえる。十八世紀半ばから十九世紀初頭に描かれた寺院壁画には、悪魔の軍勢の中に他国人が描かれることが多い。

## マハージャナカジャータカ・難破図

タイではパーリ語で書かれている仏教聖典の中のジャータカ集の最後の十話が、広く民衆の中に語り継がれ、多くのタイ寺院に描かれている。その中からワット・クルアワンウォーラヴィハーンに描かれている、マハージャナカジャータカ（パーリ聖典中の五三九話）を選んで紹介しよう。ワット・クルアワンウォーラヴィハーンは一九八二年に建造された王室寺院で、ここには仏教聖典中の五四七話すべてのジャータカ図が描かれている。

壁画には、大海原に投げ出された金色の王子の姿が描かれている（図4）。周囲には魚に食われる人々、板切れにつかまって波間に浮かぶ人々、水の中で魚に追われて逃げ惑う人々の様子が描かれている。左には船も見える。そして空から、金色に輝く女性が王子を救い上げようとして飛んでくる姿も見られる。

パーリ聖典中の五三九話、マハージャナカジャータカの話は次の通りである。

「王弟に殺されたミティラー国王の妃は宝を籠に隠して逃げて、遠くの町で子供マハージャナカを産み落とした。この子は長じてミティラー王の子であることを知ると母に頼んで宝をもらい、それを持って船で黄金の地に出かけ、

図４　マハージャナカジャータカ、難破図。トンブリー地区ワット・クルアワンウォーラヴィハーン（筆者撮影）

財産を増やしてミティラーを取り戻そうとした。ところが航海途中で船板が壊れ、浸水して船は大海の真ん中で沈没しそうになった。多くの人が船から投げ出され魚の餌食になった。マハージャナカも海に落ちた。そのとき、海の守護神マニメーカラー女神が積徳のマハージャナカを救うためにおりてきて、彼をミティラーに連れて行きマンゴー園の石板に寝かせておいた。そのとき、父王を殺して王になっていた弟王が死んだ。それで後継者がいなかったので大臣たちが王の馬に探させたところ、マハージャナカの前で止まった。そこで彼はミティラー王になり、前王の王女シーヴァリと結婚する。豊かで幸せな生活を続け、王子をもうけた後、二本のマンゴーの木のうち、美味で多くの実のなるほうは人々が食べ尽くし、木が枯れてしまったが、実がならないマンゴーの木はいつまでも立派なままであるのを知って、物を持っている者には恐怖があり、物を持たない者には恐怖がないと悟って、マハージャナカは出家する。シーヴァリ王妃は泣いて止めるがかなわず、自分も出家してマンゴー園に住むようになった」

この壁画の場面は、海の守護神マニメーカラー女神が、大海に落ちている徳の高いマハージャナカを救い上げようとしているところである。この話はタイでは非常に好まれて、タイ語で書かれる漫画にもなっている。東南アジアの人々は、日常生活の中で川、湖、海から非常に大きな恩恵を受けている。だから子供の頃から水の中で生活しているので、水に慣れている。三歳くらいの子供が、たらいのような小舟を一本の棒でこいで、自由自在にあちこちを行き来している姿を見たことがある。しかし雨季に一度嵐がくると、たとえ大きな船でも波にもまれ、二つに割けるほどの強い波にぶつかることもある。船が壊れ、沈没することも日常茶飯の地域なのである。そういう人々にとっては海の守護神マニメーカラーを祈る気持ちが、非常に強いように思われる。暴風雨の中海に投げ出された主人公がマニメーカラーに救われる話が、タイで作られたジャータカ物語にはしばしば見られる。

## 天界説法と『三界経』

母マーヤー夫人と神々のための天界での仏の説法の場面、および天から階段を通って仏が降りて来る場面は、タイの寺院壁画によく見られる。タイの寺院内部に入ると、色の異なる三道の階段（三道宝階）がしつらえられて、置かれて尊崇されているのがしばしば見受けられる。この場面は、『法句経註釈書』の「双神変物語」に次のように書かれている。

「仏が舎衛城のマンゴー樹下で双神変を行った後、三十三天に昇って、雨安居の三か月間、珊瑚樹の根元で帝釈天の黄色石座にとどまって、神々の間で、兜率天から降りてきた母マーヤー夫人や神々にアビダンマ（真理を分析的にまとめた教え）を説法した。仏が雨安居を終えて降下しようとしたとき、帝釈天は、金製、宝石製、銀製という三つの階段を造らせた。それらの脚はサンカッサの町の入口に置き、一番上はシネール山の頂上に置いた。右の金製の階段は神々のためであり、左脇の銀製の階段は大梵天のためであり、中央の宝石の階段は仏のであった。そして天界から地上に戻る際、仏は上から下まで、梵天界、他の天界、人間界、動物の世界、龍の世界、地獄を見渡した。すなわち仏が娑婆の苦界を、慈悲の眼で見たのである。神々も人々を見た。人々も神々を見た。仏が通って降りるとき、パンチャシカがパパイヤでできた青いヴィーナー（弦楽器）をとり右脇に、帝釈天の御者マータリは左脇にいた。大梵天は旗を、スヤーマは払子を持っていた。仏はこの眷属とともに三道宝階を通って降りて、サンカッサの町の入口に立たれた。舎利弗尊者も仏を出迎えた。その日の仏の素晴らしさを見て、生きとし生けるものたちは、自分たちも仏になりたいと願わない者はいなかった。多くの比丘たちが悟りを開いた」

天界説法と仏降下は、タイの仏教では大きな意味を持つのであろう。仏が降下するとき、娑婆世界の苦悩する衆生、輪廻する生存の世界を慈悲の心で見ている。神々も衆生たちも地獄の生存者たちも含めて、すべてが合掌して仏を見て、自分たちも将来、仏になりたいと願わないものはいないとここに語られている。この場面には大乗仏教の影響が大きく関わっていることを感じざるを得ないが、苦悩する衆生の救済を願う仏教の本旨を見るように思う。

この話はスコータイ時代のリタイ王によって著されたとされる、天界・人間界・地獄界の三界を説く『三界経』に深い関連があるとされる。紙の折本写本に書かれた『三界経』の世界と、寺院壁画の天界説法図が近似していることからも想像される。『三界経』の世界観は、合理主義を尊ぶラマ四世モンクット王が避けるようになる十九世紀半ばまで、タイ人の間で広く親しまれていた。図5は、アユタヤー時代後期一七三四年に、ペッブリー地区のワット・コーケオスッタラムの布薩堂の壁面に書かれた仏天界説法図である。この図に近似する図が、折本紙写本『三界経』に描かれている。ここには三十三天で梵天と帝釈天の間の仏、天人の住まいを示す小さな社、日月が見

図５　仏天界説法図。ワット・コーケオスッタラム布薩堂壁画（筆者撮影）

られるが、トンブリー地区のワット・ラチャシッタラムの布薩堂の仏天界説法図の下には、人間界の無常界、地下には地獄の様相が描かれている。

## タンブン（積徳）思想とヴェッサンタラジャータカ読誦会

タイ人の行動をうながす心の奥には、タンブンの考え方があるように思う。タンブンとは、幸せになるために徳を積む、あるいは徳を積んでその徳を他の人に回す、という考え方である。タイ人と行動を共にすると、タンブンをすることを自分の意思で進んで行っている姿をしばしば見かける。それと三か月にわたる雨季の安居の間は、僧たちは、同じ僧院にとどまってその中で修行を続けるが、雨季明けになると、どの僧院でも在家の方々からの布施を受けるカティナ会が行われる。ちょうどその頃にどの寺院でも、テーマハチャー（北タイでは、ブンプラヴェー）と呼ばれるヴェッサンタラジャータカの読誦会が盛大に行われる。バンコクでは二日間、朝から夕方六時頃まで続いて読誦会が行われる。その間、信者は入れ替わり立ち替わりその場にやって来てしばらく読誦を聴聞し、僧や寺院に布施をして帰って行く。ちょうど昼食時になると、人々は僧たちに食事の布施をして、その残りを聴聞している在家の人々が自由にいただく。

一人の僧がずっと読経するのではなく、三十分くらいで終わり、しばらく休んで別の僧が引き続いて読経する。読経と読経の合間には、また読誦僧とは別の僧が説教をしている。この合間に説教する僧の言葉の中に、プラマーライという高僧の名前がしばしば聞かれるが、この高僧に関する『プラマーライ経』が、タイ人の行動の根底にあるタンブンの思想とテーマハチャーに深い関連があると思われる。

『プラマーライ経』は、マーライヤ経とかマーレイヤ経とも言われるが、北タイで作成されたと言われる経典である。前に述べたようにアユタヤー時代末期には、『プラマーライ・カムルアン』という王室欽定版も作成されている。内容は次の通りである。

「プラマーライ、すなわちマーライ長老という名の超能力を得ている高僧が、地獄巡りをしたとき、地獄に堕ちて苦果を受けている罪人たちから、『自分の親族を探してほしい、そして生きているうちに善いことをして功徳を積んで（タンブンをして）、その徳を自分たちに分け与えて、自分たちの地獄の苦しみをやわらげてくれるようにと伝えてほしい』と頼まれた。マーライ長老は、人間世界に戻って彼らの頼みを聞き入れて、親族たちに『親族の積徳によって罪人は天界に生まれ変わる』と説いた。

それから、マーライ長老が朝、托鉢に歩いていると、農夫が蓮の花を布施した（図6）。長老は蓮を持って三十三天のチューラーマニ塔に行き、その花を供えた。そこには帝釈天がいて、今日は布薩日だから弥勒菩薩がやって来るというので、長老は神々が次々チューラーマニ塔供養のためにやって来るのを見ながら、弥勒菩薩をそこで待ち、弥勒菩薩に出会った。そして菩薩から説法を受ける。『今後、人間世界は殺し合いの世界が来る。それを逃れて洞窟で修行をする人々がいる。この悪世が終わるとまた善い世界が来るから、人間世界で法を説くように。未来

図６　プラマーライ図。ランプーン地区ワット・チャーマテーウィー布薩堂壁画（筆者撮影）

に私に会いたいなら、マハーチャーティ（ヴェッサンタラジャータカ）を聴聞するようにと人々に伝えよ』と言われる」

この物語に述べられる積徳の思想すなわちタンブンの思想は、今日のタイの人々の精神に根強く生きていて、善い行いをし他人が困っているときには進んで助けること、すなわち功徳を積むことを優先する考えがある。また寺院に詣って功徳を積んだり、戒を護っている比丘に布施をし、積徳してその功徳を自分の亡くなった親族に廻向するという考えが、人々の心の中に生きている。

また、弥勒菩薩に会うことを願う者、すなわち弥勒仏の時代に生まれることを願う者は、ヴェッサンタラジャータカを聴聞せよという『プラマーライ経』の中の教えは、現代タイでも生き続けている。雨安居が終わった後、数日してバンコクのどの寺院でも、二日がかりで僧が代わる代わるヴェッサンタラジャータカ十三巻を読誦するテーマハチャーと呼ばれる儀式は、この『プラマーライ経』の中の弥勒菩薩の教えに呼応して行われているものではないかと思われる。読経の休憩時の読誦僧とは別の僧のお説教では、高僧プラマーライが見てきた地獄の生存者がどうしてそこで苦しんでいるかを語り、天界の神々はタンブンを行って天界に赴くことになった結果であることが説かれている。テーマハチャーはたいへん盛大に行われているが、そこでは、在家信者たちへの教化活動が行われているのである。

寺院に集う人々は次から次へと変わるが、座が空くことはない。しかも読経の声は拡声器で外に向かって流されるので、通りじゅうに読経の声が聞こえてくる。すなわち寺院に参詣する人々だけではなく、町じゅうの人々がヴェッサンタラジャータカを聴聞するのである。

北タイでは、ブンプラヴェーと呼ばれるヴェッサンタラジャータカ読誦法会が寺院で開催されて、夜通し何日も続けて開かれるという。

## 在家信者たちへの教化

テーマハチャーには多くの在家信者が集まる。老いも若きも自分の都合のよい時間に寺に集うて、マハーチャーティを聴聞する。そのときには、読誦の合間に説教僧が在家信者たちに仏教を聴聞することの功徳、布施の功徳、善を行うことの功徳、自分が積んだ功徳を亡くなった親族に廻施する功徳を説く。どの寺院でも、寺院の都合に合わせてこの読誦会は行われるから、人々は自分の檀那寺に集うのであろう。三十年前、二年間バンコクに滞在していたとき、コーラート出身のタイ人の知人から、コーラートで行われるテーマハチャーに誘われたことがあった。当時は何のことかわからず断ってしまったが、後になってずっと行かなかったことを後悔していた。タイ人はバンコクに長く住んでいても自分の檀那寺が決まっているので、テーマハチャーには聴聞に出身地に帰るのであろう。そして、ここで教化されるのであろう。

またその頃、住まいから近かったので、布薩日には決まってワット・ベンチャマポピに参詣していた。僧たちの読経と説教が行われるが、在家信者に混じって、白衣を着た在家信女であるメーチーが参詣していた。メーチーは休憩時間に在家信者たちに読経のしかたを指導したり、仏教の話を教えたりして供養の布施をもらっていた。同じメーチーが在家信者の家々をまわって、読経を教えたり話をしているのも見かけたことがある。一九七七年から七八年の頃のことである。現在、メーチーは高度の学歴を身につけた者が多い。最近は、僧のために朝と昼の食事を持って寺に集まって来るメーチーの姿を見る。またメーチーたちが瞑想をし、在家信者たちにそれを指導する姿を見ることがある。

三十年前にはどの寺院にも、住みながら僧の身の回りの世話をするデクワットと呼ばれる子供がいた。小学生から高校生くらいまでの子供たちで、寺から学校に通っていた。彼らは寺の中で宗教的素養を身につけ、仏教の教えを自分の世話をする僧から教えられていたように思われる。

現在でも寺院の世話には、檀家総代が大きな役割を占めていると思われる。寺院の僧房にはいつも在家の人々が出入りして、何か事があるときにはいろいろの手伝いをしている。自分たちの個人的な相談も折に触れて僧にしている。

## おわりに

タイ寺院の壁画の中の図像表現から知られることは、タイにおいては、パーリと呼ばれる三蔵経典を非常に大切な聖典として敬っており、三蔵経典の註釈書や、そこから派生して書かれた経典をそのまま壁画等に表現していることである。パーリに書かれている神も悪魔も動物も人間も、同じ次元の中に表現していると思われる。

仏伝を描く壁画には、神々も動物も人も魚も、人間と同じ心の通うものとして表現されている。輪廻の考えがそのまま受け入れられて、小さな存在としての人間の姿が表されている。永遠の命を得る仏の偉大さを、深く信じる社会であることを示していると思われる。

また、タイは乾季と雨季の二季節に分けられる。乾季には雨が降らない。雨季には、台風のような嵐が毎日一時間くらい続く場合がある。三か月間雨季が続くが、雨季が終わる頃には、どの地方でも川や湖が氾濫している。雨の降らない時期にそなえて川や湖、海の近くで生活する人々が多いタイでは、彼らは水に非常に慣れ親しんでいる。しかし雨季の洪水や嵐のおそろしさも熟知している。だから、海の守護神への尊崇を決して忘れない。海の守護神を扱うジャータカの物語がよく語り伝えられるのである。タイで作られたパンニャーサジャータカの中にも、海の守護神が主人公を救う話がしばしば見られる。

プラマーライの話は、もともと十六世紀頃に作られたものであるが、十八世紀には王室欽定版も作成されている。この中には、積徳（タンブン）した徳を他に廻向するという思想が語られている。しかもタンブン思想はタイの民衆の精神の根本的よりどころとなって、社会現象にまでなった考え方である。またこの中には末法思想も語られて、弥勒菩薩に会って聞法する話も入っている。しかもここでは弥勒菩薩に会うためには、ヴェッサンタラジャータカを聴聞することが重要であると説いている。このヴェッサンタラジャータカは、タイでは今日に至るまでマハーチャーティと呼ばれてたいへん重視されている。プラマーライの話は、テーマハチャーと呼ばれるヴェッサンタラジャータカ読誦会の根本思想になっていると思われる。

タイ人は、仏教を尊崇し、自分たちに幸せを与えてくれる元であると考えているが、同時に精霊も神々も、融通無碍に信仰しているように思う。

## 参考文献

1、石井米雄「タイ」（『仏教文化事典』佼成出版社、一九八九年）。

2、佐久間留理子「タイ仏教の蔵外経典『プラ・マーライ』の写本研究」（『パーリ語およびタイ語写本による東南アジア撰述仏典の研究、17520046、平成十七年度～平成十九年度科学研究費補助金（基盤研究〈C〉）研究成果報告書（代表者畝部俊也）』二〇〇八年）。

3、澤井なつみ「タイ語『三界経』に見られる「業（kam）」と「積善（tham-bun）」」（『南方文化』27、天理南方文化研究会、二〇〇〇年）。

4、Coedès, G. ed.; edition prepared by Filliozat, J. "*The Pathamasambodhi*" PTS, Oxford, 2003.

5、Ginsburg, Henry "*Thai Art & Culture: Historic Manuscripts from Western Collections*", Silkworm Books, Chiang Mai, 2000.

# カンボジア農村における死者儀礼

小林　知

## はじめに

本論では、二〇〇〇―〇二年にカンボジア中央部の農村で行ったフィールドワークのなかで筆者が観察した死者儀礼を取り上げ、そこで見られた儀礼的行為を紹介し、解釈する。カンボジアは、九―十三世紀ごろに繁栄した伝統的王権が残したアンコールワットの遺跡群や、一九七五―七九年にかけて百五十万人を超える大量の死者を生み出した民主カンプチア（ポル・ポト）政権の支配、そして冷戦体制下でその後に長期化したカンボジア紛争などによって日本の人々に知られる。同国は、雨期と乾期が明瞭な熱帯モンスーンの気候のなかにあり、人々はその独特な自然環境のなかで生活文化をつくり、仏教を含むインド起源の文明を千年以上前から受容し、近代においては植民地支配と国民国家の形成を経験してきた。国内人口の大多数は仏教徒であり、ポル・ポト政権の全体主義的支配によって三十余年前にいったん宗教活動が途絶えたものの、一九七九年以降は再び信仰生活が認められ、現在は各種の宗教実践が活発に行われている。

カンボジアの国土は、東南アジア大陸部のインドシナ半島の南端に位置し、面積は日本の約半分である（図1）。人口は現在千四百万人を超える。カンボジアの社会は東南アジアの他国と比べて、言語集団・宗教信徒の上で均質性が高い。つまり、国内には先住少数民族、ベトナム人や中国人、イスラム教を信仰する人々も住むが、クメール語を話し、上座仏教（上座部仏教、南伝仏教）を信仰する人々が全人口の約九割を占めるといわれる。

カンボジアの人々の主食は米である。国内には米を産する水田がひろがる。多くは天水田であり、灌漑水路を備え、乾期稲作の実施が可能な水田はごく一部である。天水田での米の収穫量は、毎年五月ごろから十一月ごろまで続く雨期に十分な雨を得られるかどうかに左右され、一定していない。農村世帯の多くは、稲作以外にも、野菜栽培、椰子砂糖作り、養豚、酒造り、各種の手工芸品の生産などを行い、多就労形態の生業を営んでいる。ただし近年は、首都プノンペンの近郊につくられた縫製工場などへ出稼ぎに行く農村女性らの姿も一般的になっている。

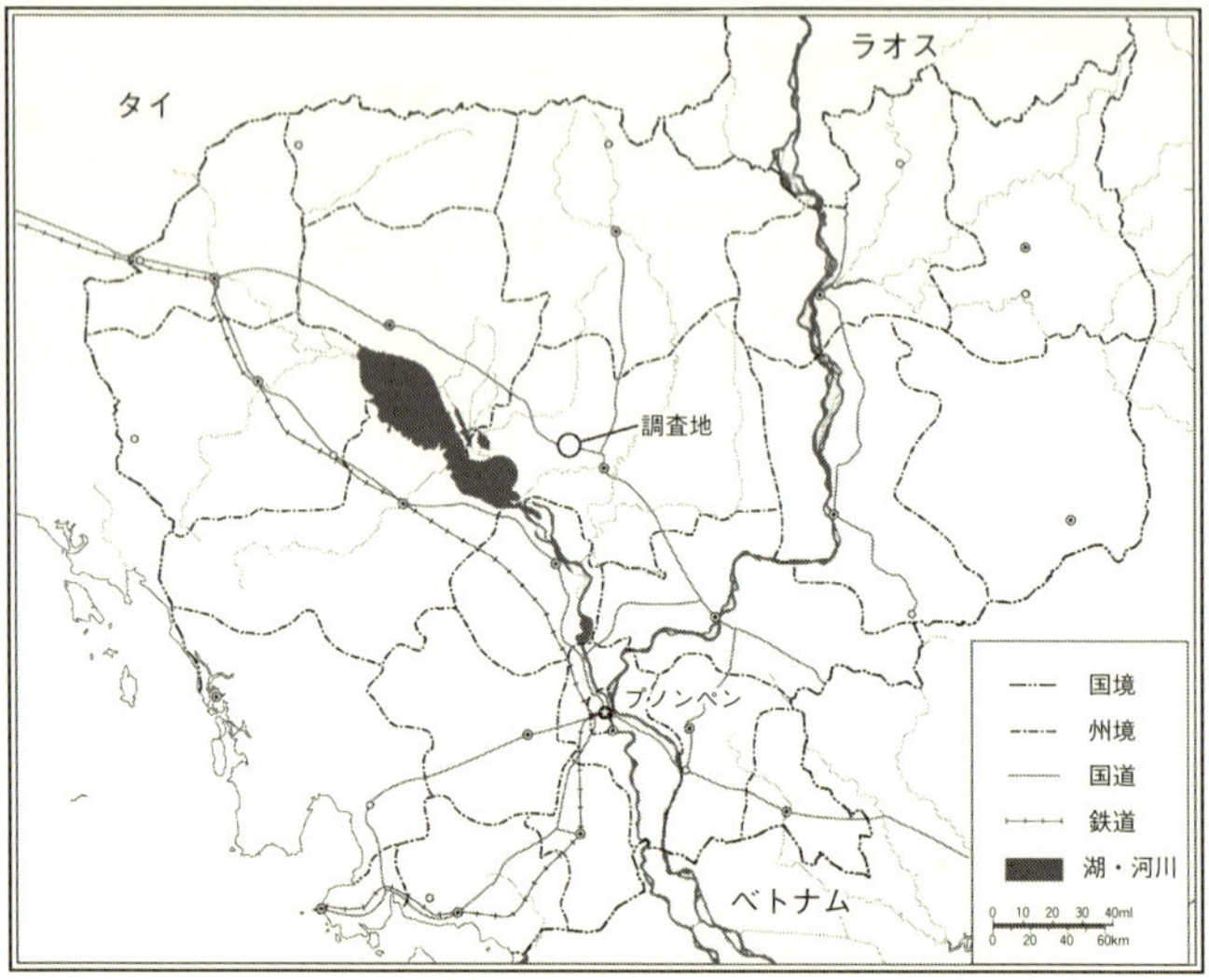


図1　カンボジアの国土（筆者作成）

## 一 仏教徒社会としてのカンボジア

現在の同国の憲法は、仏教を国教であると明記している。ここでの仏教とは、上座仏教を指す。立憲君主制の政治体制のもと、国の象徴である王と世俗権力を代表する政府は、ともに仏教信仰とそれに関連した人々の活動を支援している。

同国の宗教省の発表によると、二〇〇九年のカンボジア国内には四三九二の上座仏教寺院があった。寺院は第一義的に、出家者が戒律を守って修行にいそしむ聖なる空間である。上座仏教においては、黄衣に身を包んで仏陀が教えた二二七戒を把持し、乞食に生きる僧侶（比丘）のみが出家者に該当する。寺院内に住み込み、十項目の戒律を守って修行生活を送る見習僧（沙弥）もそれに準ずる。そこにはまた、見習僧と同じ数と内容の戒を把持する白衣の女性修行者の姿もある（クメール語でドーンチーと呼ばれる）。今日、カンボジア国内の僧侶・見習僧の総数は六万人に満たない。これは、全人口の〇・五パーセントを下回る。

カンボジアの僧侶・見習僧は、マハーニカイ派とトアンマユット派に分けられる。前者は多数派で、国内の出家者の九十七パーセントを占める。後者は、十九世紀初めに隣国タイで興されたタマユット派に由来し、カンボジアへは王族によって一八五四年に導入された。二つの宗派の間には、パーリ語の発音や托鉢の際の鉢の持ち方など、実践の形に違いがある。ただし、パーリ語三蔵経を聖典とした伝統に連なる仏教実践を営む点は同じである。トアンマユット派は、タイのタマユット派と同様に、王族を中心とした伝統的エリートから支持を集める宗派であった。ポル・ポト時代以降は、シハヌーク国王（当時）が帰国した一九九一年に復活した。現在のカンボジア政府は、マハーニカイ派とトアンマユット派を同等・同格の宗派として扱っている。しかし、数の上では開きが大きい（二〇〇九年の国内のトアンマユット派寺院の数は、一五一に過ぎない）。

マハーニカイ派とトアンマユット派という宗派の別は近代に生じたものだが、上座仏教の実践自体は、遅くとも十三世紀初めにはカンボジアへ伝わっていたとされる。ただし、カンボジアには、上座仏教以前にもヒンドゥー教と大乗仏教が伝えられていた。フランス人の碑文学者ジョルジュ・セデスは、その一連のインド起源の高文化の受容を「インド化」と呼んだ。その受容は、教義と実践の直接的な移植ではなく、その地域の人々が独特な自然環境のなかでの暮らしを通じて作り上げていた基層文化との相互交流のもとで進んだ。つまり、カンボジアの人々の宗教文化は、ヒンドゥー教、大乗仏教、上座仏教といった外来文明と基層文化との相互交流が作り上げた習合的な世界として概念化できる。

しかし、今日その主軸を担っているのは、あくまで上座仏教である。カンボジアではとくに近代に至って、上座仏教を国民文化の中心と考えるようになった知識人が、仏教以外の伝統的な宗教実践を「ブラーフマニズム」という言葉で対象化し、批判するようになった。しかし、王宮で特別に営まれる年中行事には、仏教以外の伝統が色濃く残っている。また、農村の儀礼で使用される供物が、仏教ではなく、「ブラーフマニズム」の伝統に連なるものだといった見識が、一部の宗教専門家によって披露されることもある。ただし、今日のカンボジアに、シヴァやヴィシュヌを主神として信仰する集団はない。今日のカンボジアの宗教文化は、実際には習合的な性格を保ちつつも、上座仏教を前面に掲げている。

他方で、カンボジアの人々の宗教生活を、上座仏教の教義からのみ考える意見にも注意が必要である。たとえば文献を中心とする仏教研究者のなかには、上座仏教は出家主義の仏教であり、大乗仏教より保守的だと強調する者がいる。確かに、「因果応報」「自力救済」といった上座仏教の宗教的論理を究極まで推し進めると、社会を構成する多様な背景をもつ人々のなかで救いに到達できるのは、出家者たる僧侶だけだという認識に至る。そのため上座仏教は、出家主義を根幹とする「達人の宗教」だと言われてきた。しかし、現実は大きく異なる。事実として、カンボジアの仏教徒が行う宗教実践には、自力救済だけでなく、自ら得た功徳を他者とシェアし、さらにカミガミの世界とも積極的に関係をとり結ぶ儀礼行為が多く見られる。このような人々の実践が、東南アジアへ伝播した上座仏教が基層文化と相互交流する過程で生み出されたものなのか、あるいは仏教発祥の地インドにおいて、経典が示す文字化された世界からこぼれ落ちた現実として本来的に存在していた特徴であるのかは、興味深い問題である。ただし、ここでは、東南アジアにおける仏教を理解するためには、教義ではなく、人々の行いそのものを取り上げて検討する姿勢が必須であることを強調するにとどめておく。

それでは次に、カンボジアの農村で観察した死者儀礼を紹介し、人々の生活のなかの仏教実践が示す多彩な精神と活動を展望してみたい。

## 二　ある葬儀の記録（一）――遺体を洗い清め、納棺する――

二〇〇一年四月四日、隣村のヴァー氏から、今から明日にかけて村で葬式があるから見にこないかと誘われた。ヴァー氏は、近隣の寺院の「寺院のアチャー」のひとりであった。そして、その地域の「葬式のアチャー」の第一人者でもあった。アチャーというクメール語は、日本語の阿闍梨という言葉と語源が同じである。日本語のそれは「教授・規範・正行」などと訳されるが、クメール語では、秀でた宗教的知識や能力をもつ人物を意味する。そして、葬式や結婚などの人生儀礼や各種の宗教行事を取り仕切る人物がアチャーと呼ばれていた。地域社会には、通常、アチャーと呼ばれる男性が複数おり、得意な儀礼の分野にしたがって「葬式のアチャー」「結婚式のアチャー」などと区別されていた。寺院の活動を指導する「寺院のアチャー」を含め、アチャーと呼ばれる人物は一般に、かつて比較的長い間出家した経験をもっていた。

ヴァー氏は一九五一年生まれで、五安居の出家経験をもっていた。水稲耕作とスイカ栽培を主な生業としており、十年ほど前からアチャーとしての活動を始めていた。求められれば「結婚式のアチャー」を務め、「寺院のアチャー」としても活動していた。しかし彼は、なんといっても「葬式のアチャー」であった。村には、彼よりも出家年数が多く、豊富な宗教的知識をもつ男性がいたが、「葬式のアチャー」には知識とともに勤勉さが必要であった。つまり、場合によっては、死期を迎えた人の家に一週間ほども泊まり込み、枕元で行う誦経などを連続して取り仕切ることが期待された。ヴァー氏は、この種の面倒をいとわない忠実《まめ》な人物であり、死者儀礼の専門家として人気が高かった。

知らせを受けて、十六時過ぎに隣村へ向かった。死者の家は集落の端にあり、パルミラヤシの葉で屋根を葺いた小さな高床式家屋だった。屋根が通常よりも低く、屋内に座るのは膝を立てても十名が限度のようだった。家の外観は、住人の経済的な困窮度を知らせていた。

家の前には竹竿が立てられており、三角形と四角形の白布に短冊型の飾りを縫い付けた旗が、先端から吊り下げられていた。これはその家に死者があることを知らせる目印であり、「死者の旗」「目印の旗」と呼ばれていた。

亡くなったのはジョン婆だった。婆さんは、今日の午前十一時過ぎに息を引き取った。六十一歳だった。ここ数年は、年上の夫のミン爺のほうが病気で伏せっていた。ジョン婆は比較的健康で、毎日周囲の村々を歩いてまわって施しを受け、それを食べて暮らしていた。しかし、婆さんのほうが先に逝ってしまった。

通常であれば、亡くなった日の夕方は、寺から僧侶を家へ招き、砂糖入りのお茶などを寄進する。そして、翌日の朝に葬列をつくって遺体を埋葬地へ運ぶ。しかし、遠方に嫁いだ娘がまだ帰ってきていないため、今日の夕方は僧侶を招かない。明日の朝と昼に僧侶を招いて食事を寄進し、午後に遺体を埋葬する予定だという。

家には、死の報を受けた人々が次々と集まってきていた。葬式は、地域の誰もが参加できる。人々は、手にビニールの小袋を提げている。袋の中身は少量の精米である。その場に着くと、死者の家人を探し出して向かい合って座り、少額の現金とともに両手で袋を持ち上げて、差し出す。家人はそれを受け取ると、相手の健康と幸運を願う祝福の言葉をかえす。

高床式家屋の床下には、棺が作られていた。死の知らせを受けると、近隣の男たちが集まり、死者の身の丈に合わせて板を貼り合わせ、長方形の棺を作る。棺の外側は、花柄模様の色紙を貼ったり、黒ペンキを塗った後で金紙の切り抜き装飾を貼り付けたりして、美しく飾る。男たちはまた、協力して、庭先に客人用の座敷席も作る。あたりから切り出した雑木を四本立てて、農作業で使う水色のビニールシートを屋根に張り、地面にゴザを敷いただけの簡素な空間である。

家の外では女性たちが、近くの寺院から借りてきたグラスと皿、スプーンなどを洗っていた。寺院には通常、百を超える数の皿やグラス、スプーンなどが保管されている。その食器類は、必要に応じて寺外へ借り出すことができる。寺からは、屋内の壁に掛ける仏画と、マイクとスピーカーのセットも運ばれてきていた。女性の一部は座り込み、葬列において死者の子供が着る儀礼用の白い服を縫っている。その服は、ミシンを使わず、手で縫わなければならない。

屋内に上って、ジョン婆の遺体と対面する。遺体は頭を西にしてゴザの上に横たえられ、顔から足先まで毛布がかけられている。痩せており、軽そうだ。昔は死者の口の中に硬貨を入れたが、今はしない。「プロルンの旗」と呼ばれる白布が短い竿に吊られ、遺体の傍らの壁に立てかけられている。プロルンというクメール語は、日本語の魂という言葉に似た、人の体内に十九個宿ると信じられている生命の構成要素を指す。その旗には、「もしも誕生があるのなら、その終わりには死がある」という意味の、パーリ語の韻文が書かれている。

ゴザの四隅には、ロウソクを立てた平皿が置かれている。ヴァー氏によると、この四という数は、世界を構成する四元素（水、土、火、気）の象徴である。死者の足が冷たくなったら両膝の脇に二本を立て、顔まで冷たくなったら両肩に二本、そして最後に頭上に一本と、計五本のロウソクを置く場合もある。この場合、五という数は「五蘊」に由来する。ヴァー氏によると、死は、「母のお腹にいるときにもつようになった五蘊が割れ、破れ去る」ことを意味する。四本のロウソクも、身体が四元素に還ることを示唆し、死に関する同様の観念を伝えている。

仏画の前には、スラー・トアと呼ばれる供物が置かれている（図2）。この供物は、円筒形に切り出した直径数センチメートルのバナナの幹に、短い竹串を刺して三脚を作り、立てたものである。上部には、キンマの葉をさまざまな形に巻いて竹楊枝で止め、さらに棒状の線香が数本刺してある。ヴァー氏は、この供物が、インドの文化に由来するものだと説明する。

屋内で雑談していると、ミン爺が、「セメント製の墳墓を造るのはお金持ちだ。自分にはセメントを買うお金もない」と口にした。この葬儀は、火葬ではなく、土葬で行われる。土葬といっても、セメント製の石室を造ったりはせず、棺をただ土に埋めるだけの作業になる。この時点で、今回の葬儀では、「火の前の出家」が見られないことが確実になった。さきほど、この家族の男子の一人が剃髪して丸坊主になっていた。カンボジアでは、親の死に際して男子が剃髪し、荼毘の火の前で出家する風習がある。ただ、土葬の場合も、亡き親への感謝を示すという意味での剃髪がよく見られる。

十七時過ぎに、屋内で「許しを乞う儀礼」が始まった（図3）。ヴァー氏はまず、遺体を背にしてミン爺を座ら

図2　スラー・トアと呼ばれる伝統的供物

図3 「許しを乞う儀礼」の一場面

せ、子供と孫たちをミン爺の前に集めた。そして、アルミ製の皿にキンマの葉とロウソク、線香を五本ずつと少額の紙幣を載せ、男子の一人に両手で持たせた。次いで男子を全員立たせ、前屈みに身体を曲げさせ、ヴァー氏に続いてパーリ語の経文を唱えさせた。その後で、膝を床について中腰になり、座ったままの女子も合わせて全員で父と母（の遺体）に対して拝跪した。この一連の所作を、さらに二度繰り返した。親との別離に際して、それまでの非礼をわびるこの儀礼的行為は、出家式の場面でも見られた。最後は、父が子と孫に祝福をあたえ、ヴァー氏がパーリ語経文を唱えながら、手に持ったアルミ製の碗の中の水を全員の頭上にふり撒いた。

遺体を洗って布でくるむ作業に移った。まず、ヴァー氏が、屋内の中央部分に水を撒き散らし、ロムンゴアップした。ロムンゴアップとは、経文を唱えながら清浄な水を撒き、「目に見えない人でない輩」からその場所を守ることだと説明されていた。続いて、子供らが横並びに座り、前に投げ出した脚の上に遺体を横たえた。ヴァー氏がパーリ語を唱えながら子供らの頭越しに石けん水を何度もかけると、子供らが「母さん」と叫んで号泣しながらその身体をさすり、まさぐった。周囲の老人男女からは、「泣くな！　長年の苦から解放されたのだ！」と声が上がっていた。あまり泣きすぎてはいけない、悲しみすぎてはいけないという諭しは、葬儀のさまざまな場面で繰り返された。

次いで、死者に服を着させた。下半身には、カンボジアの老齢の女性たちが好む黒色の巻きスカートが、上半身には白色の襟なしシャツが用意された。上着は、前後ろをさかさまにして、背でボタンを留めた。

その後、遺体を白布で包み、白い布紐で縛った。ヴァー氏の指図で、床の上に三本の白い布紐がほぼ等間隔に置かれた。その上に、死者の頭から足の先までを覆うことができる長さの、長方形の白布が広げられた。さらに死者の肩口にあたる位置に、別の二本の布紐が置かれた。清めた遺体がその上に横たえられると、まず、胸の上で合わされていた手に、キンマの葉を巻いた線香を持たせた。そして、肩口の布紐を襷掛けにして死者の腕を上から結んだ。次に、両膝、両肩、頭の下に白布と綿で作った一〇センチメートル四方ほどの小さな枕を置いた。両手を別の布で覆った後、身体全体を白布で巻き上げた。最後に、遺体の首、腰、足にあたる位置を、三本の布紐で結んだ。汚水を避けるためのビニールシートを底に敷いた棺が屋内に持ち込まれ、遺体を中に下ろし、蓋をした。棺には、石灰やガソリンが臭い消しのために入れてある。棺を仏画の前に移動させ、銅鑼を鳴らした。

棺の上にはスラー・トアが五つ、切り出したバナナの幹にロウソクを刺した供物が二つ、ご飯が五碗、おかずが五皿おかれた。間をおかず、ミン爺と出家経験をもつ若い男性一名が仏画の前で拝跪し、誦経を始めた。ひとしきり唱えてから、銅鑼を鳴らす。この所作をしばらく繰り返した。昔は、棺の左右に二人が向かい合って座り、交互に誦経を行ったというが、今は見られなくなった。誦経自体も、昔は交代しながら夜明けまで続けたというが、今は一時間ほどで終了する。

遠方の子供たちはまだ到着していない。筆者は二十時過ぎにその場所を離れた。

## 三　ある葬儀の記録（二）――葬列をつくって送り、埋葬する――

翌朝は十時過ぎにミン爺の家を再訪した。早朝は、近隣の寺院から僧侶五名を招き、朝食の粥を寄進したという。そして十時半に、朝と同じ僧侶が再び家に招かれた。僧侶を迎える直前に、屋内では「許しを乞う儀礼」がもう一度行われ、子供らが全員で現金とロウソク、線香などをミン爺へ進呈した。僧侶が到着すると、昼食の食事と、さきに子供らがミン爺に進呈した品物を僧侶に寄進するための経文を、ヴァー氏にしたがって参列者全員が唱えた。

その後しばらく、参列者は合掌したまま僧侶の誦経を聴いていた。このとき、僧侶の一名は、長い白布の端を棺にかけ、もう一端を握って手前に引いた。これは、クメール語でチャークと呼ばれる儀礼行為であり、葬儀のなかで僧侶が何度も繰り返した。

誦経が終わり、僧侶が食事を始めた。屋内を見回すと、棺の前にも僧侶と同じ食事が配膳されていた。棺の上には、バナナの葉で作った大きめの器があり、中にご飯が入れてあった。すると、ヴァー氏が立ち上がって、今回の葬送儀礼の収支を参列者に報告し始めた。「参列者が進呈した現金の総額は十五万リエルであった。そこからまず、五名の僧侶に千リエルずつ寄進する。そして、ジョン婆が生前に地元の農民組合から借りていた現金一万千五百リエルを返済する。さらに、農民組合と寺院および小学校に、二千リエルずつ寄付する。残りは、参列者のための食事の準備費などとして使う」。調査地で観察した各種の仏教儀礼では、主催者のもとに集められた現金の一部が、地元の寺院、小学校、組合組織などに寄付されていた。

ヴァー氏は次いで、参列者に向かって、葬送儀礼は生命の謎をいくつも示唆しているのだ、と語りかけた。そのひとつは、遺体を収めた棺である。その外側は飾られて美しい。しかし、内部は死体である。人も、外見を美しくしても、中には内臓と排泄物が満ちている。そして、死者となってしまえば、もはや仏法を聴くことはできない。さきほど僧侶が行った誦経は、生者が聴くためのものであり、死者のためではないのだ。

僧侶が食事を終えると、ヴァー氏にしたがって全員が、プサーイ・コソルと呼ばれる功徳の回向を願う経文を唱えた。その後、僧侶の退出を待って、参列者全員に食事がふるまわれた。

いよいよ葬列の準備が始まった。まず、煎ってはじけさせた餅米をカポック（きわた、パンヤ）の綿と一緒に入れた籠が用意された。これはリアッチと呼ばれ、餅米は肉、カポックの綿は骨の象徴だという。さらに、籾を満たした籠に短い松明の棒を立て、ナイフ、ランプ、スラー・トアを載せた供物も作られた。これには「宝石を嵌めた指輪」というクメール語の名称があり、籠の中の籾は「種」を、松明は「身体」、ランプに点された火は五蘊の「識」、その油は五蘊の「想」を意味するのだという。また、ナイフを入れるのは、目に見えない災いから籠を「守る」ためである。

正午過ぎにもう一度、「許しを乞う儀礼」が行われた。終了後、ヴァー氏が、死者の出生地、誕生日、両親の名前、兄弟姉妹の数、結婚の状況、子供の数、在家者としての戒律の把持、寺院の活動への参加、病気と死に至る当日の様子を、簡潔に参列者へ紹介した。銅鑼が鳴らされ、村の男に担がれた棺が足を先にして屋外へ持ち出された。ヴァー氏は、その背後から水を撒き散らし、周囲をロムンゴアップして進んだ。

村で観察した他の葬儀では、アーチ状に曲げられたヤシの葉などで装飾された牛車に棺が載せられ、行進が始まることが多かった（その際は、男性たちが手押しで牛車を動かした）。ただしこの日は、数人の男たちが肩で棺を担いで村はずれにある埋葬地をめざした。葬列の先頭には「プロルンの旗」を持ったヴァー氏が、次いで銅鑼を打ち鳴らす男性、リアッチと「宝石を嵌めた指輪」の籠を持った親族の若い女性二名、食物の碗を載せた盃を持った女性一名、棺を担いだ男性たち、「死者の旗」を垂らした竿を担いだ男性、そしてゴザなどを持った一般の参列者が続いた。リアッチを持った女性は、籠の中の餅米を周囲に撒き散らしながら進んだ。

埋葬地に到着すると、葬列はその場所の周囲を時計回りに三周した。埋葬地には墓標の木杭や土盛りが多数あり、今回の埋葬のための穴がすでに掘られていた。場所に着くと、まず棺を下ろし、蓋を開けてビニールシートを引っ張り出した。ヴァー氏は次いで、掘った穴の底に線香を四本横向きに置いた。この線香も四元素の象徴であった。ヴァー氏は、人間は誕生以来、水、土、火、気の四元素に支配されるが、死に至って再び四元素に戻るのだと講釈

図４　埋葬地において、誦経しながら遺体にかかった白布を巻き上げる僧侶

した。次いで、死者の頭が西に向くようにして棺を穴に下ろした（火葬の場合は頭を東にして棺を置くという）。ヴァー氏は次いで、棺の中に手を伸ばし、次のように説明してから遺体を結んでいた三本の布紐を断ち切った。「この三本の紐のうち、首の紐は子供、腕の紐は配偶者、脚の紐は財産を意味する。いま、アチャーがその三本を断ち切った。誕生してから、各種の儀礼の折に多くの人によって手首に巻かれてきた祝福の糸を、死に際してアチャーの自分が断ち切ったのである」。隣国のタイやラオスなどでも見られるが、カンボジアでは、結婚や病後の儀礼などの際に、集まった人々が当人の手首に木綿糸を巻いて結ぶ儀礼的行為を行う。生前、ジョン婆もそのようにして他者との関わりを重ねてきた。それがいま絶たれ、死後の世界へ送り出されたのである。

最後に、棺の蓋を開けた状態で僧侶が招かれ、誦経が行われた。僧侶は、誦経しながら遺体の上にかけられた布を手前に引き、チャークをした（図４）。そのとき、男性の一人がヴァー氏の背後に近づき、雑草の茂みに立て掛けてあった「プロルンの旗」を手に取ると走って逃げ出した。葬儀の途中で盗み出した「プロルンの旗」の布には呪力が宿り、特に力が強い護符を作ることができるのだという。参列者は、笑ってその行為を許していた。

僧侶の誦経が終わると、男性二人が雑草の茂みの横にご飯とおかずを載せた盆を下ろしてしゃがみ込み、サエンをしていた（図5）。サエンというクメール語は、祖先やその他の超自然的存在に対して、約束した品物を供えることを意味する。具体的には、祈願の言葉を口にしながら、地面に火をつけた線香を刺し、ご飯とおかずを少量とりわけ、ジュースや酒を注ぐ。ここで行われていたのは、「土地と水の主」という名称で呼びかけられる、超自然的存在に対するサエンであった。

図5　「土地と水の主」へのサエンを行う男性

ヴァー氏は子供らに、もう一度顔を確かめるようにと声をかけた。子供らは棺をのぞき込み、亡き母との別れに再び号泣した。その後、棺の蓋に釘が打たれ、頭の上方に木杭が立てられた。そして、鍬で土がかけられ、真新しい土盛りができた。その上に、儀礼のあいだ使用してきたスラー・トアなどの供物を置き、葬送儀礼が終了した。

その横で、村の中年女性の一人が、亡き自分の子供のものだという小さな土盛りに水をかけ、線香を一本立てていた。女性は、先日寺院で仏像の開眼儀礼があったときに、死んだ子供の写真を持って行き、新しい仏像が儀礼のなかで受けた祝福の花と水の一部を分けてもらったことを語りかけていた。

ジョン婆の葬儀は土葬だった。調査地において観察した葬送儀礼のなかには、セメント製の石室をもつ中国風の墳墓を造って埋葬する事例も多かった。また、火葬も見られた。このような葬送の形式の多様性は、地域社会が形成されてきた歴史的文脈や、宗教信仰に関する理念と現実の乖離の問題などに注意して考察すべき、興味深いテーマである。しかしここでは、紙幅の関係上立ち入らない(小林知、二〇一一)。

## 四　プチュムバンとアピサエク

世界の他の地域と同様、カンボジアでも、死による離別の後に故人とコミュニケーションをとるための、さまざまな儀礼的行為が用意されている。その中心は、死者への功徳の転送である。功徳は、クメール語でボンあるいはコソルと呼ばれる。在家戒の把持や瞑想修行、仏教経典の学習や、僧侶の托鉢に応えたり、寺院で行われる行事に参加して僧侶の説教を拝聴したりといった、良き仏教徒としての行為はすべて、当事者に功徳をもたらす。そしてカンボジアの人々は、現世において積んだ功徳の多寡が、その人の将来と来世の境遇を左右するという宗教的論理を信じている。人々はさらに、得た功徳を親しい故人へ回向しようともする。以上のような功徳をめぐる観念と実践は、上座仏教徒による宗教活動の中心的な動機づけとなっている。調査地では、死の百日後や一年後に、親族が仏教儀礼を開催することがよくあった。その目的は、死者へ功徳を回向し、追善することにあった。功徳の他者とのシェアは、カンボジアだけでなく、タイなどを含めた上座仏教徒の基本姿勢の一部である。

カンボジアには、コミュニティをあげて故人への追善を行う機会である、プチュムバンという行事がある。この行事は、カンボジア仏教の年中行事のなかで最大のもので、毎年九—十月の時期の十五日間に全国の寺院で行われる。その期間には、祖先の霊や餓鬼たちが地上に現れると信じられている。そしてその霊は、子孫が良き仏教徒として積極的に儀礼に参加し、功徳を積む姿を見ることを望んでいる。そのため人々は、その期間中に七つの寺院を訪れて儀礼に参加することが理想だと語っていた。さらに、そこで積まれた功徳は、儀礼行為を通じて餓鬼にも振り分けられていた。

すなわち、寺院ではその期間、地元の人々が、各種の儀礼活動を継続して行う。たとえば、伝統的には、特別に炊き上げた餅米を載せた盆を、明け方に境内の布薩堂（出家式の開催が可能な浄域を有する寺院建造物）まで運ぶ。そして、ひとりひとりの参列者が盆のご飯をつかみとり、布薩堂の周囲を時計回りに三周しながら暗闇に投げる。それは、草葉の陰に潜む餓鬼への布施の一形態であるという。プチュムバンは、以上のように、一年に一度の定期的な祖先との交流であると同時に、寺院において、隣人や友人らとコミュナルな時空間を体験する機会でもあった。

他方で、クメール語でアピサエクと呼ばれた仏像の開眼儀礼では、別の形の死者とのコミュニケーションが見られた。一般に、寺院内に新しい建造物が建立されるときは、中に安置する仏像も新たに運び込まれる。アピサエクは、そのままではただのセメントの塊である仏像を、崇拝の対象へと転換させようとする行為である。その儀礼は、伝統的には、寺院内の古い仏像と新しい仏像を木綿糸で結び、前者から後者へ、一種の超自然的な力（クメール語ではそれをバロメイと呼ぶ）を移すことをねらいとしていた。ただし近年は、超自然的な力を是認する姿勢が、自力救済という教理に反するという理由で、新しい仏像に向けて花と聖水を撒き散らして祝福するだけの、簡単な手順にとどめるケースも多くなっていた。

そして、そのようなアピサエクの儀礼の場面では、遺骨を納めた金属壺や故人の写真が、新しい仏像の傍らに足の踏み場もないほど並べられ、同時に儀礼の対象とされていた。それは、特定の故人を弔う行為のひとつであった。

遺骨のなかには、土葬の後、数年して掘り出し、改めて整えたものもあった。また、並べられた写真のなかには、粛清殺人の対象となったり、強制労働のために連れ去られたりして、ポル・ポト時代に生き別れた子供や兄弟姉妹のものも多く見られた。ポル・ポト時代が終わってから三十年余が経過した今日、人々は仏教儀礼を通して失われた命を悼み、過去への複雑な思いと向き合っていた。

## むすびにかえて

東南アジアを訪問した者をまず圧倒するのは、熱帯の自然である。青い空、まばゆいばかりの日差しと暑さ。四季の区別をもつ温帯の気候に慣れた眼には、強い日照りが続いて、干からびた茶色の大地と土埃が支配する乾期の風景も、遠景の家屋が煙って見えるような勢いで突如降り始め、瞬く間に地面に小規模の洪水状態をつくりながら、短時間でさっと降り止む雨期のスコールも、新鮮な驚きである。上座仏教が伝播する以前から、東南アジアの諸地域には、以上のような特徴的な自然のなかで生活空間を切り開く人々の営みがあった。洪水や干ばつといった過酷な一面もときに示す熱帯の気候風土のなかで人々がつくり上げた宗教文化は、自然の恵みへの感謝を基本的な姿勢とするものだった。たとえば、その年の初穂が宿す稲魂への信仰が示唆するその実践を、岩田慶治は「草木虫魚の宗教」と表現した（岩田慶治、一九九一年）。二十世紀半ば以降の東南アジアでは、社会の近代化が進み、食べるために農業を行う人々が減少し、大規模な資本による商品作物のプランテーション栽培が拡大した。都市化も進んだ。しかし、自然と共にある生活に根差した宗教文化の基層は、今日もさまざまな形で観察できる。

最後に、死者との最もシンプルかつ直接的な交信の形態である、サエンという行為についても付言しておきたい。

サエンとは、超自然的存在に対して約束した品物を供える行為を指すが、僧侶やアチャーの介在を必要としない分、カンボジアでは日常的な儀礼の場面で実に気軽に行われていた。そして、ここで興味深いのは、祖霊へのサエンの前には必ず、「土地と水の主」へのサエンが行われていた点である。実は、「土地と水の主」は、人間の霊魂がこの世とあの世を行き来する際の「道」を開いたり、閉じたりする役割を果たすといわれていた。そのため、祖霊が関係した儀礼の場面では、前もって必ず「土地と水の主」に向けてサエンをする必要があった。カンボジアには、クメール語でネアックター、クルーなどと呼ばれる超自然的存在への信仰もある。しかし、それらが一般に、個別の性格や特定の場所との由縁をもつと認識されているのに対して、「土地と水の主」は、より汎用性が高い没個性的なカミである。

カンボジア農村の死者儀礼は、仏教教義だけでなく、カミガミの世界や地域の風土と密接に関わっていた。この点はおそらく、タイやラオス、ミャンマーの人々の宗教生活と、多くの共通性をもつものであろう。

### 参考文献

1、岩田慶治『草木虫魚の人類学―アカデミズムの世界―』（講談社学術文庫、一九九一年）。
2、小林知『カンボジア村落世界の再生』（京都大学学術出版会、二〇一一年）。
3、小林知「ポル・ポト時代以後のカンボジア仏教における僧と俗」（『〈境域〉の実践宗教―大陸部東南アジア地域と宗教のトポロジー―』京都大学学術出版会、二〇〇九年）。
4、ジョルジュ・セデス（辛島昇・内田晶子・桜井由躬雄訳）『インドシナ文明史』（みすず書房、一九六九年）。
5、林行夫「カンボジアにおける仏教実践―担い手と寺院の復興―」（『カンボジア―社会と文化のダイナミックス―』古今書院、一九九八年）。

# ラオスの仏教と精霊信仰

池上要靖

## はじめに

ラオス（正式な国名は「ラオス人民民主共和国」）は、インドシナ半島のほぼ中央部に位置し、北は中国雲南省・ミャンマー、東はベトナム、南はカンボジア、西はタイと国境を接するインドシナ半島唯一の内陸国である。国土面積は約二三万六八〇〇平方キロメートルで、日本の本州に近く、二〇一〇年の統計による人口は約六百二十万人、千葉県の人口と同じくらいである。人口密度は、一平方キロメートル当たり二十六人、日本の三百三十六人と比較すれば、いかに国土面積に対して人口が少ないかが理解できる。簡単にいえば、千葉県在住者が本州全域に暮していると考えればよいだろう。しかし、ラオスという国の特徴は、このような国家としての統計的な数値だけで理解できるものではない。

ラオスという国が有する特徴の一つに、「ラオス」という呼称そのものをあげることができる。ラオスという国名の由来は、一八九三年から始まるフランスの植民地統治下において、人口の五十パーセント強にあたるラオ族のフランス語表記における複数を表すLaosがその起源とされる。しかし、ラオスという国は決してラオ族の国という意味とはイコールにはならない。人口の四十パーセントを上回る少数民族の存在があるからである。

特徴のもう一つに、少数民族の多さがあげられる。一九九五年にラオス全土で行なわれた国勢調査の結果、ラオス政府は民族数を六十八としたが、二〇〇〇年の公表では四十九民族としている。以降、公式の民族数はこの数値を使用しているが、この分類は確固たる根拠に乏しく、便宜的な分類に留まると考えるほうがよいだろう。実際、ラオスの少数民族は村落単位で生活が成り立っており、「〇〇民族」という意識には乏しい。村落を中心とする意識を重んじる分類を試みれば、有に八百を超える民族を数えることができるからである。このように、民族を一つの単位としてラオスを捉えようとすることは、必ずしも賢明な方法ではないことは承知されるだろう。では、ラオスに混在する諸民族をどのように捉えればよいのだろうか。

一九四五年、第二次世界大戦が終結し、フランス植民地下のラオスでもナショナリズムが台頭し、国家意識の萌芽が顕著になった。この国家意識の形成に一役買ったのが、民族意識の転換である。ラオス国民の呼称は、一九五〇年代以降、多種の少数民族の分類による呼称から、生活様式による分類の呼称へと変化する。ラーンサーン王国を現出したタイ・ラオ系民族は主に低地に居住していたため「ラオ・ルン（低地ラオ）」と称し、ラオ族以前の先住民であるモン・クメール系民族は山麓に居住していたため「ラオ・トゥン（山腹ラオ）」、十八世紀から十九世紀に中国雲南地方から南下したモン・ミェン系民族は高地に居住したため「ラオ・スン（高地ラオ）」と大別されるようになった。この三種の呼称は、民族を基盤とするものではないと説明したが、おおよその区分としては非常に的を射ている。しかし、現在では公式の表記には、これらの三区分は用いられていない。近年、民族や生活文化によるこのような分類が、あまり意味をなさなくなってきているからである。高地や山麓居住者を低地に定住させようとする政策により、一つの村落にラオ・ルンやラオ・トゥン、ラオ・スンが混住する傾向が進んでいるからである。

本論では、主にラオ・ルン、ラオ・トゥン、ラオ・スンの信仰儀礼がどのように相関しているかについて概観するのであるが、「ラオス人」と表記する場合はラオス国民を意味し、ラオ・ルンをラオ族、ラオ・トゥンとラオ・スンを非ラオ人の意味からモン族と表記する。

## 一　ラオス人の信仰

### ラオ族の信仰——上座仏教——

ラオスの宗教といえば、仏教である。それも隣国のタイやカンボジア、ミャンマーと同じく、スリランカに元を有する上座仏教（上座部仏教）が信仰の基本である。出家は男性にのみ許される行為であり、剃髪し眉を落とし、黄衣をまとい、戒律を守る生活を常としている。女性は戒律上出家が認められていないが、白衣に身を包み、在家戒を守って生活する女性在家者（メーシー、メーカーオ）や、男性在家者（ポーカーオ）の存在も見逃せない。出家者はクバー（比丘）と呼ばれ、二十歳以上で二百二十七条の戒律を具足している者を意味し、未成年の見習い僧はジュワと呼ばれ、十条の戒律を守らねばならない。隣国のタイと同じように、男性と生まれたからには一度は出家をすることを、家族や親族（特に女性）から望まれている。その理由は、上座仏教に通底する「功徳（ブン）を積むこと」にほかならないが、女性がそれを強く望むということは、自らが出家できないというジェンダーに起因しているのかもしれない。

出家という行為は、お隣のタイがそうであるように、十歳以上であれば、一週間を基本単位として出家することが許されている。もちろん、黄衣に身を包んだクバーとして生涯を全うする者もいれば、家族の死去により、ブンを故人に向かわせるために一時的な出家（一日のみの場合もある）をする者もいる。筆者の友人も、警察署長であった父が亡くなったとき、長男が一週間の出家をしたことを語ってくれた。社会的にも、一時的に出家をしている間、仕事を休むことは容認されている。

図1　早朝の托鉢風景：ルアンパバーン

出家の朝は早い。四時の朝勤の後、托鉢が六時頃から始まる。クバー、ジュワの順に並び、一列となって定められた路を歩いてゆく。路には、炊きあがったばかりのモチ米を飯櫃に入れて、在家者が左肩からパー・ビアン（肩章、ショルダーストラップ）をさげて両膝を地面につき、礼を表し出家の列を待ち、一人一人の鉢の中にモチ米を入れてゆく（図1）。当然、比丘たちは無言のままで、そのまま次の在家者のところに移ってゆく。ワット（寺院）に戻ると、在家の男性が托鉢で得た食物やあらかじめ用意してあった副食を盛り付け（ジュワが行なう寺院もある）、朝食が始まる。昼食時には、女性の在家者が支度を整えにやってくる。このように、ワットは在家者の日常と深く関わりながら、地域の中心的な支柱となっている。

ワットは、村落や市中において、人々が集う場所という公共的な施設の意味合いが強い。革命以前は教育の場であった。現在でもその傾向は残っており、一部の地域ではクバーが教壇に立つところもある。社会人が英語を学びたいと考えるときに、地方ではワットに赴き、クバーに教えてもらっているところもある。公式な会議ではなく、行事の相談などの村の会合は、決まってワットに集まっている場面をよく見受ける。出家と在家を取り持つのは、ネオホームと呼ばれる出家経験のある地域の有力者である。ある村落のネオホーム・バーン（バーンは「村」）は仏教の年中行事（ヒート・シップソーン「十二の慣習」すなわち「一年の行事」）を執行する際の中心的な役割を担っている。

在家者は朝と昼の食事の世話のほか、年中行事に出席して出家者に布施をすることはもちろん、出産や結婚、葬儀などの節目にも出家者を招待して、折々のお経を唱えてもらい布施をする。「徳を積む」という積徳の行ないこそが、在家者信仰の根源にある。年中行事や出産、結婚、葬儀などの通過儀礼においては、村落とか地区といったテリトリーの垣根は存在しない。ラオ族やモン族が混住している村落においても、仏教儀礼を行なう場合、そこに「〇〇族だから参加してはいけない」などということはない。

上座仏教は出家と在家を厳格に区分する。宗教学者のエリアーデが「聖と俗」と表現したことはまさに出家＝聖、在家＝俗に当てはまる。この宗教的な境界は、在家＝俗を変質させないまま、言い換えれば、在家には在家という一つのカテゴリーしか存在しない。そのため、在家者が行なう仏教行事には、民族や村落の垣根が取り払われる。ここに上座仏教の寛容性を見ることができる。

## モン族の信仰――精霊信仰（サーサナ・ピー）――

先住民であったモン族は、インドシナ半島の国々がそうであるように、精霊（ピー）に対する信仰と、大乗仏教への信仰の両面を有していたが、一三五三年にラオ族のファー・グムがラーンサーン王国を樹立し、アンコール朝（現在のカンボジア）から上座仏教とその象徴であるパバーン（黄金仏）仏像が招来されて以来、上座仏教が王国の宗教となったため、本来の大乗仏教の信仰形態は薄らいでいった。しかし、精霊に対する信仰はそのまま残り、その影響はラオ族の信仰にも及んでいる。

ラオスを旅すると、戸口に子供の背丈くらいの祠（ホーピー、またはサンパプーンともいう）が設えられている家をよく見かける。それが、精霊の住居である（図2）。精霊には、個人の精霊、家屋や敷地の精霊（サンパプーン）、土地や共同体の精霊（ピー・プーター）、村落の精霊（ピー・バーン）、国（現在の県くらいの規模）の精霊（ピー・ムアン）というように、個人から始まり土地の拡がりによる捉え方がある。また、ピーは善いピー（ピー・ディー）と悪いピー（ピー・ハーイ）の二種に分けられ、ピー・ハーイはさらに男性の鬼（プート・ピー）と鬼女（ピー・サート）がいるとされる。モン族に限らず、ラオ族の人々も、これらの悪いピーをもっとも怖れる。ルアンパバーンに在住しているモン族の友人の話であるが、ある晩に深酒をして、家に帰り着くなりベッドにもぐり込んで寝てしまった。夜半になって寒さを感じて目を覚ますと、頭が割れそうに痛くなり、鐘が鳴り続けているような笑い声が聞こえたので、それっきり眠れなくなり、翌朝祈禱師（モー）のところに相談に行くと、モーは「それは、お前の祖霊が、夜の挨拶をしなかったから怒ったのだ」と答えたという。彼はお酒に強く、現地の強い蒸留酒であるラオラオを一本飲み干しても二日酔いなどになったことはないとよく自慢していた。しかし、どう考えても軽い急性

図２　民家のホーピー（家屋の精霊の祠）
：ルアンパバーン

アルコール中毒の症状に思えてならない。

　ピーの善悪を決定するために、特別な能力を持っていると思われているのが、占師・祈禱師のモーである。男性祈禱師はモー・ポーン、女性はモー・クワンと呼ばれ、ピーから発せられるさまざまな交信を感じることにより、そのピーが何を欲しているかを知ることができるという。彼らは出家者ではなく、在家者である。村落には必ずこうしたモーの存在があり、ピーの悪戯に限らず、ホーを祀る際の方角や位置・日時のことや、出産や結婚式などの儀式の準備や手順など、ラオ族のネオホームと同様に、モーがいなければこうした行事は成り立たない。

　一五二七年、ラーンサーン王国ではポーティサラ王がピー信仰を禁止する布告を出した。しかし、ピーに対する信仰は色褪せることはなかった。仏教が国教となった一九四七年以降にも、古都ルアンパバーン周辺では、ピーへの祭祀を止めるように説くクバーたちの活動があった。そして、今でもラオス人はピーへの供犠を日常生活の中で行なっている。ラオス人にとって、ピーは目に見えない存在ではあるが、確かに実生活に欠くことのできない存在として意識されている。最近でも、ある家に祀られているホーサンパプーンに礼拝し経文を唱えるクバーの姿を見かけた。その家では、その日の午後からモー・ポーンに、新居を祝うバーシー（後述）を行なう手はずになっているという。モー・ポーンから、「午前中にクバーを招き新居の完成に護呪のお経を唱えてもらうことがよい」といわれたという。以前から布施を行なっているクバーにお願いして、そのようにしてもらったのだ、と語った。現在では、ピー信仰と上座仏教とは、厳格に一線を画しているわけではなく、むしろ共存し共栄しているようにも見えるのである。

## 二　ラオス人の信仰儀礼

### バーシー・スー・クワン

ラオス人が行なう儀礼として、もっともポピュラーでオールマイティな儀礼がバーシー・スー・クワン（略して「バーシー」ともいう）である。新年を祝う、子供の誕生を祝う、結婚、家の新築、歓送迎のとき、病気快癒など、日常生活の中で、幸福や繁栄を願う儀式として、親族や友人、ご近所などが一堂に会して行なわれる。この儀式はピーとの関連もあり、古くから行なわれている儀式だが、ラオス古来のオリジナルなクワン（魂、または生命力などと訳される）に対する観念が、ヒンドゥー教の伝来により儀礼化され、さらに仏教の教理が加わって現在の儀式になったという。

ラオス人は、人間の身体には三十二のクワンが宿っていると考えている。このクワンが、正常な状態であるときは何も起こらず、むしろ良好な生活を送ることができる。しかし、クワンが弱ったりすると病気になったり、好ま

図3　パー・クワンの飾りとモー・ポーン

しくない状態に陥ったりするようになる。また、外因による強いショックがあったりすると、クワンは耐え切れずに体外に飛び出たりする。これが悪いピーとなり、当人を苦しめたりするというのである。弱ったクワンを力づけ、活性化して元通りになってもらうために、あるいは体外に出てしまったクワンを呼びもどすために（スー・クワン）、この儀式は行なわれる。

まず、祭壇（パー・クワン）を設える。これは、竹で編まれた台の上に白い布をかぶせ、銀杯を置き、その中からバナナの葉で円錐形を高く作り、その円錐の周りにマリーゴールドなどの花をあしらい、ロウソクを立て、竹ひごを挿してそこに白い木綿の糸（聖糸、最低九本の糸を編んだもので、ダーイ・サーイ・シンという。この糸はあらかじめワットにおいてクバーにより経文が唱えられている）をたくさん掛ける。このパー・クワンは、須弥山であるという（図3）。そして、パー・クワンを置いた台の上には、果物やモチ米、ラオラオ酒などが供えられ、用意が整うと、パー・ビアンを着けた参加者は部屋の中央に置かれたパー・クワンを取り囲み、モー・ポーンの登場を待つ。モー・ポーンは、パー・クワンに礼拝して、竹ひごから幾本もの糸を伸ばして参加者に握らせ、参加者は合掌して恭しくその糸を受け取り、合掌した両手にはさむ。それを見届けてから、モー・ポーンの呪文が始まる。モー・ポーンがラオ族の場合、最初は上座仏教の三帰依文である。その後、本来の祈禱の文句が唱えられる。モー・ポーンの祈りが終わると、参加者にダーイ・サーイ・シンが配られ、参加者はそれを互いの手首に結びつけあう。このとき、相手の健康や幸福、そして繁栄を祈るのである。この結び付けられたダーイ・サーイ・シンは最低三日間着けていなければならず、はずすときもハサミなどで一気に切ることはしない。丁寧に、指で解いてゆくことがよいとされている。

バーシーという儀式の目的は、クワンの回復にある。クワンの異常事態によるピー化を未然に防ごうとする、予防のための儀式なのである。バーシーの儀式は、前述したように、オールマイティであり、ポピュラーである。ラオス人ならば、人生の節目のあらゆる場面でこの儀式を執り行なう。

ちょっとした変り種に、出家の儀式に先立ちこの儀式が行なわれることがある。出家の作法は戒律で定められているのであるから、それを変更するようなことは決してない。上座仏教に女性出家者がいない理由も、この戒律遵守によるからである。出家儀式の前夜は、出家しようと志す者も在家者である。このとき、家族や親族、友人が集って、バーシーを行なうことがよくある。両親や兄弟にしてみれば、出家として手の届かないところを目指そうとする肉親の健康と修行が滞ることがないように祈ることは、しごく当然のことであろう。出家儀式がオープンであり、公の性格が強いことに比べて、バーシーの儀式は家庭的、私的性格が強いと理解することができるだろう。

## 葬儀

ラオス人にとって、バーシーがハレの儀式であるならば、人生最後の儀式である葬儀はケの儀式に位置づけされる。葬儀の方法には、通常二種類ある。一つは天寿を全うした人の死である。もう一つは、自殺や他殺、交通事故や病気、若年の死などの変死や異常死である。とくに、後者の葬儀には、ピーのあり方が深く関わっている。ここでは、ラオ族の一般的な葬送制について述べる。モン族の葬送制はラオ族とはまったく異なる葬制により、儀礼も多種あり、一様に説明できないからである。

前者の天寿が全うできた者（いわゆる自然死）は、その亡骸が自宅に安置され、モー・ポーンの見立てにより三日、七日、二十一日のいずれかの期間、自宅で供養を受ける。その期間は、クバー（二人―五人）を家に招き、経文を読誦してもらう。読誦後は、食事の布施を行ない、随伴したジュワには金銭を持たせる家もある。一定の弔い期間が終わると、遺体は行列を組み、火葬場に向かう。火葬場は大きなワットであれば、併設されているところもある。ルアンパバーンのワット・パーのように、火葬場として用意されたワットもある。たいがいは、郊外に屋外火葬場がある。いずれにせよ、天寿を全うできた者の遺体は、クワンを留めることなく、火葬にして解き放つことがよいと考えられている。火葬の際には、クバーが最後の経文を誦す。火葬後三日経つと遺骨を拾い骨壺に納める。残った灰は、ワットの境内にまかれ、骨壺はワットや墓地に作られた墓や塔に安置される。ワットの境内では、墓や塔が建てられている。貧富の差によって、その大きさに大小はあるものの、墓や塔の前で線香をあげ、お供えをして、合掌して一心に祈る姿を見る。この風景は、日本のそれと何ら変わるところがない。

後者の、通常ではない死に方をした者の身体には、ピーが留まっている、もしくは、悪いピー（ピー・ハーイ）がとりついていると信じられている。そのため、遺体は自宅ではなく、まずワットに移される。そして、クバーによる三日間の供養が必要であることや、七日以内に土葬されるべきであるという指示をモー・ポーンからいただく（とうぜん、そのように埋葬するのかと思ったら、現在では異常死や変死をした場合でも土葬せずに火葬にするケースが増えてきた。ある知人の弟が亡くなったときもそうであった）。通常ではない死に方をした遺体には、クワンが悪い状態のまま残っていると考えられているため、火葬にせず土葬にして、悪いクワンが体外に出ることがないようにしようとするのである。そのため、派手な行列を組み、火葬場に向かうという通常の葬儀の形態はとらずに、簡素に親近者によって埋葬される。

ピー・ハーイがとりついた場合や、クワンの悪い状態がそのままで悪い影響を及ぼすという信仰には、根底に仏教の基本思想である輪廻転生があるといえるだろう。死後の生まれ変わりが「後生善処」であるためには、ピー・ハーイの活動を止めさせなければならないし、クワンの状態も良くなければならない。おそらく、初期のピー信仰には輪廻転生のような思想はなかっただろう。

## 死者を送る幡（トゥン）

ワットに参拝すると、本堂の裏などでときおり見かけるものがある。それが竹竿に吊るされた幡（トゥン）である（図4）。トゥンには「死者をあの世に送る」という意味があり、先祖や故人のために立てる。トゥンには次の四種がある。「トゥン・レッ」は、四〇センチメートルほどの人形《ひとがた》に切った金属板（レッ）が死者の悪行の重さをあらわし、故人の悪行をこの世に留め、故人をあの世に送るために立てる。「トゥン・サイ」は、幡に接着剤をつけ、その布の表面に砂（サイ）を張りつける。死者の悪行を砂の数で表したもので、トゥン・レッよりも重い悪行を表す。「トゥン・パンサン」は千の階段の意味で、光沢調の色紙や偽のお金・ビーズなどで飾った布を段状に組み、死者をあの世に送る階段を模している。この幡の末端には、建立主や故人の名前が紙に書かれる。「トゥン・ホッ（ガオ）・ワ」のホッは数字の六、ガオは九の意味で、ワは両手を広げた長さで約一五〇センチメートルである。ホッ・ワの場合は一五〇×六＝九メートルの長さになる。そして、幡の末端から地面までの高さを象の背丈と

図4　トゥーン・パンサン

同じ約三メートルとる。ホッ・ワの全高は九＋三＝一二メートルになる。しかし、これは高価なため、現在では一ワの長さは短くなり、五ワ（四メートル程度）になってきている。トゥン・パンサンと同じ意味を持つ。また、トゥン・レッ以外の幡の頂点には、木で作られた魚を取り付ける。昔は鳥の王様の姿を取り付けていたが、いつからか魚に変わった。この四種の幡は、レッが二基・サイが二基・パンサンが二基・ホッ（ガオ）ワが一基の計七本のセットで、葬儀の際にワットに設置する。

また、性格の違うトゥンに「トゥン・シップソーン（十二）ラーシー（干支）」（トゥン・ブンともいう）がある。これは紙製の短いトゥンで、鳥・龍・亀・牛・獅子・象など干支の動物が描かれ、正月（ピー・マイ、四月十三～十五日）にメコン川の中州に須弥山を模した砂仏塔（ドンサイ・モンコン）を作り、その頂に立て、トゥンに降りた祖霊に悪行や悪運を持ち去ってもらうものである。

このように現世での悪い行いを死後に持ち越さないようにして、「後生善処」を可能にするために用いられるトゥンは、葬儀に欠かせないものであるが、最近は都市部で簡略化されつつある。

日本的な追善と異なるのは、死者の悪行の結果をこの世に留めようとすることである。われわれは、自らの善行を死者に向けようとする（回向）が、ラオ人は死者と悪行を切り離そうとする。しかし、一旦祖霊となった先祖は、自らの悪行を取り去ってもらおうともする。このとき、死者は生者の守護精霊となるのである。

## 三　上座仏教と大衆信仰

### 樹霊信仰と菩提樹

ラオスの諺に次のようなものがある。

「トンマイ　ニャイ　ミー　ピー、　ラーオプー　ディー　ニョーム　ミー　フェーン」

（大きな木には必ずピーが宿り、良い女性には必ず恋人がいる）

ラオスは内陸国であり、豊かな森林とメコンという大河があるとはいえ、天然資源に恵まれているとは必ずしもいえない。そのような中で、森は唯一の資源であり、恵みを与えてくれるものである。ラオスの村落には、必ずといっていいほど大樹がある。それは、村の境界に位置することもあるし、村の中に立っていることもある。そして、そのような大樹の下には、決まって祠（ホーピー）が設けられている。村民の大樹によせる信仰の証である。大樹は日陰をつくり、果樹を実らせる。人為によらず、人々に恵みを分けてくれる。それが、大樹に宿るピーのおかげであるとラオスの人々は感じているのである。件の諺は、大樹に宿るピーは善いピー（ピー・ディー）であり、恵みを与えてくれるし、村を護ってくれると信じられている。また、大樹がなくとも、村落周辺の林の中には、やは

図５　サマティー像（手前は祈雨の地母神像メイ・ナン・トゥラニー）
：ルアンパバーン、ワット・ヴィスナラート

り祠が祀られている。ヴィエンチャンから約五十キロメートル北西にリンサン村がある。この村の北側の林と南側の林には、別々のホーピーがある。これは、北側が父方、南側が母方のホーピーで、村全体を護っている。ナムグム河に面しているこの村では、水害に襲われることも少なくない。お米の豊作を祈り、水害がないように、村人はこの二つのホーピーに供物を捧げ、無事を祈る。このようなホーピーは、ピー・バーンやピー・ムアンの住居とされる。この村のホーピーは、チャオ・アハック・ラックムアンと呼ばれていることから、この地域の守護精霊の主を意味しているのだろう。

このように、ラオスの村々では、大樹や林に棲み、その村や地域を守護するピーを大切にする。われわれのようなよそ者は、基本的にこれらのピーを祀る行事には参加できない。それは、共同体の成員ではないからである。限られた領域に起居し、生活をともにする仲間にしかその恩恵の享受が許されていないからである。

そして、もう一つは仏教信仰である。すべてのワットというわけではないが、本堂のほかに、クバーたちが起居する房が複数あるようなワットであれば、まず間違いなく大樹が境内にある。その大樹の下には、結跏趺坐して禅定に入っている仏像（サマティ）の祠が安置されている。前述したように、そのワットに集う地区住民たちは、行事のたびに、願い事があるたびに、大樹の下で瞑想を続ける仏陀に供物を捧げる（図5）。その供物には、願い事や個人の名前を記して、願いの成就を祈るのである。本堂に安置されている主尊の仏陀像への日常的な礼拝は、ただ礼拝して徳を積む行為と、後生善処を祈る行為に大別されるだろう。それに対して、屋外の大樹下にある仏陀像には、身近な願い事を祈ることが多い。

本来、大樹によせるラオス人の思いは、ピーへの畏敬の念とともに、自然への畏敬でもあった。これをラオス人は「タマサート（自然）」という。現代の自然（しぜん）ではなく、仏教的な「あるがまま」としての「じねん」という意味に近い。タマサートという感覚は、あるがままを受け入れようとするラオス人の強さになっていると思われる。仏教教理は、ラオス人のこのタマサートを育んでいると理解される。ゆえに、大樹への畏敬と、仏陀への畏敬とが結びつき、菩提樹下の仏陀像は容易にラオス人に受け入れられたのだろう。

## 説話にみる仏教・神・ピー

ラオスの民話や伝説、そして口承の物語を総称して、ここでは説話として表現する。ラオ族に伝わる説話の多くは、仏教の影響が見て取れる。恋愛物を除いては、仏教的な積徳の報いにより後生善処を受けるというパターン（たとえば「チュラトー」「シンサイ」など）と、物語の最後に戒律の価値を説くもの（たとえば「シエンミエン」）などがある。共通項としては、主人公が仏陀や神から授かった人ならぬ智力や神通力を駆使して、悪魔やピーを退治する、いわば勧善懲悪型のストーリーが基本をなしている。その中には、インドラ（パイイン）や梵天（テーン）、鬼神（ピー・ニャーガーム）、そしてピーが登場し、主人公がそれらの登場人物から、力を受け取ったり、戦ったり、諭したりする場面が描かれている。また、動物民話はほとんどが本生話（ジャータカ）をモチーフにしたもの（たとえば「タイタン」）が多く、はっきりと仏教からの影響が窺われる。

しかし、それだけではなく、これらの説話には、ラオス独特の変容も読み取れる。それは、ヒンドゥー教の神々や、土着のピー、悪者役のピー・ニャーガムなどの多種多様な登場人物が満遍なく登場し、ストーリー展開に幅を持たせ、そして仏陀の教法（サーサナ）が、上からオブラートで包むように、巧みに物語を終焉させるという構成になっていることである。

子供たちにとって、娯楽の少ない村落の暮らしの中で、こうした説話は想像力を働かせることのできる数少ない楽しみであった。「シンサイ」など、主人公の活躍にハラハラさせられる内容は、子供たちの胸を躍らせ、聞き入ったことだろう。大人たちは、説話を語ることが、道徳や社会倫理を伝えるまたとない機会と捉えた。説話に込められた道徳や倫理は、すべて仏教のサーサナを基本としている。ピー・ニャーガムやピーが、仏陀の教えに従い、改心していく過程がコミカルに語られ、そして最後はシリアスに閉じられていく。説話の中では、ピーも、ヒンドゥーの神々も、皆仏陀のサーサナに帰依していくのである。

## おわりに

ラオス人は仏教徒と非仏教徒に大別できるが、今日では、単純にラオ族＝仏教徒、モン族＝非仏教徒という図式ではなくなってきている。政府が推し進めているモン族の定住化政策により、山麓や高地から低地に居を移すモン族が多くなってきているからである。こうした流れは、それぞれの村落が有していた伝承文化の継承を困難にしてしまう。モン族のある小さな部族は文字を持っていない。そこでは、村落の成員が離れ離れになることで、その文化の伝承が瓦解することを意味する。政策上のこととはいえ、編まれてきた文化の伝承が途絶えることは、自らのアイデンティティーを失うことに繋がる。閉鎖的な村落共同体は崩壊し、新しい枠組みの「連帯（サマキー）」が生じている。サマキーは、村落や民族などの垣根を取り払い、国家という枠組みを示す言葉である。仏教を精神的な拠り所として、その包容性と慣用性によって、未分化な社会形態のラオスに、信仰と道徳規範により、サマキーを形成することは可能なのだろうか。

図６　ハムニャ仏像
（ワット・ホー・シエン所蔵
：ルアンパバーン）

ラオス人は、ピーを怖れ、神々の威力を請い、仏陀のサーサナに後生を託す。一見混在しているがごとき、ピーと、ヒンドゥー教の神々と、仏陀とそのサーサナは、上手にその役割を分担しているように見える。ピーは非常に人格的で、喜怒があり、個人、家、村、地域、国の祖霊であり、あるときは守護し、気に入らなければ怒り悩ませ悪戯をする。その本性は、人間に三十二のクワンとして内在している。このクワンの状態を良くするために、儀礼を行ない、神々の威力の助けを請う。上座仏教は、このような俗的喧騒からまったく離れているわけではない。クバーは、世俗の要請に応え、葬送の際には経文を唱え、祝いの席には護呪の経を唱え、ピーにさえも経文を唱える。だからといって、ピーの祀りに参加をするわけではない。あくまで、一線は画されている。

出家のクバーは仏教儀礼を中心としながらも、土着的な仏陀・神・ピー解釈を受け入れ、その上に座しているように見える。仏教のサーサナが有する優れた道徳的行為と倫理観により、ラオス社会にその存在価値が見出せる。

ワットに祀られた主尊の仏陀像のほとんどは、降魔成道の印を示しているが、須弥壇の両側に置かれる脇侍のごとき仏陀像は必ずといってよいほど施無畏印を示している。両手を肘まで上げて、胸の辺りで手のひらを正面に向けている立像である（ハムニャ仏像、図6）。クバーやジュワに「この仏像は何か？」と質問する。彼らは決まって「この仏像は悪いものからわれわれを護ってくれる像だ」と答える。現地のラオス人にも聞いてみたが、同じ答えが返ってくる。われわれの認識する施無畏印とは、どうも少し趣が違っている。このハムニャ仏像は、世俗的な喧騒から保護をしてくれる役割を担っているのだ。

ラオスではピーへの畏怖が、信仰の基層を形成し、強力な力でピーを打ち負かす神々はピーとの力関係でいえば、力に力で対抗する限り同じレベルにあり、畏敬の存在である。最終的には仏陀の慈悲とサーサナが後生をより良くしてくれるのであるから、上座仏教のサーサナはそれらの上位に位置する。しかし、最近のクバーの行動は、その定義を超えて、直接的にピーへアクセスする。どうやら、ピーの領界にまで仏教が降りてきたようである。

〈付記〉

本論を執筆するに当たって、身延山大学東洋文化研究所研究員の木村良勢氏、研究生の鈴木義孝氏には、現地調査などにおいて協力を得た。ここに謝意を表します。

**参考文献**

1、菊池陽子・鈴木玲子他編著『ラオスを知るための60章』(明石書店、二〇一〇年)。
2、中田友子『南ラオス村落社会の民族誌―民族混住状況下の『連帯』と闘争―』(明石書店、二〇〇四年)。
3、根岸範子・前田初江訳『ラオスの民話』(黒潮社、一九九四年)。
4、林行夫「第八章　宗教」(『ラオス概説』めこん、二〇〇三年)。
5、増原善之「第九章　文化」(『ラオス概説』めこん、二〇〇三年)。

コラム…❸

# 金鯱・金比羅

立川武蔵

城郭建築の天守には金箔押しの鯱《シャチホコ》が見られることがあるが、名古屋城の天守閣の金鯱は特に有名である。この城の金鯱は、慶長十七年（一六一二）に、一対で慶長大判一九四〇枚分の金を用いて作られたが、大戦で焼失し、戦後復元された。ある展示会で、天守閣から下ろされていたのを見たことがある。鱗があり、全体としては魚であった。鯱は魚ではなく、鱗はないはずだ。もっとも天守の屋根の上の鯱は、クジラ目歯クジラ亜目に属するシャチとは別種のものであり、姿は魚で頭は虎といった伝説上の動物であると考えられているのであろう。ともあれ、鯱あるいはシャチは、天守閣の屋根の上で逆立ちしつつ火伏《ひぶ》せの役を果たしている。

金比羅《こんぴら》とは、香川県琴平町の金刀比羅宮《ことひらぐう》に祀られる航海安全の神であり、薬師如来を守る十二神将の筆頭である宮毘羅《くびら》大将ともいわれる。「金比羅」「宮毘羅」ともにサンスクリットの「クンビーラ」に由来する語であり、ワニに似た伝説上の動物、マカラを指している。金刀比羅宮は象頭山大権現《ぞうずさんだいごんげん》とも呼ばれる。海に棲む怪獣マカラはワニに似ており、そのワニの頭が「象の頭」と混同されたのだ。先ほど述べた天守の上の「鯱」も、実は魚でもクジラの仲間のシャチでもなく、マカラがインドから、いやエジプトやバビロニアから、日本まで旅をしてきた姿なのである。

丸い目を見開き、口を大きくあけて屋根に嚙みつき、尾を上に跳ね上げた格好の「鯱」は、日本の城や寺院ばかりではなく、中国などにも見られる。例えば、北京の紫禁城や頤和園には、金色の屋根の上に逆立ちをしながら獅子踊りのような格好の「鯱」が見られるが、鴟尾《しび》

向かい合うマカラ（下の左右）とキールティムカ（上）、アジャンタ石窟

と呼ばれる。水に棲むこの怪獣も、屋根の上で火伏せの役を与えられている。今日の敦煌あたりを支配した西夏（十一―十二世紀前半）の領域からも、鴟尾が見つかっている。

マカラは、元来は古代オリエント十二宮のひとつ、山羊座（キャプリコーン）に関係する。オリエントでは上半身が山羊、下半身が魚の姿で表される。マカラはインド・ネパールでは山羊の姿でイメージされることもあるが、クジラのイメージと結びついた。これはギリシャ神話において、クジラと関係するケートス（クジラ座）との結びつきによるものと思われる。紀元前のインドにおいてすでにマカラ宮（魔《ま》羯《かつ》宮）は鱗のない「魚」、つまりクジラのイメージでとらえられていた。しかし、インド人はマカラを、クジラというよりもむしろワニのイメージに結びつけていった。マカラの口は、ワニのそれのように長い。ガンジス（ガンガー）河の神格化である女神ガンガーは、ワニに似たマカラに乗った姿で表される。

マカラは海あるいは水に棲む怪獣と考えられるが、この怪獣（海獣）は創造の力があり、大きく開いた口から神々や動物を生み出す。この創造力は、水の有する力を具現しているのであろう。しばしばマカラの胴体は、水の渦で表現される。ネパールのカトマンドゥ盆地では今も泉の水を人々は生活用水としているが、水の出口（蛇口）はマカラの口である。

ネパールでは半円形のトーラナが寺院の入口の上に置かれるが、このトーラナの下部の左右には一対のマカラが描かれ、半円上部にはライオンに角を生やしたような怪獣キールティムカ（文字通りには、誉れの顔）がいるのが一般的だ。三匹の獣（聖獣）のそれぞれの口からは花房が吹き出され、その花房は一枚の網のようにつながる。後世、この花の網は、われわれの住むこの現象世界であると考えられた。

海獣マカラと天空から見下ろすキールティムカとは、南アジア、東アジア、東南アジアに「旅した」。バリ島では、マカラの口は象の鼻と認識されている。たしかに象の鼻が描かれており、バリの人々は「ガジャ」、つまり象と呼ぶ。はじめに述べた金刀比羅宮の象頭山大権現も、ワニつまりマカラの口が象の鼻と考えられたのであろう。このようにマカラは、アジアを越え、ほとんどユーラシア全域にわたって伝播し、仏教とヒンドゥー教両者の基層の一部をなしつつ、今日もなお生き残っている文化要素である。

**参考文献**

1、立川武蔵『聖なる幻獣』（集英社、二〇〇九年）。

# ベトナム仏教に影響を与えた民間信仰について

## ――三府・四府聖母信仰を中心として――

トラン・クォック・フオン

## はじめに

ベトナムの精神生活の中には種々の信仰や宗教がともに存在する。はるか昔からベトナムの諸民族は、自然現象や社会現象に接すると、あるゆる物事には霊魂や精霊などの霊的存在があるとみて、多くの神々を崇拝してきた。霊魂や精霊は、ベトナムの伝統的信仰の根源的なものであるといわれ、民間信仰の中核部を構成しながら、ベトナム人の思想・人生観・世界観などの基盤になっている。とくに、ベトナム人は農耕文化を持つ民族であるので、自然現象とその現象を起こすと考えられている存在を重要視してきた。種々の自然現象の神々を崇拝することで、豊かな農耕の収穫を得るとともに、生活の安穏と幸福を求めて、長い歴史の中で、雑多な神霊を崇拝し、さまざまな伝統的民間信仰が発生した。

一般的にいえば、ベトナムの伝統的民間信仰は三つの分野に分けることができる。三つの民間信仰とは、生殖信仰、自然崇拝、人間崇拝であり、ベトナムでは広く見られ、長い歴史を経て今日までも継承されている。

生殖信仰は、ベトナムでは性器崇拝と性行為崇拝という形で表されている。自然崇拝は、すべての自然現象（天・地・水・雲・雨・雷・電・風）を管理する女神としての聖母への崇拝（**Thánh Mẫu**）、空間・時間崇拝、動物・植物崇拝という形で表されている。人間崇拝は、祖先崇拝（翁婆道、**Đạo Ông Bà**）と、家庭の規模では土公崇拝、村落の規模では城隍《じょうこう》崇拝、国家の規模では祖雄王（**Tổ Hùng Vương**）崇拝という形で表されて、さらにベトナムの国家を擁護する、伝説の四不死崇拝と英雄崇拝という形でも表されている。

本論では、これらの伝統的民間信仰について、自然崇拝における三府・四府聖母崇拝という、ベトナム独自の信仰を中心として紹介したい。さらに、ベトナムにおいては、紀元前後に仏教が伝来したのであるが、仏教が土着民間信仰にどのように影響を与えたか、またその土着民間信仰、いわゆる三府・四府聖母信仰と仏教とはどのような関係にあるか、という問題にも触れることにしたい。

## 一　聖母信仰の起源と特色

聖母信仰はベトナム独自の伝統的な信仰であるといわれ、はるか昔から存在してきた。現在、その起源は不明であるが、本来的には、すべての自然現象を管理する女性的存在としての女神を崇拝することであり、さらにベトナムの母系社会とが結びついて、時代とともに聖母信仰を構成し、発展してきた。

ベトナム原始社会では、母系社会であるため母方がきわめて尊重され、家庭の中で主となって、すべての事柄を決めている。また、村族の中においても高い地位を占め、重要な役割を果たしている。母方の系譜が優先され、財産の相続や地位の継承などが、母から娘、娘からその娘へと行われている。このような風俗、観念は、ベトナム人の思想や考え方、精神生活に長く深く影響を及ぼしてきた。とくに、すべての物事に霊的存在があるとみなす信仰においても、女性的属性の観念を受けて、女神・母神を崇拝してきた。その上、ベトナムは農耕の国であるので、豊かな稲の収穫を得るため、すべての自然現象を天・地・水・雲・雨・雷・電・風などの不思議な能力を持つ女神・母神が管理し、支配すると信じて、それぞれの女神・母神を崇拝することによって、ベトナムの聖母信仰は展開されてきた。

さらに、ベトナムの諸民族の神話と伝説においても、太陽神と月神が存在し、この宇宙を構成していると信じられ、それらの神々も女神であるとみなされてきた。したがって、はるか昔からベトナム人は、宇宙やすべての自然現象に女性的属性を見出し、その属性の特質には、「生産」「存続」「擁護」の意味があると考えられてきた。換言すれば、聖母信仰は、「母」(Mẫu)を中心として崇拝する信仰であり、根源的には女性的観念からの影響を受け、女神・母神を崇拝すること、および母系社会の観念と結びつくことにより、ベトナム独特の伝統的信仰を形成してきた。

ベトナムの聖母信仰は、女神一般の崇拝ではない。母神と女神とは密接な関係にあるが、同一のものではないと思われる。母神はすべて女神であるが、すべての女神が母神というわけではない。さらに近代の研究では、ベトナムの神話と伝説によって、女神体系は七十五位の女神が存在すると指摘されている。しかし聖母信仰においては、それらのすべての女神が崇拝されているわけではない。その中でいくつかの女神を取り上げて、母神としての聖なる母を崇拝してきた。したがって「母」とは、「子どもを生み育てる女親」という根源的な意味を持つのであるが、さらに広く考えるならば、「物を生み出す根源」という意味をも持って、いわば、「生産」「存続」「擁護」という象徴的な意味を表すといわれている。よって、聖母信仰は聖母を崇拝することで、天災・疫病を防ぐことができるように、農耕の収穫が豊かになるようにと願いながら、ベトナム人の民間生活に平和と安穏をもたらすことができると信じられてきた。

さらに、それらの聖母は実在の歴史的人物である。国家に対して大きな貢献をし、その地方で多大な功績を上げ、そして民間生活に安穏をもたらし、人々に幸福を与えた。換言すれば、その神々は母神としての聖母と呼ばれているが、彼らは実際の歴史的人物であり、各地で子どもを愛する母親の姿が伝承となったものもある。彼らが、天上の玉隍上帝《ぎょくこうじょうてい》の玉杯を誤って壊して人間界に追放された、仙女や公主などの女性の姿で現れたというのが主要な説であるといわれている。この点からみれば、聖母信仰は、ベトナムの歴史的民間信仰でありつつ、中国の道教の影響も受けてきたといえよう。ベトナムの聖母信仰は、さらに三府・四府という信仰体系を順に展開してきた。それによってベトナムの伝統的聖母信仰は多様なものとなり、さらに発達を遂げ、現代のような信仰体系となっている。言い換えれば、聖母信仰は、すべての自然現象を管理し、支配する母神としての聖なる母を崇拝する信仰であって、ベトナムの土着民間信仰であり、時代とともに中国から伝来した道教の思想を加えて、ベトナム独自の三府・四府聖母信仰という、整然と秩序立った体系となった。その土着民間信仰は歴史的人物としての聖なる母を崇拝することであり、いわば、人神信仰であるといえるであろう。

さらにこの三府・四府聖母信仰は、ベトナム人の原初的宇宙論についての観念を反映してきたと考えられる。三府・四府の体系には、宇宙やすべての自然現象を管理し、支配する母神だけでなく、人間界に幸福を与え、時には災厄をも与えるために、聖母に仕える多くの聖神や仙人が必要である。彼らは、官（quan）、翁隍（ông Hoàng）、婆姑（bà cô）、翁猛（ông mãnh）、姑（cô）、舅（cậu）などと呼ばれ、これらの神々も聖母の神殿の中でともに崇拝されている。とくに、儀礼を行うときにはそれらの神々は儀礼者に順に憑依し、それぞれの役柄が具現される。この儀礼については後に詳しく述べるが、この独自の儀礼と結び合わせることによって、ベトナムの三府・四府聖母信仰の体系は形成され、種々の特色が現れてくるのである。次に、三府・四府の体系と、それらの聖母の歴史的人物の伝説や神話をみていくことにしたい。

三府とは、三座聖母（Tam Tòa Thánh Mẫu）ともいい、天府・地府・水府といわれている。天府は天界を管理し、支配する天仙聖母の場であり、地府は大地を管理し、支配する地仙聖母の場であり、水府は水界を管理し、支配する水仙聖母の場であるといわれている。それらの三府と、山岳界を管理し、支配する岳仙聖母の場であるという岳府を加えると、四府（四府公同、Tứ Phủ Công Đồng）という体系を形成する。一方、「天府・岳府・水府」で三府という説も存在するようであるが、「天府・地府・水府」で三府という説が有力である。後者の説は、ゴ・ドゥク・ティンの研究によるものであると同時に、三府・四府聖母信仰についての深い知識を持つ、ハイフォン市にある安邊古寺の住職も同様の意見であることを、筆者自身が確認した。安邊古寺では仏殿はもちろんのこと、仏殿の背後には聖母殿をも設けている。その住職は、岳府は地府の中にある一つの領域であって、地府に属していると指摘している。

また、地仙聖母は大地の生命力を人間に付与する機構、または存在に対する信仰から生まれた聖母であるといわれている。天仙聖母は赤い服で、地仙聖母は黄色い服で、水仙聖母は白い服で、岳仙聖母は青い服で表現されている。その色の観念はやはり道教の五方、五色という観念の影響があり、さらに、神憑りになった儀礼者の衣服の色に応じて、それぞれの聖母あるいは神々が現れると信じられている。三府・四府は表1のように表される。

表1　三府（三座聖母）・四府（四府公同）

| 名称 | 管理 | 異名 | 衣服 | 管理領域 | 歴史的人物 |
|---|---|---|---|---|---|
| 天界（天府） | 天仙聖母 | 第一上天聖母 Mẫu Đệ Nhất Mẫu Thượng Thiên | 赤 | 雲・雨・雷・電（四法）・風など | 柳行聖母（柳行公主化身） Thánh Mẫu Liễu Hạnh |
| 地界（地府） | 地仙聖母 | 第四地聖母 Mẫu Đệ Tứ Địa Mẫu | 黄 | 大地 | 柳行聖母 |
| 水界（水府） | 水仙聖母 | 第三水聖母 Mẫu Đệ Tam Mẫu Thoải | 白 | 水属性の場、海・河・湖・池など | 水斉王の妻 |
| 山岳界（岳府） | 岳仙聖母 | 第二上岍聖母 Mẫu Đệ Nhị Mẫu Thượng Ngàn | 青 | 森林・草木 | 媚娘桂花公主 羅平公主 |

　三府・四府聖母信仰の中で中心となる聖母は天仙聖母（Thiên Tiên Thánh Mẫu）であり、第一上天聖母であるといわれている。その天仙聖母は天界（天府）の主人となり、世界を創造する力を持っていて、すべての自然現象を支配するという。また、雲・雨・雷・電・風などの女神をも管理し、人間界に幸福を与え、時には災厄をもたらすこともある。

　さらに、これらの自然現象の神格化である「四法」の体系が存在する。四法とは、法雲・法雨・法雷・法電（あるいは法風）であり、いわゆる雲を創る神、雨を創る神、雷を創る神、電を創る神である。それぞれの神は不思議な能力を持ち、人間の雨を求めるという願いに応じるという。この四法信仰は、とくに農耕文化の国にとっては重要な意義を持ち、雨を求める民間信仰に関連して非常に尊重されている。

　したがって、古代ベトナム人は四法の像を作って寺院の中に設置し、崇拝してきた。ともあれこの四法信仰は、聖母信仰の出発点から形成され、仏教とは密接な関係があり、古代ベトナム人の精神生活の中で仏・母信仰、いわゆる仏教と聖母信仰として共存してきたということがみられる。この点に関しては、後に仏教と聖母信仰との関係

図1　ハノイ・ナンディン省・ターンホア省の略図

図2　柳行聖母の神殿：ハノイのタイホー府（西湖府）

について詳細に述べることにしたい。

天仙聖母は聖母信仰の中で最も高い地位にあり、聖母の母といわれ、ベトナムでは多くの聖母殿があり、多くの地方で崇拝されている。主な聖母殿はナンディン省ではザイ府（Phủ Giấy, Nam Định）、ターンホア省ではソーンソン府（Phủ Sòng Sơn, Thanh Hóa）、ハノイではタイホー府（西湖府、Phủ Tây Hồ, Hà Nội）にある（図1）。天仙聖母は実在の歴史上の人物であり、柳行公主（Công Chúa Liễu Hạnh）の化身といわれている。柳行公主（図2）は天上の玉隍上帝の公主であって、天上の規則に違反して人間界に約三年間追放された。柳行公主の化身に関する伝説と民間神話については多くの物語があるが、キエウ・オアン・マウの「二回降生」説、およびソン・ナン研究団の「三生三化」説はよく知られている。「二回降生」説は、『先普訳録』において柳行公主の生涯についての二十四段の詩の中に説かれる。その中で、十四段から十六段にかけて、柳行公主が遭難している際に仏釈尊が救済し教化したので、柳行公主は仏・法に帰依したという話が説かれている。よって、後に民衆が柳行公主を崇拝するとすれば、当然、仏・菩薩をも崇拝すべきである。この視点からみれば、仏教と聖母信仰とは密接な関係があり、ベトナムの民間信仰において不可分であるといえるであろう。また、ベトナムの寺院においても、聖母殿を設ける必要が

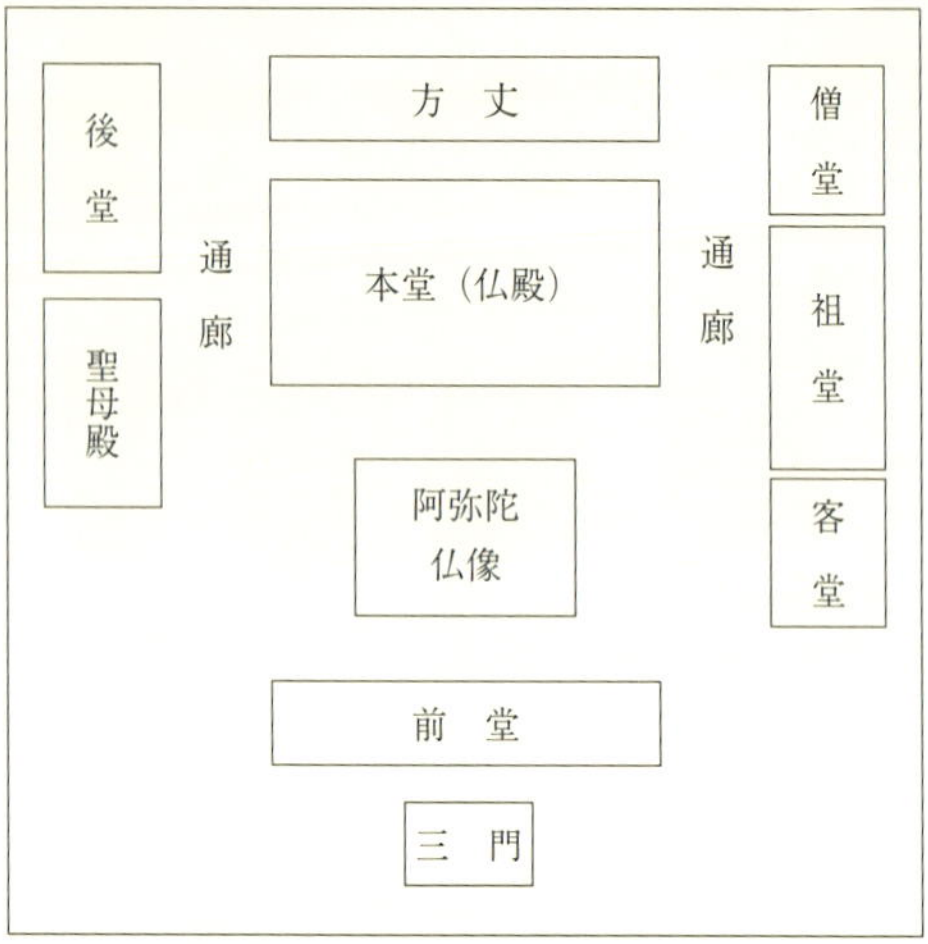


**図3　安邊古寺の略図**（ベトナムの北部における寺院の一例として）

あることを理解することができるであろう（図3）。

さらに「三生三化」説によれば、柳行公主は三回、人間界に降世されたといわれている。第一回目は一四三四年から一四七三年に、ダイアン県チャンサー村にあるギアフン府に現れた。第二回目は一五五七年から一五七七年に、ナンディン省ティエンバン県（あるいはヴーバン県）アンタイ村にあるギアフン府に現れた。第三回目は一六五〇年から一六六八年に、ターンホア省ガソン県タイモー村に現れた。いずれにしても柳行公主は美しい容姿で現れ、各時代において多大な功績を残し、とくに手工業分野における民衆への指導に功績があり、忠義と孝行の一例としてあげられた人物である。ともあれ、天仙聖母は柳行公主の化身であり、聖母信仰の中で最も権威のある聖母であるといわれている。また、天仙聖母は地仙聖母の化身という説もあり、大地およびすべての生物の命を管理し、支配するといわれている。

三府の中で第二番目は、上岍《トゥオンガーン》聖母（岳仙聖母）（図4）である。この聖母はすべての森林・草木を管理、支配する存在であり、とくに少数民族にとっては重要な意味を持つといわれている。ベトナムは多民族の国であり、全体では五十四の民族が存在しているので、上岍聖母の聖母殿は至るところにあるといわれている。しかし主な聖母殿は二か所であり、バクザン省およびランソン省の聖母殿がよく知られている。上岍聖母は天仙聖母と異なり、天上からの仙人ではなく、バクザン省での伝説においてはベトナムの雄定王（Hùng Định Vương）の娘で、媚娘桂花公

図4　岳仙聖母の神殿：ハノイのタイホー府（西湖府）

主（My. Nương Quế Hoa）と呼ばれていて、ランソン省での伝説においては雄王の孫娘で、羅平公主（Công Chúa La Bình）と呼ばれている。上岍聖母は、動植物、森林・草木などの自然を愛好し、不思議な力を持っていて、森林および村落を擁護する人物であると信じられている。

三府の三番目は水仙聖母であり、第三水聖母である。水仙聖母の伝説と神話については地方によって異なる。しかし一般的な観念においては、水仙聖母は水属などの種類を管理し、支配する聖母である。さらに、その水仙聖母は、ベト族（越族）の始祖との密接な関係があり、龍王（Long Vương）の親族であるといわれている。その説によれば、水仙聖母は水斉王（Thủy Tế）の妻であり、多大な功績があったため、玉隍上帝によって「汝娘男女南海大王」の称号を与えられた。主な聖母殿はバクニン省で崇拝されている。

三府聖母信仰の中で、天仙聖母は仙人の出身であり、岳仙聖母と水仙聖母は山神と水神の出身であるとみられる。さらに天仙聖母、いわゆる柳行聖母は十五世紀から出現したが、三府・四府聖母信仰の中で最も崇拝されるようになって、早くから聖母信仰の主体となったことがみられる。各地方に多くの聖母殿があり、天仙聖母像は赤い衣服を着用し、聖母殿の中心となる位置に安置されている。柳行聖母は、三府・四府聖母信仰の代表として、民衆のために悪をあきらめさせ善を奨励するとともに、福禄を与え疫病を祓うことなどで、真・善・美のシンボルを表すと同時に、ベトナムの精神生活のよりどころとなっているといえるであろう。この点については聖母信仰の儀礼と祭祀を通じて、より深く理解することができると考えられる。

## 二　聖母信仰の儀礼と祭祀

三府・四府聖母信仰においては、聖母の神殿が最も重要な場所であり、年間を通じて多くの儀礼が行われる。聖母殿は一般的には、聖母が現れた場所や町に建てられる。聖母殿のみが独立して建てられた地所は「府」(Phủ) といい、寺院の中にあるものは「殿」(Điện) と呼ばれている。その他、塡 (Đến) や廟 (Miếu) などがあるが、その数は少なく、個人や少人数の団体によって造られる。聖母の府と神殿の祭祀形式は各地方によって異なるが、一般的には聖母信仰の祭祀体系は次のようになる。

①仏婆観音（観音菩薩、Phật bà Quan Âm）
②玉隍（Ngọc Hoàng）
③三府・四府聖母（Mẫu Tam phủ, Tứ phủ）
④五位大官（Ngũ vị quan lớn）——第一大官から第五大官まで

⑤四位聖婆（Tứ vị Chầu bà, tứ vị thánh bà）――四府聖母の化身
⑥五位皇子（Ngũ vị Hoàng tử）――第一皇子から第五皇子まで
⑦十二王姑（Thập nhị Vương cô）――第一王姑から第十二王姑まで
⑧十位王舅（Thập vị Vương cậu）――第一王舅から第十王舅まで
⑨五虎（Ngũ hổ）
⑩狢爺（ông lốt）――蛇神

その祭祀体系を、聖母殿の中で順序づけて表せば表2のようになる。

観音菩薩は、ベトナムでは一般的に仏婆観音と呼ばれている。とくに聖母信仰を持つ人々にとっては、観音菩薩を仏婆観音と呼ぶことで、仏教と聖母信仰はより深い結びつきがあると感じられるという。キエウ・オアン・マウの『先普訳録』には、仏婆観音は柳行公主を救済したことがあり、その因縁で柳行公主は仏・法に帰依し、仏の弟子になったという伝説が説かれている。よって、三府・四府聖母信仰の中で、仏をも崇拝すると同時に、聖母殿では観音菩薩は最も高い場所に安置され崇拝されている。この点について筆者は、安邊古寺で二人の若い僧侶に尋ねてみた。その二人の僧侶は寺院の中に聖母殿があるので、聖母信仰の儀礼に参加したことがあるという。クァク・バオ・チュン僧

表2　聖母信仰の祭祀体系

| |
|---|
| 仏婆観音（観音菩薩） |
| 玉　隍 |
| 三府・四府聖母（天・地・水・岳） |
| 官（通常五位、最大十位） |
| 聖　婆（四、六、または十二位） |
| 皇　子（通常五位、最大十位） |
| 姑（十二位） |
| 舅（十位、または十二位） |
| 五　虎 |
| 狢　爺（蛇神） |

（戒名は釈本慧、Thích Bản Tuệ）は現在十九歳であり、十五歳から儀礼に参加し、グェン・ミン・フォン僧（戒名は釈本円、Thích Bản Viên）は現在二十一歳であり、十二歳から儀礼に参加して、二人とも男童としてハウボン（候影、hầu bóng）という聖母儀礼を行ったという。彼らはハウボンの儀礼を行う際に、聖母あるいは他の神々の降臨を請う前には、観音菩薩の降臨を奉請する必要があるという。観音菩薩が降臨し、その儀礼を承認することは不可欠であるといっている。この視点からみれば、仏教と聖母信仰との深い関係が現れているといえるであろう。

玉隍（Ngọc Hoàng）は、聖母信仰の祭祀体系の中で第二番目を占めるが、実際の儀礼においてはあまり尊重されていないようである。これは玉隍という聖神がベトナム人の観念に現れるのは柳行公主の父親としてのみであり、中国の道教思想であるため、やむを得ず受け入れたものであると考えられる。したがって、通常は別の建物で崇拝されているという。

三府・四府の聖母が現れる際に、多くの聖神や神霊がともに現れると信じられている。それらの聖神や神霊は、聖母の命令に従って行動、実践するといわれている。官から舅までの神々は仙人や天神の出身の場合もあり、人神の出身の場合もある。

官は普通は五位大官を指し示し、それは第一大官から第五大官までの順に並列されている。地方によっては第十までの大官がいると信じられているが、一般的には第五までの大官がよく現れるといわれ、儀礼を行うときは、それらの大官が憑依するといわれている。

聖婆は四位聖婆を指し示し、第一から第四までの聖位がいると信じられている。その四位は四府の化身といわれ、直接に聖母の仕事を実践し、現実化するといわれている。聖婆の数は統一されているわけではなく、ある地方では十二聖位までがいると信じられているが、儀礼でよく降臨するのは第一聖婆（chầu đệ nhất）、第六聖婆（chầu Lục）、および第十二聖婆（chầu Bé）である。その理由は、これらの聖婆は歴史的人物であり、独立の殿があると同時に、よく知られているからであるといわれている。

皇子は第一から第十までの聖位がいると信じられ、彼らは龍神八海大王の息子であるといわれている。民間の伝説によれば、十位皇子は国家を擁護した功績もあり、新しい土地を開創した功績もあるという。その中で第三皇子（Hoàng Bơ）、第七皇子（Hoàng Bảy）、および第十皇子（Hoàng Mười）がよく知られていて、儀礼でよく降臨するといわれている。

姑は十二王姑を指し示し、三府・四府聖母の侍女である。具体的には天仙聖母の侍女は第一王姑であり、岳仙聖母の侍女は第二王姑であり、水仙聖母の侍女は第三王姑である。十二王姑の中でとくに第三王姑（cô Bơ）と第六王姑（cô Sáu）は疾病を祓うことができ、第三王姑は水仙聖母の侍女であるので聖なる水を与え、第六王姑は岳仙聖母の侍女であるので、草木の薬を与えると信じられている。よって、民衆は病の快癒を願う際には、儀礼でその二人の王姑の降臨を求め、礼拝するという。

舅は十位王舅を指し示し、第一から第十までの聖位がいると信じられていて、彼らは、一歳から九歳までの夭折者であるという。舅の数は十位あるいは十二位であり、彼らは皇子の仕事に協力する。通常は儀礼を行うごとに、第三王舅（cậu Bơ）と第十王舅（cậu Bé）が憑依するといわれている。

聖母信仰の祭祀体系の中では動物も尊重され、重要な位置を占めている。代表的な動物としては「虎」と「蛇」であり、虎は森林を管理し、蛇は水属を管理するといわれている。さらに、この二種類の動物は、聖母殿の安全のために保護神として存在するといわれている。

五虎は五つの虎の神を指し示し、宇宙において五方と五行、および五色とが表されているという。東方には木星に応じて、青虎神官が鎮座する。南方には火星に応じて、赤虎神官が鎮座する。中央には土星に応じて、黄虎神官が鎮座する。西方には金星に応じて、白虎神官が鎮座する。北方には水星に応じて、黒虎神官が鎮座する。儀礼では、五虎の神位は、「根」と「命」がある翁童、婆童のみに憑依するといわれている。

貉爺《オンロット》は蛇の神を指し示し、聖母殿を保護すると信じられている。蛇神には青蛇大将軍と白蛇大将軍とがあり、邪神や悪人、そして盗みなどを防ぐと信じられている。この蛇神は五虎の神と同様に「根」と「命」がある翁童、婆童以外には憑依しないという。

この他、聖母の神殿や廟府に行けば、陳興道大王というベトナムの歴史的英雄をも崇拝することがみられる。陳興道（Trần Hưng Đạo）は聖母信仰において一人の男神であり、龍王の親族であるとみなされ、八海父王と同様に尊重されている。ベトナムの民間信仰においては陳興道は陳朝聖徳と称され、玉隍と同様にきわめて重視されている。したがってベトナムの精神生活において、年間で最も重要な儀礼としては、「三月は聖母の命日であり、八月は聖父の命日である」といわれている。八月の聖父の命日とは八海父王と陳朝聖徳、いわゆる陳興道の命日を指し示すという。陳朝聖徳は疾病や邪気を祓うために憑依すると信じられている。

以上、聖母信仰の祭祀体系を詳細に述べてきた。聖母信仰の祭祀体系およびそれぞれの聖神や聖位を考察することによって、ベトナム人の思想や人生観、世界観などを明らかにすることができるであろう。

次に、聖母信仰の儀礼やその特色をみていこう。三府・四府聖母信仰において、儀礼体系は豊富で多様性があり、多くの形式が存在する。しかし、他の宗教の儀礼と明確に区別できるのは、レンドン（神憑り、lên đồng）あるいはハウボン（候影、hầu bóng）という儀礼である。この儀礼はベトナムの伝統的な儀礼であり、聖母信仰の祭祀の主要な儀礼であり、ベトナムの他の宗教ではみられない儀礼であるといわれている。

レンドンとハウボン、あるいはハウドン（候童、hầu đồng）とは、名称は異なるが、同一の意味を表している。それは、三府・四府聖母および諸聖神の霊魂や神霊がオンドン（翁童、ông đồng）、バードン（婆童、bà đồng）の身体に憑依し、その諸聖位の形象を再現し、聖母信仰の信徒に教訓を与え、邪気を祓い、疾病を治し、福禄を与えるという。

「ドン」（童）とは十五歳以下の純潔で天真爛漫な男童であり、聖神や神霊が降臨しやすい者である。聖母信仰においで儀礼を行う際には男児が必要であるが、時代とともに次第に少年を少女で代替する場合もみられ、さらに、少年少女が足りない場合には、一般の「根」と「命」がある人々も、オンドン、バードンとなることができ、これらはすべて、「童人」あるいは「ハウ人」（候人、người hầu）と呼ばれている。

ともあれ、レンドンとは聖母信仰の主要な儀礼であり、聖神や神霊が「根」と「命」がある童人に入魂し、降臨することを祈る儀礼であるといわれている。それらの聖位が降臨している状態をザードン（架童、giá đồng）と言い、その状態で多くの聖母儀礼や行事が行われている。さらにこの三府・四府聖母信仰の儀礼（レンドン）は、悪魔が無意識の人に憑依し、当人と周囲の人に災厄をもたらすという悪霊憑き状態とは異なり、悪鬼・邪気祓いの儀式とも明らかな違いがある。その理由は、三府・四府聖母信仰における聖母や各聖位は神格化された歴史的人物であり、生前、各位はさまざまな才能・能力を活かし、国家のために多くの功績を残し、民衆のために善行を行ったからである。また、聖母や諸聖位は日常生活のために、「風調・雨順」を与えるとともに、人間の疾病治癒や悪鬼・邪気祓いを庇護すると信じられているからである。

聖母信仰では、一年を通じて多くのレンドン儀礼が行われている。その中で最も重要な儀礼が行われるのは三月と八月であり、三月は聖母の命日であり、八月は八海大王と陳朝聖徳の命日である。その他、基本的には、年始の除夜の後（邪気祓いの礼）、一月（上元の礼）、四月（入夏の礼）、七月（散夏の礼）、十二月（印を合わせる礼と年末の礼）に行われている。府・殿・廟堂の童人にとってはさらに多くの儀礼があり、童のお目見えの礼（程童礼《レトリンドン》）、童人自身の本命の礼、諸聖位の命日の礼などがあり、その場合にもレンドン儀礼が行われている。

レンドン儀礼においては、服装や装飾が重要とされ、原則としては聖母や各聖位に応じて服装や装飾が異なり、童人はそれらすべてを用意しなければならない。すなわち、童人は、架童ごとに、降臨している諸聖位に相応しい服装、装飾をしなければならない。しかし、実際のところは必ずしもこの原則が守られているわけではない。ただし、少なくとも、顔を覆う一枚の紅色の布、五着の異なる色のアオザイ（長衣）、各種のターバン、腰帯、玉帯、牙牌、ネックレス、腕輪などは不可欠である。さらに、聖母信仰における体系と秩序、男神と女神との服装の違いによって、どの聖位が降臨しているかは一目瞭然でなければならないといわれている。

レンドン儀礼を実際に行うときには、多くの準備が必要である。童人は、吉日を選び、二、三日前に身体を清め、衣服や装飾品、儀礼の道具などを準備する必要がある。そして、公文人、楽隊、助手に連絡し、信徒に知らせ、聖母殿の殿主や廟主の許可を得るとともに、聖母信仰に適切な品物を用意しなければならない。助手は、一般にレンドン儀礼を経験した者であり、童人のために焼香儀式、武器、タバコ、酒、ビンロウジ（檳榔子）などを供える雑事と、架童の際にはその都度、童人の着替えを助ける。助手は二人から四人であり、レンドン儀礼中は聖位の祭壇の前に左右に分かれて座り、男性は黒いアオザイ、女性は多色のアオザイ、そして白いズボン、ターバン、頭を包む布をつける。公文人と楽隊は、レンドン儀礼においてはきわめて重要な役割を果たす。公文人はすべての儀礼形式を監視し、とくに童人の動作や意図をよくみながら、各聖位が降臨したり昇ったりする歌や古事を唱える。楽隊はレンドン儀礼中、常に演奏を行ったり、詩句を吟詠したりする。とくに童人が舞踊しているとき、福禄を与えるときは不可欠である。しかし、聖位が降臨したり、離れて昇ったり、焼香儀式を行うときには停止される。主に使用される楽器はベトナムの伝統的なものであり、月琴、小太鼓、銅鑼、拍子木などが用いられる。

レンドン儀礼の前に、衆生礼（lễ chúng sanh）と聖神礼（lễ thánh thần）が行われる必要があり、これらは、三府・四府聖母信仰の儀礼であるとともに、一般の土着民間信仰の儀礼でもあるといわれている。衆生礼とは、災難・災厄で死亡し、祭祀する者のない孤魂を祭る礼であるという。衆生礼に用いられる品物は、衣服、金銀、銭幣などの冥器であり、粥、果物、菓子、時には死者が使用するため、盆の水に本物の硬貨を入れる場合もある。聖神

写真５（上）
天仙聖母の儀礼服
写真６（中）
第四聖婆の儀礼服
写真７（下）
第六聖婆の儀礼服
（写真はいずれもクァク・バオ・チュン僧〈戒名は釈本慧〉、ハイフォン市の安邊古寺にて）

礼は衆生礼と同時に行われている。聖神礼に用いられる品物も、基本的に食品、花、果物、菓子であるが、最も重要なのは「三牲《タンシン》」といい、それは鶏、アヒル、豚であるといわれ、その三牲の供え物は不可欠であるといわれている。衆生礼、聖神礼の祭祀の後には、衆生に与えて、四府聖母に供えるという意味で供え物や冥器は焼かれ、その灰は寺院や神殿の周囲に撒かれる。

レンドン儀礼は、聖降、儀礼服交換、焼香儀式、舞踊、福禄授与、聖昇の順に進められる。

レンドン儀礼が始まると、童人は聖母殿の前に起立し、レンドンの理由や因縁を発表する。さらに、礼拝を行いながら参加者にレンドンの許可を請求し、赤い布で顔を覆った後に聖降の儀礼を行う。顔を覆った童人は、両手を合わせ、三本の線香を持ち合掌しながら聖位が降臨することを祈り、身体に憑依するまで頭や身体を揺らす。聖位が降臨するとすぐ線香を放し、上半身を震わせ、どの聖位が身体に憑依したのかを手で暗示する。男性の聖位の場合は左手で、女性の聖位の場合は右手で暗示するという。公文人は、その聖位に合った歌曲をすぐさま奏唱する。この礼は「聖降」といい、その中で、顔を覆うことは最も重要な意味を表すといわれている。また、聖位が憑依した童人には尊敬語で呼びかける必要があり、その理由は、その童人には聖神や神霊が現れていると信じられているからである。

聖位が憑依した後に、童人は紅い布を取り、その聖位の着用した衣服に着替えなければならない。童人が儀礼服を着替える際には助手が補助するが、それでも相当な時間がかかるようである。儀礼服の着替え完了後に、線香儀式が行われる。

線香儀式は一般の土着民間信仰においては不可欠であり、聖神や神霊に敬意を払うという意味を表している。童人は助手から線香をもらい、「開光」という呪術的儀式を行う。この儀式は祭壇や道場を清め、邪気を祓い、邪魔を駆逐し、鬼を取り除くという意味で行うといわれている。線香儀式の後、舞踊と福禄授与の儀式が行われる。

舞踊は聖母信仰の一つの特徴であり、聖位が童人に降臨し霊験あらたかな様を、生き生きと表現していると信じられている。降臨している聖位の地位および性格によって舞踊動作が異なる。舞踊の後に、童人は座り、公文人や楽隊は楽器を演奏しながら、その聖位の来歴や古事などの功績を唱えたり、詩句を吟詠したりし、助手は聖位に向かって、酒、茶、タバコ、ビンロウジ、水などを献上する。それらの刺激性物質は童人を酩酊状態に入らせ、降臨している聖位の予言や教訓などが、さらに霊験あらたかになると信じられている。このとき、参加者は童人に恭しく近づき、献上品を差し上げ、保護と扶助、財禄を求め、疾病治癒などを祈願する。それに応じて、聖位は教訓を与え、それぞれの祈願内容に応じて言葉や動作で返事をし、回答するという。レンドン儀礼において、聖位の禄品はさまざまである。聖位が用いた松明や一本のタバコ、ビンロウジ、果物、菓子などであり、さらに日常の生活用品、たとえば、櫛、鏡、ハンカチ、簪、銭幣などであり、すべては聖神や神霊の禄品であり、童人や信徒、参加者に授与されるという。これらの禄品を持つことによって、幸運がもたらされ、商人の場合などは、商売がさらにうまくいくと信じられている。財禄を授与した後、最後に聖昇の儀式が行われる。

聖昇とは聖位が昇去することであり、童人の身体を離れて聖位の宮に戻ることをいう。聖昇の予兆は通常、童人は静かに座って身体を軽く震わせた後、両手を顔の前で交差させるか、あるいは頭上で扇を広げて遮ることである。その際、助手は素早く童人に紅い布を被らせ、公文人と楽隊は「宮に戻る」という曲を演奏して、さらに次の架童、すなわち別の聖位が降臨するための準備を行うという。

以上、レンドン儀礼において、一回の架童において聖位が降臨してから聖昇するまでを概括した。レンドン儀礼を行うごとに多くの架童があり、多数の聖位が降臨し、憑依するといわれている。通常は十位以上であり、聖母信仰の各位全部が憑依すると、三十六聖位が降臨し憑依することになる。各聖位が降臨する際には、聖母から官、聖婆、王子、姑、舅あるいは五虎、貉爺に至るまで、その地位の順に行われる。さらに、ベトナムの民間信仰では先祖崇拝も尊重されているので、レンドン儀礼を行う際に先祖が降臨することもあるといわれている。

レンドン儀礼の後に童人は儀礼服を脱ぎ去り、三府・四府の各聖位に向かって謝意を表現し、また、参加者に対しても感謝の言葉を述べる。その後は宴会が行われ、参列者は菓子や果物などの土産を家に持って帰る。この宴会は、聖位の福禄のためであるといわれている。

以上、三府・四府聖母信仰の儀礼と祭祀体系を詳細にみてきた。さらに、ベトナムは多民族の国であり種々の宗教がともに存在するので、土着民間信仰と宗教とは互いに影響を及ぼし合ってきたといえるであろう。とくに、ベトナムでは仏教が主要な宗教であり、仏教と土着民間信仰の間には密接な関係があると思われる。

## 三　聖母信仰と仏教の影響

ベトナムには紀元前後に仏教が伝来した。インドに根源をもつ仏教は、二つの異なるルートでベトナムに伝わった。直接に海を渡って、タイ・ミャンマー・カンボジア・スリランカなどを経て、ベトナムに伝播したものを上座仏教という。一方、中国を経由し、ベトナムに伝播したものを大乗仏教という。ベトナム仏教は、上座仏教および大乗仏教がともに存在し、現在も発展していると同時に、ベトナムの社会や民間の精神生活に多大な影響を与え、重要な役割を果たしている。

ベトナムの初期仏教は思想的には未成熟で、土着民間信仰や祖先信仰と結びついて重層的な宗教となっていったといわれている。聖母信仰は聖母を中心として崇拝する信仰であるが、土着民間信仰であり、ベトナム人の宇宙論についての観念や自然現象の理解などに基づく宗教的信仰であるに他ならない。よって、仏教がベトナムに伝来したとき、各民衆階級は取捨選択しながら、新しくベトナム人的仏教として受け入れた。言い換えれば、ベトナム人的仏教とは、その時代の地方人民の風俗習慣と土着信仰に調和するように現地化された仏教である。つまり、仏教の仏・菩薩を崇拝することは、同時に土着民間信仰や祖先信仰と結びつき、その結果、寺院の中で、聖母信仰の体系、すなわち、聖母信仰における四法体系が現れて存在してきたと考えられる。

さらに、聖母信仰における四法、すなわち法雲・法雨・法雷・法電（あるいは法風）という自然現象の神々の伝説によれば、各女神は、本来はベトナム仏教に現れる石光仏（Thạch Quang Phật）の化身であるといわれている。石光仏は、インド出身の丘陀羅（Khâu Đà La）という僧侶と、ベトナム本地のマンヌオン（Man Nương）とが結びついた結果であるという。後に石光仏は四法の像に化身し、ベトナムにおける農耕信仰の雨の女神になったと信じられている。したがって、古代ベトナム人は四法の像を作って寺院の中に設置し崇拝することとなり、「仏母四法」という信仰が形成され、仏教と聖母信仰が共存することになり発展してきた。この点からみれば、当時の仏教もベトナムの土着民間信仰となり、さらに、聖母信仰と深い関係があることがわかるであろう。とくに雨を求める儀礼を行う際に、その関係性は、はっきり現れていると考えられる。

さらに、上述したように聖母信仰の体系の中でも、仏教は最も高い位置に置かれている。なぜならば、聖母体系の中で最も権威を持つ柳行聖母は、仏・菩薩に救済してもらうため、仏・法に帰依したからであるという。この伝説には、仏教と聖母信仰との密接な関係性が現れているであろう。

現在、ベトナムにおいては多くの寺院の中に聖母殿を設けている。とくに北部の寺院では、聖母殿は不可欠であるといわれている。寺院を建設する際に「前仏後母」という建築法を考え出したのは、仏殿と聖母殿をともに設ける必要があるからだといわれている。筆者は、安邊古寺にある聖母殿について住職に尋ねてみた。住職によれば、安邊古寺は一世紀ごろには存在したといわれ、当時、すでに聖母殿が仏殿とともに設けられていたといわれている。現在も安邊古寺では民間信仰や民間生活に応えるため、仏殿では仏教儀礼が行われ、聖母殿ではレンドン儀礼が行われるという。レンドン儀礼を行うたびに数百人が参加し、参加者は仏教徒、聖母の信徒のみならず、商人や知識階級が増加する傾向にあるという。さらに、安邊古寺では一年を通じて四回ほどレンドン儀礼を行い、寺院の僧侶たちが童人として儀礼を行っているという。現在、二人の若い僧侶、十九歳のクァク・バオ・チュン僧（釈本慧）と、二十一歳のグェン・ミン・フォン僧（釈本円）がレンドン儀礼を担当している。二人の僧侶によれば、聖位が降臨する瞬間には少し頭が痛むが、レンドン儀礼を一場済ませた後は身体が活気に満ち、精神が高揚し、満ち足りた気分になるという。聖位が降臨した僧侶は、童人として福と禄をともに授与できるといわれていて、このことが、仏教および聖母に対する信仰心をさらに篤くする理由となっていると考えられる。

## おわりに

三府・四府聖母信仰は、ベトナム独自の土着民間信仰であり、仏教とともにベトナムの精神生活において重要な役割を果たしていると考えられる。この信仰は、ベトナム人の思想、人生観、世界観などの基盤であるとともに、民衆が生活の安穏と幸福を求め続けていることを表していると思われる。

また、聖母信仰と仏教との関係について考察することによって、仏教の現地化、地方化された属性が現れることがみられる。それは、いわば、柔軟性、融通性であり、仏教が伝播する際の重要な属性であるといえるであろう。

さらに、聖母信仰はベトナム独自の土着民間信仰であるため、これを保存するとともに発展させることは、今後の重要な課題であると筆者は考えている。

**参考文献**

1、ゴ・ドゥク・ティン（末成道男訳）「レンドン―ベトナム・ベト族の一種の心霊歌舞形式―」（『ベトナムの社会と文化』第一号、風響社、一九九九年）。

2、Ngô Bạch, (Thích Minh Nghiêm dịch), Chương 1 "Đặc trưng và bản chất của tín ngưỡng thờ Mẫu", "*Nghi lễ Thờ Mẫu-văn hóa và tập tục*", Nhà xuất bản Thời đại, Hà nội, 2010.

3、Khai Đăng, Chương 2 "Tín ngưỡng của người Việt", "*Tản mạn về tín ngưỡng và phong tục tập quán của người Việt*", Nhà xuất bản Văn hóa Thông tin, Hà nội, 2009.

4、Ngô Đức Thịnh, "*Đạo Mẫu Việt Nam*", Nhà xuất bản Tôn giáo, Hà nội, 2010.
Phần I, Chương 1 "Đạo Mẫu: Từ ghi chép san định đến nghiên cứu"
Phần I, Chương 2 "Từ thờ Nữ thần, Mẫu thần đến Mẫu Tam phủ, Tứ phủ"
Phần II, Chương 4 "Đạo Mẫu Tam, Tứ Phủ, Điện Thần và Thần Tích"
Phần II, Chương 5 "Đạo Mẫu: Nghi lễ và lễ hội"
Phần II, Chương 6 "Thánh Mẫu Liễu Hạnh: Thần chủ của Đạo Mẫu Tam Phủ"

# インドネシア・バリ島における大乗仏教

スゲング　タント

## はじめに

インドネシア・バリ島に暮らす人々の約九割はヒンドゥー教徒である。インド、およびジャワ島を通して伝えられたヒンドゥー教は、バリの土着の信仰や祖先崇拝を吸収し、アガマ・ヒンドゥ・ダルマと称される、バリ独自のヒンドゥー教へと変容を遂げた。このアガマ・ヒンドゥ・ダルマの中に、大乗仏教もまた取り込まれてきた。すでに途絶えたかのように思われているバリ島の大乗仏教だが、プダンダ・ブッダと称される僧によって受け継がれ、現代にも生きているのである。プダンダ・ブッダはサンスクリットおよび古代ジャワ語を学習し、それらのテキストをもとに、金剛や金剛鈴、大乗仏教儀礼で用いられる印相を使用して儀礼を行っている。しかし、一般のバリの人々の間では、ブッダに対する信仰もヒンドゥー教の一部分であると認識されている。実際にプダンダ・ブッダは、仏教テキストを使用しながらもヒンドゥー教の儀礼を行っている。

こうした背景にありながらも、主都デンパサールから三〇キロメートルほど東にあるカランガスム地方のブッダカリンという村は、大乗仏教の特質を色濃く残している。この村にはバリ島に十八人しか存在しないプダンダ・ブッダのうち、十人が暮らしており、仏教の拠点となっている。しかし、プダンダ・ブッダが十八人しか存在しないことからも窺われる通り、バリ島に受け継がれた大乗仏教もまさに、消滅の一途をたどっている。わずかに残された大乗仏教の形態、ヒンドゥー教に取り込まれた仏教の要素を見ていきたいと思う。

## 一　インドネシアにおける近代仏教

インドネシアは現在、世界最大のイスラム国家として知られている。一万七〇〇〇以上もの島々を領土とするインドネシアにはさまざまな民族が暮らしているが、首都のあるジャワ島は日本の約二倍の面積を有し、人口は二億四千万人ほどである。そのうち九〇パーセント以上がイスラム教徒である。しかし、ジャワ島では世界最大級の仏教遺跡として有名なボロブドゥールが物語るように、以前に仏教は繁栄を極めていたのである。十五世紀後半にはイスラム勢力に圧倒され、仏教は遺跡や碑文のみを残し、ジャワ島から消滅するに至った。現在、ジャワ島に見られる仏教は一九六〇年代より台頭した近代仏教であり、七世紀から十三世紀ごろまで繁栄を極めた大乗仏教の影を見ることはできない。

現代のジャワにおける仏教は、中国系の大乗仏教、上座仏教、チベット仏教系のタントラ仏教、ブッダ・ヤナの四つに分けられている。大乗仏教はジャワに暮らすほとんどの華僑が信仰しており、中国語の経典が使用されている。上座仏教はジャワ人と華僑が半々であるが、経済的には華僑の影響が大きい。この仏教ではパーリ語の経典が使用されている。タントラ仏教はチベット仏教の僧侶を招き教団が作られた。ブッダ・ヤナはこれらの仏教とジャワの土着信仰、祖先崇拝などを一様にしようと試みたものである。

イスラムの勢力拡大に伴い、ジャワにおける仏教徒は山岳地方に逃れ、貧しい生活を強いられた。しかし、経典もなく僧侶もいないため、当時の大乗仏教は年月を経て全く異なるものへと変容した。一方、弾圧を恐れた仏教僧侶や仏教知識人は、ジャワの山岳地方ではなく、多くの経典とともにバリ島に逃れた。こうしたことから、バリ島には大乗仏教の経典が現在も多く残されている。

## 二 インドネシアの仏教の歴史

ジャワでは仏教の変遷を伝える非常に多くの碑文が発見されている。碑文によって四世紀には仏教がインドネシアに伝えられていたことがわかっているが、いつごろ仏教がインドより伝えられたのかは、はっきりしていない。紀元前二、三世紀に伝えられたという説や、紀元一世紀ごろ伝えられたという説がある。インドのパーリ語テキストには、紀元前三世紀、アショーカ王の指示のもと、九つの国へ仏教を伝えるため僧侶を送ったことが記されている。その一つがスワルナ・ブーミという王国であり、このスワルナ・ブーミがミャンマーであるという説もあるが、インドネシア・スマトラ島ではないかという説もある。インドネシアの人々は、このときに仏教が伝えられたと信じている。また他にも、一世紀に南インドのアジサカ王がジャワに渡り、人々をさまざまな悪行で苦しめていたニワルタ王を退治し、ジャワに平和をもたらした。その際に、仏教とヒンドゥー教も広められたという説もある。

インドネシア・ボルネオ島のクタイで発見されたサンスクリットの碑文からは、四世紀の前半、ムーラワルマン王の支配下に仏教が広まっていたことを知ることができる。西ジャワのタルマナガラ王国プルナワルマン王の時代には、発見された多くの碑文により、仏教とヒンドゥー教が栄えていたことがわかる。

バリにはジャワを通さずに、インドから直接伝えられたとも言われているが、バリのペイジェン村で発見された碑文には、八世紀中部ジャワでシマ女王が一人の仏教僧をバリ島に送り、仏教を広めたと記されている。

八世紀、サイリンドラ王朝時代、中部ジャワのケドゥ盆地に建立されたチャンディ・ボロブドゥールは、世界最大級の仏教遺跡である。このボロブドゥールの周りにはたくさんの遺跡が残されており、この地を中心として仏教が栄えていたことがわかる。ボロブドゥールそのものがマンダラであると言われている。ここには五〇四塔のストゥーパがあり、その中のほとんどに仏像が配置されている。これらの仏像の配置や印相から、ボロブドゥールは、『金剛頂経』に基づいていると思われる。ボロブドゥールは、膨大な浮き彫りレリーフが施された三層で構成されている。『分別善悪応報経』の物語のモチーフが浮き彫りにされているカマダトゥ層、「本生譚」（ジャータカ）、『方広大荘厳経』『華厳経入法界品』などの物語をモチーフにした壁画を有するルーパダトゥ層、悟りの境地を表したアルパダトゥ層である。この壮大さからは当時、この地では大乗仏教が栄えていたことがわかる。現在でもボロブドゥールは仏教徒の聖地となっている。中にはとくに力を持つと信じられている仏像もあり、一神教であるイスラム教やキリスト教の信者の姿も見ることができる。

十一世紀前半、火山の噴火のため、勢力が中部ジャワから東ジャワにあるシンガサリ王国へと移った。この時代に仏教経典やヒンドゥー経典が、サンスクリットから古代ジャワ語（カーヴィ語）へと翻訳された。インドの叙事詩『マハーバーラタ』や『ラーマーヤナ』なども古代ジャワ語に翻訳され、その際には多くのジャワ文化の要素を取り入れていった。経典のなかには翻訳される際に、その内容が大きく変えられたものもある。逆に、インドに残されていた経典も多くジャワでは発見されている。インドから伝えられたさまざまな文化が、一気にジャワ化を遂げたのである。

シンガサリ王国で最も力を持ち有名であったのが、クルタヌガラ王である。クルタヌガラ王はバイラヴァ・ブッダを強く信仰しており、自らもバイラヴァ・ブッダの化身であるとしていた。バイラヴァ・ブッダとは十一世紀、ジャワで有名であった僧バガワン・アナワン・サウカが確立したもので、ヒンドゥー教のヴィシュヌ神と仏教のブッダを一つにしたものである。バリ島もクルタヌガラ王の支配下であったため、バイラヴァ・ブッダの信仰が広まった。現在でも中部バリのギャニャール地方にあるクボ・エダン寺院に、バイラヴァ・ブッダの石像が残っている。

十三世紀から十五世紀にかけてはジャワにおいてマジャパイト王国が勢力を伸ばし、仏教・ヒンドゥー文化がさらに繁栄を極める。この時代に記された仏教経典『スタソーマ』や『ナーガラケールターガマ』はバリで現代もよく知られており、信仰を集めている。仏教とヒンドゥー教の双方が繁栄し、混交していたこの時代、王や勢力者が死亡すると仏教寺院とヒンドゥー教寺院の両方に埋葬されていた。現在、バリでは仏教とヒンドゥー教がほぼ一つのものとしてとらえられているが、その背景はマジャパイト王国の時代に見られた。十五世紀に入りイスラムが勢力を伸ばすと、仏教はジャワ島から消滅することとなる。

## 三　バリ島の宗教とその変遷

バリ島ではインドの影響を受ける以前、すなわち仏教とヒンドゥー教がバリ島に広まるまで、祖先崇拝が中心であった。祖先崇拝は現代でもヒンドゥー教の中に取り込まれ、バリ・ヒンドゥーの特徴の一つとなっている。現代では火葬が主流であるが、土葬が行われていたころには、象、豚、犬、鳥、カメ、時にはライオンなども死後の世界で役立つよう死者と一緒に埋葬された。死後、魂は肉体を離れ、家族を守ると信じられてきた。農業が中心のバリ島では田植えの前、収穫時などに祖先を祠に招き、田畑や家族の無事を祖先に祈った。

四世紀、バリ島は西ジャワのタルマナガラ王国に支配されるが、この時代に仏教とヒンドゥー教の影響が強まったと考えられる。タルマナガラ王国の支配は二百年に及んだ。八、九世紀ごろに関するバリの状況は、発見されたいくつかの碑文に見ることができる。ペイジェン村にある碑文には七七八年、ジャワ島マタラン王国よりパンチャパナという名の僧が送られ、仏教が広められたと記されている。またブランジョン村の碑文には八世紀、多くのバリ人が仏教に帰依していたことが記されている。スガワナ村の碑文からは九世紀ブッダが、「ジナ、シャキャムニ、ソガタ」などと称されていたことがわかる。

十世紀になると古代ジャワ語やサンスクリットのテキストがバリ語に翻訳され、バリ独自のものへとなっていく。十世紀の後半には東ジャワのダルマナガサ王に支配され、この王の娘がバリの王子と結婚したことで、バリとジャワは十三世紀ごろまで良好な関係を保った。

十四世紀はマジャパイト王国がジャワを支配する。マジャパイト王国のバラモンであるシュリ・クリシュナ・カパキサンが、バリの王としてバリ島の統治を命じられた。十五世紀に入りマジャパイト王国にイスラム教が勢力を広げると、バリ島はバリの文化を守るべく、ジャワ島との交流を絶った。

十五世紀後半、イスラム化が進むにつれ、ヒンドゥー教と仏教の多くの知識人や僧侶がバリ島に逃れてきた。その際にヒンドゥー教、仏教を含め、バリ島におけるジャワ文化の影響がさらに強まった。現在、バリ島では各村に、ヴィシュヌ神を祀っているプラ・プセ、シヴァ神を祀るプラ・ダラム、ブラフマ神を祀るプラ・デーサという三つの寺院がある。年に数回、これらの寺院で村人が集まって儀礼や祭が執り行われる。この三つの寺院のシステムも、当時バリに逃れたジャワの有名な僧が確立したものである。

　現代のバリのヒンドゥー教は、アガマ・ヒンドゥ・ダルマと呼ばれている。インドのヒンドゥー教にバリの自然崇拝や祖先崇拝、ジャワから伝えられた仏教とヒンドゥー教など、さまざまな要素が加味されて構成されたものである。

　バリ・ヒンドゥーにも、インドのヒンドゥー教と同様のヴァルナ（カースト）制度が機能している。バラモン、クシャトリア、ヴァイシャ、シュードラの四種姓はそれぞれ、ブラーフマナ、サトリア、ウィシュア、スードラとバリ語で呼ばれている。しかし、インドのように不可触民として位置づけられている人々は存在しない。また、インドのカースト制度と大きく異なるのは、カーストによって職業が定められていないことである。国民のほとんどがシュードラのカーストに属するが、バラモン、クシャトリアの階級の人々を「内なる人間」を意味する「ジェロ」と呼び、ヴァイシャ、シュードラに属する人々を「外の人間」を意味する「ジャバ」と呼んでいる。バラモン階級の人々の名前には、男性にイダ・バグス、女性にイダ・アユという名称が入れられる。クシャトリア階級では男性にデワ・アグン、アナック・アグン、女性にグスティ・アユなどがつけられる。シュードラの階級には男性にイ、女性にはニという名称がつけられる。ヴァイシャに属する人々はほとんどおらず、シュードラとの区別もあいまいである。

　男性主権のバリでは、結婚することによって女性は男性のカーストに属する。女性のほうが低いカーストに属している場合、異なったカースト間の結婚は、とくに問題はない。逆に、男性のほうが低い位のカーストに属している場合が問題となる。近年ではさまざまな儀礼を経て結婚が認められるようになったが、以前は大罪であり命に関わるほど重大なことであった。バリにある碑文から七世紀ごろにはすでにカーストがあったことが推測されるが、現在の形に定まったのは十六世紀ごろと思われる。

## 四　プダンダ・ブッダ

さまざまな儀礼を執り行う最高司祭に、「プダンダ・シヴァ」と「プダンダ・ブッダ」と呼ばれる人々がいる。この二つはバラモン階級に属する僧で、プダンダ・シヴァはヒンドゥー教の僧、プダンダ・ブッダは仏教僧であり、バリの人々にとって最も重要であり敬われる存在である。バリでは一般的にヒンドゥー教と仏教とが区別されておらず、仏教もヒンドゥー教の一部分とみなされている。すなわち、ヒンドゥー教の中に仏教が吸収された形となっている。プダンダ以外にも、クシャトリア階級に属する人々もサンスクリットや経典を学び、聖職者となることができるが、その場合、リシ・プジャンガ、バガヴァン、もしくはシュリ・エンプと称される。日常の儀礼の多くはこの僧侶が行う。村人から選出されたプマンクと称される僧は、バラモン階級もしくはクシャトリア階級にある必要はなく、寺院を管理する役割を持っている。しかし、通過儀礼やさまざまな重要な儀礼には、プマンクではなく、プダンダが必要とされる。また、バラモン階級やクシャトリア階級に属する人々、すなわち高いカーストにある人々は、リシ・プジャンガやプマンクによる儀礼はほとんど行わず、プダンダに依頼する。

バリではほとんどの儀礼において、水が重要な役割を果たす。僧のマントラよって水が清められ、聖水として信者に振りかけられる。プマンクもサンスクリットを基本とするマントラを唱えることによって聖水を作り出すこと

図1　イダ・プダンダ・ブッダ・カテュト・テラガ

ができるが、ほとんどの場合プダンダのようにサンスクリットを習得しているわけではない。人々は儀礼において聖水を与えられることが重要であり、プダンダ・シヴァ、プダンダ・ブッダのどちらに儀礼を執り行ってもらってもかまわない。しかし、盛大に執り行われる儀礼や重大な儀礼には、プダンダ・ブッダとプダンダ・シヴァの両者が必要とされる。

　プダンダ・ブッダになるためにはまず、サンスクリットとヴェーダを習得する必要がある。プダンダ・ブッダとして資格を得るためには、儀礼やテキストなど、さまざまなものを習得する必要があり、非常に困難であるとされる。実際に、若いころから学習を始めプダンダ・ブッダとして認められるようになるのは、五十五歳を超えている場合がほとんどである。プダンダ・ブッダとなると、その聖性を保つために、多くのルールのもとに生活をすることになる。たとえば、肉は食さず、一般の人と食事を共にとることはない。家の仕事は一切してはいけない。服を着る、体を洗う、歯を磨くなど、日常の生活の上でも儀礼を必要とする。プダンダ・シヴァは髪を伸ばし、一つに束ねているが、一方、プダンダ・ブッダは髪を伸ばさず、花を両耳に飾っている。

　プダンダ・ブッダは、男性に限らず女性も修行によってなることができる。女性の場合は、プダンダ・イシュトリーと称される。イシュトリーとはインドネシア語で妻や女性を意味する。プダンダ・イシュトリーは、プダンダ・ブッダよりさらに多くの制約のなかで生活している。プダンダ・ブッダ、もしくはプダンダ・シヴァはどの階

図２　ブッダカリン村のシンボル、ムクタ・マンディタ・バジュラ

級に属する女性と結婚してもかまわないが、プダンダ・イシュトリーに関しては、プダンダと結婚しなければならない。

現在、バリ島にはプダンダ・シヴァと称される人々は数百人いるのに対し、プダンダ・ブッダは二〇一〇年現在、十八人のみである。そのうち十人が、カランガスム地方にあるブッダカリン村に暮らしている（図1）。ここは山岳地帯で、貧しい村ではあるが、古くから仏教およびヒンドゥー教の学習の中心となっており、インドのサンスクリットが基盤となっている、古代ジャワ語で書かれたテキストなどが集められている。

十五世紀、アシュタパカという仏教僧が、イスラム勢力の拡大に伴い、東ジャワのカリン村よりバリ島に移り住んだ。バリ島の中で仏教寺院の建立に適した地を探し求め、現在のブッダカリン村にたどり着き、ブッダカリンと命名した。これがブッダカリン村の由来である。現在のブッダカリン村の村長によると、アシュタパカがこの地を選んだのは、この地に見えない力（タスク）が存

図３　ブッダカリン村のあるカランガスム地方のシンボル。基壇のマンダラ、その上の仏塔、さらにその上の金剛、この３つからなっている。

在したからであると信じられているという。さらにこの村は、サレン、コマラ、トーパティ、アバビという四つの地区に分けられている。この村の総面積は二一万五〇〇〇平方メートルで、そのうち約一万九〇〇〇平方メートルは農地という農村で、村人のほとんどが田畑で生計を立てている。人口約三千八百人という小さな村である。仏教もヒンドゥー教の一部のようにとらえられているバリでは、ブッダカリンの人々もヒンドゥー教徒ということになるが、ブッダカリン村では、他の地域に見られない仏教の名残りのようなものが見られる。

村のシンボルは金剛がモチーフとなっており、村の入口にはこのシンボルが掲げられている（図2）。これは、ムクタ・マンディタ・バジュラ（解脱し、飾られた金剛）と称される。ブッダカリン村があるカランガスム地方のシンボルは、「マンダラ」と呼ばれる台の上に金剛が立った形で表される（図3）。ただし、この「マンダラ」には仏などの絵図はない。この金剛から五仏が生まれたと、いくつかのバリ仏教テキストに説明されている。村に入ると人々は自らが属するカーストにかかわらず、丁寧な高カーストに属する人々が使用するバリ語を使用している。

これは、他の地域ではあまりみられないことである。経済的には貧しい村で教育水準も高いわけではないが、この村に暮らす人々は経典について学んでおり、仏教経典に関する知識を持っている。

ブッダカリン以外の村では、ほとんどの儀礼がプダンダ・シヴァによって行われるが、ここではすべての儀礼がプダンダ・ブッダによって執り行われる。サラスヴァティー・プージャー（弁財天供養）やニュピ（新年の祭）といったヒンドゥー教儀礼もあるが、これらもプダンダ・ブッダが執り行う。プダンダ・シヴァは儀礼で鈴、聖水の入れられた蓮華の形の器を使用するが、プダンダ・ブッダは儀礼において、金剛、金剛鈴、印相、米や宝石、香などが入った容器などを用いて、古代ジャワ語で書かれた仏教経典を使用する。また、各家庭で毎日ファミリーテンプルに唱えられる真言も、他の地域とは異なり、仏教に由来するものである。

図４　ブッダカリン村にあるチャンディ・クルン寺院の門。仏塔や金剛のモチーフがみられる

この村には五十四の寺院があるが、すべての寺院にはブッダカリン村をつくり、この地に仏教を根づかせたアシュタパカの祠が祀られている。寺院に仏教の重要なシンボルである仏塔や金剛が見られるのも、ブッダカリン村のみである（図4）。また、ほかの地域のプラ・プセ寺

院にはリンガ（シヴァ神のシンボル、男根）が祀られているが、ブッダカリンにはリンガは一つも祀られておらず、その代わりに仏法僧のシンボルが祀られている（図5）。さらに、ほとんどのバリ人がベサキ寺院に巡礼するのに対し、ブッダカリン村の人々は、ジャワ島にある仏教遺跡、ボロブドゥールに参拝する。こうしたほかの村とは異なった習慣を持つブッダカリン村の人々は、他の村の人々に比べ、アイデンティティーが強く、村人同士の連帯感も強いと言われている。

図5　ブッダカリン村の寺院にみられる三宝（仏法僧）のシンボル

## おわりに

インドよりインドネシアに伝えられた大乗仏教は、八世紀から十五世紀にかけてジャワ島に根づいていた。さまざまな仏教テキストがサンスクリットから古代ジャワ語へと翻訳され、仏像や建築物など、さまざまな芸術品が生み出され、ジャワ島における仏教文化は繁栄を極めた。しかし、イスラム勢力が拡大するにつれ、仏教は衰退し、ついにはジャワ島から消滅するに至った。その際、僧、知識人が多くの仏教テキストとともに、活動の場を求めバリ島へと渡った。古代ジャワ語やサンスクリットで書かれた仏教テキストはバリ語にも翻訳され、祖先崇拝などの土着的要素を取り込み、バリ特有の信仰形態へと変容させた。そして、それらは後にヒンドゥー教に吸収され、バリ島から姿を消したかのように見えた。しかし、ブッダカリン村を中心にプダンダ・ブッダという仏教僧によって、仏教は受け継がれていた。プダンダ・ブッダはサンスクリット、古代ジャワ語、バリ語で書かれた仏教テキストを用いて、儀礼を行っている。現在では、インドネシアには十八人のプダンダ・ブッダを残すのみとなり、まさにバリ島における仏教は消滅の危機に瀕している。そうしたことからも、バリ島における仏教研究は重要な意義を持っている。

## 参考文献

1、Covarrubias, Miguel, *Island of Bali*, New York, Alfred Knopf, 1937.
2、Lansing, Stephen J., *The Three Worlds of Bali*, New York, Praeger Publishers, 1983.
3、Soedjatmoko, Mohammad Ali, Resink, G. J., Kahin, G. McT.（eds）, *An Introduction to Indonesian Historiography*, New York, Cornell University Press, 1965.
4、Stutterheim, Willem F., *Indian Influences in Old-Balinese Art*, London, The India Society, 1935.
5、Tarling, Nicholas（ed）, *The Cambridge History of South Asia Volume I*, Cambridge, Cambridge University Press, 1992.

# 中国仏教と『盂蘭盆経』

大野榮人
武藤明範

## はじめに

平畑静塔《せいとう》の俳句に、「荒浪の能登へひたすら盆の汽車」という一句がある。一年に一度、先祖の霊が「あの世」から「この世」に帰ってくるとされる「お盆」は、夏休みと重なることから、右の一句のように交通事情が混雑するにもかかわらず、都会で働く人たちは故郷に帰って家族や友人らとの再会を楽しむ。

本論では、現在の日本のお盆の様子を紹介したうえで、中国や日本などの漢字文化圏で行われている、お盆を形づくるのに大きな要因になった『盂蘭盆経《うらぼんきょう》』が、中国で成立した歴史的要因や、『盂蘭盆経』成立の意義について究明することにしたい。

## 一　現在の日本のお盆の様子

お盆は、盂蘭盆会《うらぼんえ》などとも言うが、もともと日本では、旧暦の七月十三日から十五日、または十六日までの間に行われてきた。新暦が採用された明治六年（一八七三）以降は、東京などでは七月に行うようになったが、全国的には八月に行う地域が多い。お盆は国民の祝日には指定されていないが、多くの企業では八月に休暇を設けている。各家庭ではお盆の間、先祖の霊を供養するためにさまざまな儀式を行う。地域によって異なるが、一般的に行われている儀式を紹介すれば次の通りである。

十三日の夕方には、「精霊迎え《しょうりょう》」といって先祖の霊が迷うことなく帰れるよう、家族がそろって自宅の前などで麦わらなどを燃やしたり、あるいは地域の住民が広場などに集まって麦わらなどを燃やす「迎え火」を行う。そして、萩などで編んだゴザを敷いた「盆棚」などともいう棚に、仏壇や御霊舎《みたまや》から取り出した位牌や御霊代《みたましろ》を安置する。盆棚には、ナスやキュウリで模した牛馬や花などを供える。盆棚にゴザを敷くのは、先祖の霊に涼しい環境で過ごしてもらうための配慮であり、牛馬を供えるのは、先祖の霊の乗り物に見立てているからである。お盆中は、先祖の霊が盆棚に鎮座しているかのようにご飯などを供え、僧侶に読経してもらう「棚経《たなぎょう》」が行われる。十五日または十六日には家族で「墓参り」を行い、夕方には家族がそろって自宅の前で麦わらなどを燃やす「送り火」を行い、地域によっては「精霊流し」の一種として、川などに灯籠を流す「灯籠流し」を行って先祖の霊を送る。また お盆の前後には、寺院では「施食会《せじきえ》」などともいう法要を行い、各地域では音楽などに合わせて踊る「盆踊り」が行われる。今日では、盆踊りは精霊流しとともに、観光行事の色彩が濃いが、もともと、これらは先祖の霊を供養

図1　日本の「盆棚」の様子：長野県

するために行われた。

都会ではこうした儀式をすべて行うことは少なくなっているが、お盆になると多くの人が墓参りをしており、宗教離れが叫ばれる昨今の風潮の中で国民的な行事として受け継がれている。日本では昔からこの時期に先祖の霊を祀るという信仰があり、それに本論で取り上げる『盂蘭盆経』という中国から伝わった思想や、農作物の収穫に感謝する風習などが融合して、今日のお盆という行事になったと考えられている。

## 二　儒教と仏教

インドと中国との文化交流は、紀元前二世紀末にシルクロードが開かれ、インドで起こった仏教を媒介として盛んに行われるようになった。以来、インドや西域諸国の僧が中国に、中国の僧がインドへ旅をし、仏教経典が中国にもたらされた。

中国への仏教伝来については、諸説がある。たとえば

『後漢書』には、明帝《めいてい》（在位五七―七五）が、夢に身体から光を放つ人を見て、使者を中央アジアに遣わし、迦葉摩《かしょうま》騰《とう》と竺法蘭《じくほうらん》が、永平十年（六八）に洛陽（河南省洛陽県）に渡来したとある。一般的には、これをもって仏教の公伝とされる。しかし、実際の年時は永平十年以前に遡るものと考えられている。

仏教が伝来した中国には、すでに高度の文化が存在していた。インドの文化とは全く異質ではあったが、孔子（紀元前五五一―四七九）を祖とする儒教や、老子（生没年未詳）を祖とする道教などの思想家を輩出していた。中でも儒教は、前漢（紀元前二〇二―紀元八）と後漢（二五―二二〇）を通じて、国教として認定されたことによって、中国の正統思想になった。仏教は、否応なしに正統思想である儒教に対して、いかに対応していくのか、その態度を明確にする必要に迫られた。

儒教社会の中国では、「孝」と「仁」と「礼」の倫理が最も重視された。孝は子供が両親を敬う心をいい、仁は他者に対するいたわりの心をいい、礼は人として従うべき行動様式をいう。この儒教倫理の中心は家族であり、中でも、子供は親に孝を尽くすことが大切な務めであるとされた。孔子が曾子《そうし》と孝について問答をした形式で編纂された『孝経』の開宗明義章《かいそうめいぎ》第一には、孝の第一条件を次のように説く。

身体髪膚《はっぷ》は、これを父母に受く。あえて毀傷《きしょう》せざるは孝の始めなり。

父母から授かった身体をむやみに損傷することなく、大切に守ることが孝の出発点であると言う。しかし、仏教では、出家者になるときは必ず髪を剃るという規定があり、『十誦律』には、「仏言わく。髪を留めて捲かしむべからず。もし留むれば突吉羅《ときら》なり。（中略）仏言わく。髪を留めて長からしむべからず。もし留めれば突吉羅なり。もし阿錬児《あれんに》比丘、長さ二寸に至るは無罪なり」とあって、髪を束ねることや二寸以上伸ばすことは禁止されていた。このようにインドで行われていた出家者の剃髪《ていはつ》は、両親から授かった身体を損傷しないという、儒教の孝の倫理に背く教えであった。

『孝経』は先の文章に続いて、儒教が理想とする一生の姿を説く。

身を立て道を行い、名を後世に揚げ、もって父母を顕わすは、孝の終わりなり。それ孝は親に事《つか》うるに始まり、君に事うるに中《ちゅう》し、身を立つるに終わる。大雅《たいが》にいう。なんじの祖を念《おも》うことなからんや。その徳をのべ修む、と。

子供の頃は親に仕え、中年になると親に仕える気持ちで君主に仕え、年を重ねても孝行を続け、親や祖先に栄誉を贈ることが大切であると言う。

『孝経』の紀孝行章第十には、孔子は孝行を実践するには、次の五つの条件がそろわなければならないと言う。

子曰く、孝子《こうし》の親に事《つか》うるや、居《お》ればすなわちその敬《つつし》みを致し、養えばすなわちその楽しきを致し、病めばすなわちその憂いを致し、喪《そう》にはすなわちその哀しみを致し、祭《さい》にはすなわちその厳《おご》そかなるを致す。五者備わりて、然る後よく親に事う、と。

五つの条件として、第一に親には敬意を尽くす。第二に日常生活では常に喜ばせる。第三に病気のときは心配する。第四に亡くなったときは哀しむ。第五に亡き後の弔いを祀るときは厳粛に行う。このように儒教社会では、親子の上下関係を基本とした家族制度が中心になっている。

また、儒教の礼儀を集めた『礼記《らいき》』の中庸篇には、孝の実践で大切なことは、祖先の意志を継ぎ、祖先の霊を敬うことであると言う。

それ孝とは、よく人の志を継ぎ、よく人のことを述ぶる者なり。春秋にその祖廟《そびょう》を修め、その宗器《そうき》を陳《つら》ね、その裳衣《しょうい》を設け、その時食《じしょく》を薦《すす》む。宗廟《そうびょう》の礼は、昭穆《しょうぼく》を序する所以《ゆえん》なり。(中略)その位を賤《ふ》み、その礼を行い、その楽《がく》を奏《そう》し、その尊ぶ所《ところ》を敬し、その親しむ所を愛し、死に事《つか》うること生に事うるがごとく、亡《ぼう》に事うること存《そん》に事うるがごときは、孝の至《いたり》なり。

真の孝の実践は、祖先の意志を継ぎ、祖先の霊を祀る宗廟を守り、今生きているように誠意をもって接することであると言う。

しかし仏教では、教団に入って釈尊の教えを修行実践するには、出家が必修条件であった。出家とは、親子や親族との絆を断ち、家や財産や祖先の祀りを放棄して、修行生活に入ることである。したがって仏教の出家は、儒教の根幹である家系の継続ができるかどうかの鍵を握る家族制度を覆すものであり、祖先の霊を祀る宗廟の放棄を勧める教えであった。

実際、この当時に編纂された高僧の行実を筆録した『梁高僧伝』や、儒・仏・道の三教の異同を論じた『理惑論』を紐解くと、剃髪や出家という行為に対して、中国では大きな抵抗感を抱いていたことがわかる。たとえば、『梁高僧伝』には、苕華《ちょうか》という女性と婚約していた僧度（生没年未詳）は、身内との死別を経験すると、世の無常を感じて突然出家した。残された苕華は、『孝経』を引用して出家を留まるよう次のような手紙を送ったが、僧度は意志の固さを述べている。

すなわち（僧）度に書を与えていわく。「髪膚《はっぷ》は毀傷《きしょう》すべからず。宗祀《そうし》は頓に廃すべからず。それをして世教を顧りみて遠志を改め、翹爍《ぎょうしゃく》の姿を盛明の世に曜《かがや》かし、遠くは祖考の霊を休め、近くは人神《じんしん》の願を慰めしめん」と。（中略）（僧）度、書に答えていわく。「それ君に事《つか》えてもって一国を治むるは、未だ道を弘めて万邦を済《すく》うにしかず。親を安んじてもって一家をなすは、未だ道を弘めてもって三界を済うにしかず。髪膚毀らざるは、俗中の近言のみ」と。

（『大正蔵』五〇・三五一a）

苕華は手紙の中で、剃髪は身体を傷つけ、出家は祖先の祭祀を放棄することであり、この二つは孝の倫理に背く行為であると力説する。それに対して僧度は、儒教の理想の人生像である、中年のときに君主に仕えることや一家を構えることは、仏教を広めることには遠く及ばず、身体の損傷を戒めるのは世間のつまらない教えであると反論する。

また『理惑論』には、剃髪は『孝経』の教えに背く行為であるという批判に対して、仏教側からは、川に落ちた父親を救った子の話で反論する。

昔、斉《せい》の人船に乗り江《こう》を渡る。その父水に堕つ。その子臂《ひじ》を攘《はら》い、頭を捽《つか》み顚倒《てんとう》し、水をして口より出でしむ。しこうして父、命蘇《よみがえ》ることを得たり。それ頭を捽み顚倒するは、不孝大なるは莫《な》し。しかももって父の身を全うす。もし手をこまねきて孝子の常を修すれば、父命は水に絶たん。孔子いわく「ともに道を適《ゆ》くべきも未だともに権《はか》るべからず」と。いうところ時宜《じぎ》の施なるものなし。（『大正蔵』五二・二c）

子供が父親の頭を摑んで身体を逆さにして、水を吐かせたことは最大の不孝である。しかし、そうしなければ助けられなかった。そもそも儒教で説く孝の倫理は、日常的に安定した状況を前提とする秩序維持の規範に過ぎず、命を救うというような緊急事態には、必ずしも通用しないのではないかと論破する。右の仏教側から儒教に対する反論が、どこまで当時の人々を納得させたかは不明である。なぜなら、そこには仏教側からの恣意的と思われる解釈が入っているからである。しかし、こうした考え方を通して、仏教が中国の伝統思想へ少しずつではあるが、浸透していく道が開いていったと思われる。

そもそも中国における仏教経典の翻訳は、二世紀に安世高《あんせいこう》が『安般守意経《あんぱんしゅいきょう》』を翻訳したことに始まる。以来、外来僧を中心に翻訳が行われた。

先述したように仏教は、中国の正統思想である儒教に対して、いかに対応していくのかが問われていた。翻訳者は、経典を翻訳するときには、儒教が支配する中国思想の風土に考慮を払いつつ、訳語や訳文に工夫をこらした。具体的には、釈道安《しゃくどうあん》（三一二―三八五）が定めた、翻訳時に必要とあらば原本を失くしても許される五箇条と、原本を固守しなければならない三箇条から成る「五失本《ごしつほん》・三不易《さんふえき》」のように、中国の人が経典を抵抗なく読めるように、原本にはなくても訳文を理解しやすくするために、音写語の直後には「秦言……」などと注釈的な文言を補い、また原本には仏や菩薩を賛嘆する場面では反復表現が多く煩雑であったが、翻訳時には反復表現を削除することなどが行われた。このような細心の配慮は、経典が翻訳された頃からすでに行われてきた。

## 三　疑経の作成

しかし、経典の訳文の修正や加筆などには限界があった。さらに徹底するためには、新しく経典を作成する以外方法がなかった。中国では、それぞれの状況に応じて、それに相応しい内容の経典が創作されていった。それが「疑経《ぎきょう》」である。インドや西域伝来の翻訳経典である「真経《しんきょう》」に対して、疑経は、釈尊の説法に仮託《かたく》した中国撰述経典をいう。

仏教の長い歴史からみれば、経典の編輯《へんしゅう》作業は中国に限って行われたことではない。すでに、仏教発祥の地であるインドでは『法華経』などを作成しており、インドにおける大乗仏教の歴史は、ある一面においては経典作成の歴史でもあった。インドと中国における経典の編輯作業を客観的にみれば、歴史的人物である釈尊の「金口《こんく》」を借りて、後人が経典を作成したという意味においては、インドの大乗経典作成と中国の疑経作成には共通点がある。

大きな違いは、中国で成立した疑経にはインド文化にはあり得ない、中国の文化的要素が含まれている点である。

中国仏教界で疑経を最初に問題視したのは、釈道安や僧祐《そうゆう》（四四五―五一八）など、経録の編者であった。もともと経録は、翻訳経典の目録にほかならないから、翻訳経典であるか否かについて強い関心をもつのは当然のことであった。彼らにとって疑経は、翻訳経典を混乱させる存在であり、釈尊の教えに背く異端の教えにほかならなかった。『出三蔵記集』所収の「新集安公疑経録」には、道安が二十六部三十巻を疑経としていることを伝え、僧祐の「新集疑経偽撰雑録」には、道安の分を加えた四十六部五十六巻を指摘している。さらに唐の開元十八年（七三〇）成立の『開元釈教録』では、「疑惑再祥録」と「偽妄乱真録」とを合わせた疑経として、四〇六部一〇七四巻をあげている。

これら経録に記す数は、経録の編者の目や政治的権威によって疑経と判定されたものも含んでおり、必ずしも客観的に正しいとはいえない。なぜなら、その中に翻訳経典が入っている可能性もあり、また逆に、経録の記載にもれた疑経が存在した可能性もあるからである。しかしながら、その点を考慮に入れても、中国では時代を経るごとに疑経が増加したことを示す一つの目安であり、当時、いかに大量の疑経が流布していたかが推測できる。

また注目すべきは、先の「新集疑経偽撰雑録」には、

『灌頂経』一巻。右一部、（劉）宋の孝武帝の大明《だいめい》元年、秣陵の鹿野寺《ろくやじ》の比丘慧簡《えけん》、経によって抄撰《しょうせん》す。
『提謂波利経《だいいはりきょう》』二巻。右一部、（劉）宋の孝武（帝）の時、北国の比丘曇靖《どんせい》撰す。（『大正蔵』五五・三九a）

などと、疑経作成の時期や作成者の名前を明記していることである。最近の研究（吉川忠夫、二〇一〇）によれば、すべての疑経ではないが、疑経が作成された時期は、経典の翻訳が一段落を告げた、孝武帝（在位四五三―四六四）と明帝（在位四六五―四七二）の時期とほぼ重なり、この頃の仏教界には大きな変化が見られた時期である。具体

的には、経文に曲調をつけて諷誦する「梵唄《ぼんばい》」という形式が確立し、また一定の日時や場所において僧侶を招いて読経を行い、僧侶や人々に食事を施す「斎会《さいえ》」と呼ばれる儀礼が盛んに行われ、さらには従来の翻訳経典の内容や名句を抽出した「抄経《しょうきょう》」が作成されるなど、中国の人々が、仏教を自らの手で主体的に摂取すべきものを摂取しようとする態度が現れた時期でもある。

経録の記述から大量の疑経が作成されたことは事実であるが、現存する疑経は多くはなく、代表的なものとして、『大雲経』『像法決疑大経』『盂蘭盆経』『父母《ぶ》《も》恩重経』『清浄法行経』『提謂波利経』『仁王《にんのう》般若経』などがある。これらの疑経が何を説いているか、その様相を大別すれば（沖本克己、二〇一〇）、①世俗権力に関わるもの、②儒・道の二教との関連を述べたもの、③中国固有の思想や俗信を混入して仏教的エピソードで彩ったもの、④インド思想を脱した中国独自の思想的展開を示すものの四種類である。

①の範疇には、世俗権力への迎合と批判の二種がある。前者として、則天武后（六二四―七〇五）の武周革命を正当化するために「天女授記《てんにょじゅき》」説を虚構した『大雲経』があり、後者として、現実の荒廃した一般社会と腐敗した仏教界とを批判しつつ、仏教者の正しい在り方を提言した『像法決疑大経』がある。

②の範疇には、儒教と道教に関する二種がある。前者として、儒教社会が重視する「孝」の精神や、子供は両親から与えられた無償の愛の「恩」に報いるために、盂蘭盆会を行うことを説く『盂蘭盆経』や『父母恩重経』がある。後者としては、老子が釈尊を教化したなどという「老子化胡説《けこせつ》」に対抗するために作成された『清浄法行経』である。

③の範疇には、『提謂波利経』がある。これは②と関連するところが多く、両者は疑経の中で最も多く作成された。『唐高僧伝』などによれば、北魏の破仏（四四四―四四六）によって経典が大量に焼却され、教化するための拠

り所がなくなったので、曇靖が『提謂波利経』を作成したという。『提謂波利経』は、五戒や十善という仏教徒が守る実践倫理を、中国において人間が踏み行うべき徳目とされる仁・義・礼・智・信の「五常」や、木・火・土・金・水の「五行」などと一体であると主張する。また正月・五月・九月の「三長斎月《さんちょうさいがつ》」と、毎月の八日・十四日などの「六斎日《ろくさいにち》」と、立春・春分などの「八王日《はちおうにち》」には、仏教徒は集まって五戒を守り、信者としての自覚をもつことを説く。

④の範疇として、般若思想を簡潔にまとめたうえで、『仁王般若経』の受持や読誦などによって国王や人々などが守護されることを説く、『仁王般若経』がある。

仏教経典に共通する形式として、経初には「如是我聞、一時仏在……」とあり、経末には「聞仏所説、歓喜信受、作礼而去」などという、「如是我聞……信受奉行」や「聞如是……歓喜奉行」がある。これは、仏滅後に弟子たちが、結集《けつじゅう》の席で記憶の中から口誦によって集めた教えが、「このように私（阿難）は聞きました。ある時仏は……に在《ま》しまして（如是我聞、一時仏在……）」という言葉から始まったことに由来するが、「如是我聞……信受奉行」の真の意味は、釈尊の教えを弟子が実践することの表明であると考えられる。疑経の多くも、「如是我聞……信受奉行」などの形式を踏襲して、翻訳経典とほとんど区別がつかないように整備された。もっとも経録の編者たちは、いかに流行していた疑経といえども正規の経典とは見ず、一部の例外を除けば、『大蔵経』に収められることはなかった。

しかし、敦煌（甘粛省敦煌県）から出土した文献群には、『提謂波利経』などの疑経を含んでいることから、人々の間では、疑経は翻訳経典と区別することなく、書写や読誦が行われていたと考えられている。

## 四　『盂蘭盆経』の成立とその影響

約八百文字から成る『盂蘭盆経』は、「聞如是、一時仏在」で始まり「聞仏所説、歓喜奉行」の形式で終わる疑経であり、『大蔵経』に収められている。疑経とされる根拠はいくつかあるが、主な理由として、本経には漢訳が存在するだけで、儒教社会で重んじられた祖先崇拝や孝の実践を説くことにある。経の主題は、仏弟子のうちで神通《じんづう》第一といわれた目連《もくれん》が、餓鬼道に堕ちた自分の母親を、釈尊から示された方法によって救出することにある。内容を大別すると、前段と後段に区分できる。

前段は、釈尊が祇園精舎《ぎおんしょうじゃ》滞在時の出来事として始まる。目連は、父母を仏の教えに導いて、育ててくれた恩に報いたいと思った。目連が世の中を見渡すと、痩せ衰えた母親が餓鬼道で苦しんでいた。悲しんだ目連は、鉢にご飯を盛って母親に渡したが、口に入らないうちに炎へと変わり、食べることができなかった。釈尊のもとに帰った目連は、見た様子を告げた。事情を知った釈尊は、母親は罪根が深いから、目連一人の力では救うことができない。世の中の僧侶たちの優れた力である、「十方の衆僧《しゅうそう》の威神力《いじんりき》」によってこそ救出できると述べた。そして具体的な方法を次のように示した。僧侶が、三か月間の修行を終える僧自恣《そうじし》の日である七月十五日に、過去七世の父母や現在の父母の中で災難を受けている者のために、目連は香油や灯明などを準備し、食べ物などをお盆に盛って、衆僧に供養すべきである、と説かれた。目連は、教えられた方法で実践したところ、その功徳によって母親を餓鬼道から救うことができた。

後段は、衆僧の威神力によって母親が三宝の功徳を得た。そこで目連が、釈尊に質問をするところから始まる。

未来の仏弟子のうちで、親孝行である「孝順《こうじゅん》」を行おうとする者は、盂蘭盆会を実施して、過去七世の父母や現在の父母を救済すべきであるか、否かと。これに対して釈尊は、孝順を試みる者は、過去七世の父母や現在の父母のために、三か月間の修行の最終日である七月十五日の僧自恣の日に食べ物などをお盆に盛り、衆僧に供養すべきである、と説いた。また供養するときは、現在の父母に対しては災いがないようにと願い、過去七世の父母に対しては天人に生まれるようにと願うべきであると説いた。また釈尊は、孝順を試みる者は、七月十五日に盂蘭盆会の実施によって、父母が育ててくれた恩に報いることができると説いた。仏弟子たちは、釈尊の教えを聞いて実践したことで経は終わる。

このように前段では、七月十五日の僧自恣の日に、衆僧に供養する方法を明かした「目連救母《くも》の故事」である。後段は、儒教で重視する「孝順」を中核にして、子供は盂蘭盆会の実施によって、過去七世や現在の父母の救済を行い、彼らの幸せを祈ることによって、育ててくれた恩に報いることができるという。このうち、注目すべきこととして三点ある。第一は『盂蘭盆経』が孝順の勧めを主張すること、第二は盂蘭盆会を行う日として七月十五日の僧自恣の日に限定していること、第三は盂蘭盆会の基となった経名の「盂蘭盆」の由来である。

先述したように儒教社会では、親子関係を基本とした家族制度が中心になっており、子供は孝行を実践し、家系を存続させて祖先の霊を祀ることが重要であるとされた。しかし、仏教では釈尊の教えを専門的に修行実践するには、出家が必修であった。これは、儒教の根幹である家族制度や祖先の祀りの放棄を勧める教えであった。つまり中国では、家の伝統の継承は、儒教が重視する「祖先崇拝」を通して行われていた。これに対して、インドでは家の伝統や家族の絆はある程度重んじられてきたが、中国のように祖先崇拝を主要な媒介として、それぞれの家の伝統を保つことが行われなかったという、文化的に大きな違いがあった。したがって『盂蘭盆経』は、仏教が全く異質な文化圏である中国に広く浸透することと、儒教の孝の思想と先祖崇拝を密接に結びつけて、盂蘭盆会の実施によって、過去七世や現在の父母の救済ができると説くに至ったのである。

経中には盂蘭盆会を行う日として、僧自恣の日に限定した理由を述べていない。しかしこの日は、仏教にとって重要な日であり、盂蘭盆会が年中行事の一つとして定着するには、中国の民間信仰である道教の「三元」思想と融合したことが大きい。

インドでは四月十六日から七月十五日までは雨期のため、遊行が不便になる。無理に遊行すると草木の若芽や虫類などを傷つける恐れがあるので、出家者は僧院などに滞在し集団で修行した。この制度は中国や日本でも踏襲された。この期間を安居《あんご》とも言うが、その最終日である七月十五日は、出家者が集って安居中に犯した罪を告白し、懺悔《さんげ》して許しを請う、僧自恣の日と言った。また具足戒を受けた出家者がこの日を迎えると、受戒してからの年齢である法臘《ほうろう》が一つ加えられた。教団では法臘の多少によって長幼の順序が定められた。つまり七月十五日は、出家者にとって新年の意味があったのである。

古来より道教では、天・地・水の三つを重視したが、これらは時代が経つと、天帝からあらゆるものを監視することを任された神であると考えられ、天官・地官・水官の「三官」とも、上元・中元・下元《かげん》の「三元」などとも言った。三官にはそれぞれ役割があり、天官は天界を統括して人間に福を授け、地官は地界を統括して人間の罪を赦《ゆる》し、水官は水界を統括して人間の厄を祓《はら》うとされた。そもそも道教において人間の行為と三官との関連が始まるのは、二世紀の天師道である。その文献には「三官手書《しゅしょ》」という語がある。天師道は病気治しを教団の基本としており、人が病気になるのは当人が犯した罪悪に対して、神が懲罰を下すからだと信じていた。治病するときは服罪と自戒を神に示す行為がなされ、病人は部屋に閉じこもり、自分の過失を反省するとともに、三官に対して姓名と

図２　中国の盂蘭盆会の様子：陝西省法門寺（撮影：法開寺仏教学院　法聞法師）

図３　中国の盂蘭盆会の様子：陝西省法門寺（撮影：法開寺仏教学院　法聞法師）

罪を悔いる意志を三通の文書に著した。これが三官手書である。一通は天官に奉るために山上に置き、一通は地官に奉るために地に埋め、一通は水官に奉るために水に沈めた。北魏時代（三八六―五三四）になると三官は、上元節・中元節・下元節の三元節に配当され、一月十五日は天官の、七月十五日は地官の、十月十五日は水官の誕生日とされた。人々は三元節のそれぞれの日に、天官賜福《しふく》、地官赦罪《しゃざい》、水官解厄《かいやく》のために三官に罪を懺悔し、供物を捧げて現世の幸運を願う祭礼を行った。

したがって仏教が重視した僧自恣の日は、中国では地官を祀る中元節にあたり、儒教が重視する先祖崇拝や孝思想を融合した盂蘭盆会は、年中行事の一つとして次第に定着するようになったと考えられる。

「盂蘭盆」の語源については、古来より諸説がある。たとえば、盂蘭盆はサンスクリットの「ウッランバナ」の音写語であり、原義は逆さ吊りの「倒懸《とうけん》」であるとか、またイラン語で「死者の霊魂の祭祀」を意味する「ウルヴァン」の音写語であるとか、あるいは「自恣」のサンスクリット原語が変化した「ウラヴァーナ」の音写語であるなどである。今日の学会では結論が出ていないが、いずれにしても、疑経である本経がどの名称を用いたかは謎が深まるばかりである。

では、『盂蘭盆経』が作成されたのはいつ頃であるのか。経録などには、翻訳者として竺法護《じくほうご》（二三九―三一六）を明記するが、これは後生の人が仮託したと考えられている。近年の研究によれば、『盂蘭盆経』の前段と同じ目連救母を説く『報恩奉盆経《ほうおんぶぼんきょう》』を下敷きにして、五世紀から六世紀頃に作成されたと考えられている。

また『盂蘭盆経』には、母が餓鬼道に堕ちた理由を述べていないが、それを明らかにする形で成立したのが、七世紀成立の『浄土盂蘭盆経』である。それによれば、過去世において母は清提《せいだい》と言い、目連は羅卜《らぼく》という親子関係にあったが、二人は対照的な性格で、清提は欲深かったが、羅卜は布施行の実践を好んだ。五百世の後にも、清提は目連の母となったが、欲深い性格は変わらなかったため、餓鬼道に堕ちたとある。『浄土盂蘭盆経』は、人々に経典をわかりやすく絵解きする説教の台本である変文に採用され、敦煌からは「大目乾連冥間救母変文《だいもっけんれんみょうかんくもへんぶん》」などが発見されている。このように『盂蘭盆経』と『浄土盂蘭盆経』は、中国で作成されて以来、多くの人々に受け入れられ、各寺院を中心に盂蘭盆会が営まれるようになった。

『日本書紀』には、斉明天皇三年（六五七）と同五年（六五九）に、盂蘭盆会を都の寺で行ったとある。したがって、日本では飛鳥時代に南都の寺院を中心に盂蘭盆会が始まったようである。『枕草子』や『今昔物語集』などには、京都の葬場《そうじょう》であった愛宕寺《おたぎでら》などに人々が集って供物を供えたとある。平安時代になると盂蘭盆会は、日本の年中行事の一つとして定着した。

## おわりに

以上、『盂蘭盆経』が中国で成立した歴史的要因を考察してきた。インドの宗教風土を背景とした仏教は、中国において儒教の孝の思想と先祖崇拝を密接に結びつけて、盂蘭盆会の実施によって、出家者においても、過去七世や現在の父母の救済ができると説くに至ったのである。盂蘭盆会の思想は日本へと伝わり、今日においてもお盆になると人々は墓参りを行うなど、日本の習俗と化している。

仏教は、インドで発生し、中国に伝来して儒教の影響により中国化された仏教となった。また、日本に伝えられた仏教も、古来の日本文化と融合して独自の日本仏教が形成されていったのである。

## 参考文献

1、沖本克己「経録と疑経」（『仏教の東伝と受容　新アジア仏教史　6　中国Ⅰ』、佼成出版社、二〇一〇年）。
2、岡部和雄「「盂蘭盆経」の現在―回顧と展望―」（『宗教学論集』第二六輯、二〇〇七年）。
3、柴崎照和『お盆と盂蘭盆経』（大東出版社、二〇〇六年）。
4、船山徹「六朝仏典の翻訳と編輯に見る中国化の問題」（『東方学報・京都』第八〇冊、二〇〇七年）。
5、吉川忠夫「隋唐仏教とは何か」（『興隆・発展する仏教　新アジア仏教史　7　中国Ⅱ』、佼成出版社、二〇一〇年）。

コラム…❹

# 六祖信仰の現在

陳　継東

中国仏教では、釈迦を中心とする諸仏信仰や菩薩信仰が盛んであるのとは対照的に、宗祖への信仰が比較的希薄である。しかし近年、禅宗の六祖慧能への信仰がその生地、広東で静かに広まりつつある。

慧能は六祖として奉られるまでは、数奇な人生を送っていた。まず、幼いうちに父を失い、母を養うために薪を売り歩いていた。字を知らないまま、『金剛般若経』を聞いてその旨を体得した。数千里も離れた黄梅山で活動していた五祖弘忍を訪ねた際に、嶺南獦獠《カツロウ》（少数民族）の出身という理由でその入門を拒まれたが、「人には生地の上に南北がいわれたとしても、仏性に南北はない」という問答で、入門を許された。衣法伝付の際には、米つき部屋で働いていたが、見性を示す奇抜な偈文が認可され、弘忍から付法された。しかし、ひそかに故郷へ帰還する途中、追いかけられて、弘忍からの伝衣を奪われる危険に直面した。故郷に着いてからも、在家の形で約十七年間にわたり身を隠した。風幡の動という問答で大いに尊崇を集め、肉身菩薩として礼拝された。ついに、法性寺（現、広州の光孝寺）で初めて剃髪して得度した。その後、韶関宝林寺（現、南華寺）、新州国恩寺で法を広めた。また、大梵寺で戒壇に昇って説法し、それを『壇経』として世に残し、これは禅の南宗の経典となった。最後は国恩寺において入寂した。

中国の禅宗は実質的に慧能から始まったとよく言われる。つまり、慧能は中国禅宗の実際の創始者になるということである。この歴史的な地位は近年改めて認識されるようになった。

二〇〇八年から、慧能の生地の新興で、第一回「広東禅宗六祖文化節」が開催された。そ

広東禅宗六祖文化節

の後、南華寺、光孝寺という慧能とゆかりの深い寺院を中心にして、各年で順次に「六祖文化節」が行われている。現在まで三回開催された。各回の共通点として、毎回数万人の参加者が集まること、本堂で行われる大規模な祈願式、大型仏教音楽コンサートの上演、千人以上の大規模な精進料理宴会の招待、六祖慧能を中心とする禅文化学術シンポジウムや仏教文物書画展示会の開催、また地方政府からの支持と全面的な協力などがあげられる。その中で最も注目されるのは、六祖の生涯を映像と音楽によって再現したことである。二〇〇八年に『六祖の足跡』というテレビの特集番組がスタートした。二〇一〇年にはミュージカル『覚者の路』が広州のスタジアムで公演され、一万人近くの観衆が集まった。『覚者の路』は『壇経』に基づき、縁起、求法、得度と説法、一花五葉、和諧円満という五幕に分けて、一時間半にわたって、六祖の禅世界を音楽と歌舞で表現した。その歌詞や台詞はすべて、『壇経』の原文を採用している。高度な芸術性は観衆を魅了した。

二〇一〇年、広州の六祖祭で、千人の僧侶と一万人以上の信者が光孝寺に集まり、声をそろえて『金剛般若経』を読誦した。筆者もその中に身を置き、読経の声に震撼させられ、今もありありとその記憶がよみがえってくる。

こうした活動は、言うまでもなく「和諧社会」（調和のとれた社会）の建設という政府の政策に協調する側面を持つものであるが、逆に六祖信仰は、広東という地域で深く浸透していることもうかがわれる。六祖に関する伝説は、この地で実に多く語られている。

　六祖慧能の実家のある新興県には、六祖と関連する場所が多く存在する。「別母石《べっぼせき》」はその一つである。六祖は母親への孝行心が篤かったが、仏法を求めるために、数千里外の黄梅に行く決意をした。母親はこの石まで見送って、そこで最後にお別れをしたという。六祖は亡くなった両親の墓を二つ並べて作り、そのそばに自ら、ライチの木を植えた。それは現在でも巨木として生きている。さらに、晩年に両親のための報恩塔を建て、その翌月に入寂した。その肉身は一時、そのままその塔に入れられた。現在、六祖慧能の肉身は南華寺に祀られ、多くの信者が訪れている。また、その肉身をどの寺に祀るべきかが当時の僧の間で激しく議論されたようで、線香の煙が漂う方向によって決着がつけられたという伝説がある。そのほか、思郷亭、報恩堂などの建物も現在まで残っている。さらに、六祖の誕生を神格化する伝説も存在する。慧能の母親が彼を妊娠する前に、さまざまな奇瑞が現れ、白い花が咲き、白い鶴が二羽並んで飛び、室内が香気で満たされたという。そして、その妊娠も六年間を要したという。（唐の）貞観十二年（六三八）二月八日、慧能誕生の朝、二人の僧が家に突然現れ、「恵能」という名前を彼の父に告げた。この名は、法を以て衆生に恵みを与え、仏事をよくなすという意味である。こう言い終わると、瞬く間に姿が消えたという。慧能（後代に恵から慧に変わったという説がある）は母乳を飲まず、夜には神人が甘露を飲ませていたともいう。この伝説は歴代の地方誌によって伝承され、現在に至るまで語り継がれている。こうして、毎年二月八日に多くの信者は六祖ゆかりの寺に参り、法要を行うようになった。

これらの伝説は千年以上も語り伝えられ、六祖信仰の形成と継承に民俗的な基盤を用意したと思われる。現在になって、広東地域ではその信仰が復活しつつあるように見える。極貧の状態から、個人の資質や努力によって、最後に禅の宗祖として仰がれるというサクセス・ストーリーは、競争の厳しい現代中国において、きわめて魅力的であり、それゆえに人々の共感を集めているのであろう。

**参考文献**

1、国恩寺編『六祖壇経研究』第五冊（中国大百科全書出版社、二〇〇三年）。

# 台湾の仏教と神々

林　観潮

## はじめに

台湾における仏教の信仰と神々の信仰は、ほかの文化形態と同じように、主に中国大陸を起源とする。島国である台湾の特殊な風土に適応して、大陸より伝来した仏教や神々の信仰は、次第に土着化してきた。台湾における仏教と神々との習合は、大陸よりもさらに発展し、民俗活動と深く結びつき、人々の生活の隅々にまで影響を与えている。アジアの諸地域の中でも、台湾仏教はさまざまな神と習合して独自の世界観を形成している。台湾仏教と神々との習合について、仏教における仏や菩薩の信仰および高僧の神格化、儒教や道教および民間宗教における神々の信仰の仏教化、これら両面から注目したいと思う。

## 一　台湾の歴史と宗教

地域としての台湾は、台湾本島、その周辺の島々、および澎湖《ほうこ》諸島によって構成されている。その面積は合わせて約三万五八〇〇平方キロメートルで、東シナ海に浮かぶ島として、古くから大陸の中国人に認識されていた。台湾における歴史の変遷は、先史時代、オランダ統治時代（一六二四―六二）、鄭氏政権統治時代（一六六二―八三）、清朝統治時代（一六八三―一八九五）、日本統治時代（一八九五―一九四五）、国民党政権統治時代（一九四五―）という六つの時期に大別される。このうち鄭氏政権は、明末の鄭成功（一六二四―六二）が台湾を制圧することで成立した、漢民族政権による統治である。これより、明清二代にわたって、福建省と広東省を中心とする大陸沿海の住民は続々と台湾へと移住し、先進的な政治の制度や経済モデルによって、本格的に台湾を開発し始めた。同時に、明清の文化や宗教も台湾に移植され、今日まで伝承し、台湾の文化や宗教の基礎を築いてきた。

今日の台湾では、政教分離を基本とし、宗教信仰の自由が保障されているため、各種の宗教が存在して布教されている。台湾政府の『内政統計年報』の「宗教教務概況」（二〇〇九年）によれば、登録される台湾の宗教人口のうち、信徒数の多い順番では、道教が七十九万余人、キリスト教が三十八万余人、天主教が十七万余人、仏教が十六万余人、一貫道が一万七千余人をそれぞれ有している。

その一方、台湾における民間宗教の信仰はとくに発達しており、社会生活の隅々にまで浸透し、看過できない影響を及ぼしている。台湾の民間宗教は仏教、儒教、道教が融合したものであり、信徒の大多数が諸宗教を混同して信仰している。これは福建省、広東省などの華南地区からの移民を通して台湾にもたらされて台湾化したもので、先祖崇拝、聖哲崇拝、英烈崇拝、通俗信仰のほかに、自然崇拝や鬼厲《きれい》崇拝を特徴としている。『台湾之寺廟与神明』(仇徳哉編著、一九八三年)によれば、台湾における仏教、儒教、道教および民間宗教の寺廟は合わせて一万箇所を超え、平均すると、家九戸につき寺廟一つを有していることになる。これらの寺廟に祀られる神霊は、全部で九百八十神を超える。

民間宗教を信仰する人々は、共通の神霊、たとえば海神媽祖《まそ》や、厄払いの王爺《おうや》などを信仰するとともに、出身地域特有の神霊も崇拝する。たとえば、福建省泉州府系の移民は清水祖師普足和尚や保生大帝呉本《ごとう》を、漳州《しょうしゅう》系の移民は三平祖師義忠和尚や開漳聖王陳元光、汀州《ていしゅう》府客家《きゃっか》系の移民は定光《じょうこう》仏自厳和尚をそれぞれ信仰している。

## 二　台湾の仏教と神々

大陸仏教を起源とする台湾仏教は、その歩みの姿が、形成年代順による次の五種類の寺院や宗派に窺われる。

第一は、大陸仏教の流れを汲み、明清時期に開かれた伝統的な寺院や宗派である。中でも、浄土宗、禅宗の割合が比較的多いことである。台南開元寺派、台南大仙寺派、高雄清涼山護国妙崇寺派などは著名である。

第二は、日本統治時代に台湾地元の僧侶が創設した寺院や宗派である。たとえば、永定和尚が高雄県崗山超峰寺《こうざんちょうほうじ》を本拠地として創った大崗山派、善慧和尚が基隆市霊泉寺を本拠地として創った月眉山《かっびざん》派、覚力和尚が苗栗県大湖法雲寺を本拠地として創った法雲円光派、本圓和尚が台北県観音山凌雲寺を本拠地として創った観音山派は、それぞれ日本統治時代に開かれたものである。

第三は、一九四五年の終戦以後、大陸から続々と渡来した僧侶が創った寺院や宗派である。たとえば、福建省恵

図1　埔里・中台禅寺

安県出身の広欽和尚（一八九二―一九八六）は、台北の土城に承天寺などを創り、承天寺派を開いた。福建省建寧《けんねい》県出身の慈航和尚（一八九五―一九五四）は、台北の汐止《せきし》に弥勒内院などを創建した。浙江海寧県出身の印順和尚（一九〇六―二〇〇五）は、新竹に福厳精舎、台北に慧日講堂を開き、正信の大乗仏教を学問的に宣揚した。また、青海出身の章嘉活仏《しょうかかつぶつ》（一八九一―？）は蔵伝仏教、すなわちチベット仏教を伝えた。

第四は、一九八〇年代以後、経済の急激な発展や政治統制の緩和という社会情勢の中で新興した寺院や宗派である。たとえば、星雲法師（一九二七―）が創った高雄県大樹郷に本拠地を置く仏光山、惟覚法師（一九二八―）が創った南投県埔里鎮《ほりちん》に本拠地を置く中台禅寺（図1）、聖厳法師（一九三〇―二〇〇九）が創った台北県金山郷に本拠地を置く法鼓《ほうこ》山、証厳法師（一九三七―）が創った花蓮《かれん》県に本拠地を置く慈済功徳会、心道法師（一九四八―）が創った台北県貢寮郷に本拠地を置く霊鷲山无生《りょうじゅせんむじょう》道場などは有名である。これらの寺院は、正信大乗仏教を鼓吹し、巨大な組織と規模を持っている。

第五は、日本統治時代あるいは近年に、日本より伝来した日本仏教の寺院や宗派である。たとえば、浄土真宗、曹洞宗、臨済宗などの伝統宗派と、創価学会、立正佼成会などの新興宗派が存在する。

今日まで発展している台湾仏教は、正信化、入世《にゅうせい》化、企業化、志工化および国際化などの変化が進む一方、形成期の最初から儒道二教や民間宗教の信仰を混同する傾向にあり、それは現在でもなお根強く残っている。

鄭氏政権以来、福建南部の泉州、漳州、汀州および広東東部の潮州、恵州の出身の大陸移民は続々と台湾に渡来した。彼らは、台湾を経済の繁栄する豊かな社会に作り上げると同時に、各自の出身地の風習や宗教信仰を持ち込み、台湾の宗教や文化の基盤を築いた。このような時空を背景として、台湾仏教は形成され発展した。それは、明清仏教における儒道二教の信仰が融合する時代的特徴とともに、福建や広東出身の移民が熱心に神霊を崇拝する地域的特徴を有しながら、台湾の風土に適応し、さらに台湾化してきたのである。このため台湾仏教は最初から、儒道二教や民間宗教の信仰を混同していた。

台湾仏教のこのような特徴は、日本統治時代における日本仏教の伝播および皇民化政策の遂行や、一九四五年以後、大陸からの僧侶による純粋な正信の大乗仏教による宣揚の衝撃を受けても、根本的にはあまり変わっていない。今日まで、台湾仏教はなお神々の信仰と多くのつながりを持っている。本来仏教に現れる仏や菩薩などが、多く神格化されて民間宗教や道教の道場にも祀られる。神格化される仏門の形象は、釈迦仏、阿弥陀仏、観音菩薩、大勢至菩薩をはじめとして三十六神もある（仇徳哉編著、一九八三年）。その一方、儒道二教や民間宗教における神霊、たとえば関帝、媽祖、陳靖姑《ちんしんこ》など、仏教に関わる事跡を有する神々も、次第に仏教化している。

図２　台北・艋舺龍山寺　山門正面

## 三　観音菩薩の信仰

台湾において、神格化される仏や菩薩の形象の中、観音菩薩の信仰が最も目立つ現象である。

十六世紀以降、観音菩薩を本尊とする寺院は福建、広東出身の移民によって、各地域に相次いで建立された。寺院以外にも、観音菩薩を主神として祀る巌仔《がんし》（山の麓の寺院）、廟、宮、閣、堂（村廟）、壇、庵などが、随所に点在する。観音菩薩を信仰する信徒は、特定の宗教に対する信仰心を有する信徒の中で、最も多いと言える。観音菩薩を主神とする寺廟は、五百七十二座を超えている（仇徳哉編著、一九八三年）。これは台湾寺廟の中でも、単数の神霊としては最高位である。複数の神霊である王爺を主神とする廟は、六百八十九座ある。総数においては、観音菩薩の寺廟は、王爺の廟に次いで第二位である。観音菩薩は、観音媽《かんのんま》、観音仏祖、仏祖媽、南海観世音、大悲菩薩などとも呼ばれ、人々に親しまれている。

図3　台北・艋舺龍山寺　斎日の参拝

台湾に観音菩薩を祀る寺廟の中でも、各地に点在する龍山寺と名乗る寺院はとくに有名である。そのうち、台北の艋舺《もうこう》龍山寺、淡水《たんすい》の龍山寺、台南の龍山寺、彰化《しょうか》県の鹿港《ろくこう》龍山寺などは代表的なものである。これらの龍山寺は、福建の移民により、泉州府晋江《しんこう》県にある安海龍山寺の分霊として創建された。安海は晋江県にある港町で、明清時代に海上貿易が盛んに行われたことで繁栄してきた。ここには、千手千眼観音菩薩を祀る龍山寺があり、隋の時代に開かれたと伝えられ、民衆から篤い信仰を集めている。安海から出航する移民は、安海龍山寺に参り、観音菩薩に祈ってから海へ向かった。この故に、台湾に辿り着いた移民は、各自の定住地に龍山寺を建てたのである。多くの龍山寺の中でも筆頭に立つのは、今日の台北市万華区に位置する艋舺龍山寺である。

艋舺は万華区の本来の地名で、台北における最も古い集落であり、泉州晋江県、恵安県、南安県などから多くの移民が定住した場所でもある。清の雍正元年（一七二三）前後、泉州三県より渡来した移民は艋舺に住み着いて村を

図４　台北・艋舺龍山寺　民衆の参拝

作った。故郷安海の龍山寺より賜った香火袋（線香の灰を入れる袋）を樹上に掛けると、夜中に光を発する霊験があったと伝えられる。このことが艋舺龍山寺を建てる縁起となり、乾隆三年（一七三八）に移民の手によって、安海龍山寺の分廟は創建された。

艋舺龍山寺は台北市内で最古の寺院となっている。創建以来の伝統を保つように、正殿には本尊の観音菩薩、文殊菩薩、普賢菩薩、十八羅漢、韋陀菩薩、伽藍護法が安置されているが、儒道二教や民間宗教などを習合した結果、後殿には地蔵菩薩、文昌帝君《ぶんそうていくん》、関聖帝君《かんしょうていくん》、華佗《かた》仙師《せんし》、紫陽夫子《しようふし》、媽祖《まそ》、三官大帝《さんかんだいてい》、大魁星君《だいぎせいくん》、馬爺《まや》、龍爺《りょうや》、太陽星君《たいようせいくん》、太陰星君《たいいんせいくん》、注生娘娘《ちゅうしょうにゃんにゃん》、池頭夫人《ちとうふじん》、十二婆姐《じゅうにばじゃ》、水仙尊王《すいせんそんおう》、城隍爺《じょうこうや》、福徳正神《ふくとくせいじん》などが祀られている。さまざまな神が祀られる香炉を順に廻りながら、信徒たちはそれぞれの神に参拝する。このような風景は、台湾における仏教と神々との密接な関係を反映する典型的な例である。

なお、艋舺龍山寺には、創建当初に在家の信徒が作った「頂郊《ちょうこう》」という商業公会があり、寺の法会活動の運営や、泉州移民を結束するため、居民の商業活動、民俗活動、日常生活に起きる議事、訴訟、ないしは社会福祉など、さまざまな方面を主宰している。このように、艋舺龍山寺は泉州移民の会館としての功能をも兼ねている。会館とは、同じ出身地の移民が地縁に基づいて作った民間組織で、互いに助け合うことを目的とした団体である。最初の商業公会は、現在では寺を管理する董事会《とうじかい》となっている。

艋舺龍山寺における董事会は、台湾寺廟の運営スタイルを示す典型的な例でもある。二〇〇九年十二月十四日から二十日までの間、寺の董事会によって、建寺二百七十年の慶典が盛大に催された。式次第には仏教法会のほかに、信徒行列の遊行、民俗の舞踏、地方演劇である歌仔戯や布袋戯の上演などの項目が見えた。仏教法会の儀礼は、招請された僧侶が司る。正殿では法華経を唱える総壇、前殿では生きる人の幸運を祝うために斎天の玉皇壇、後殿では地蔵菩薩像の前に、亡くなった人の冥福を祈るために、超薦の梁皇懺壇がそれぞれに設けられた。

もちろん、台湾における観音菩薩信仰は、中国大陸にある観音菩薩の信仰を源とする。東晋鳩摩羅什訳の『妙法蓮華経』をはじめとする多くの漢訳経典にある通り、観音菩薩は早くから中国の民衆が崇拝する対象となっていた。大慈悲を本誓とし、現世利益を与える観音菩薩は、後漢末期以後の乱世の中、苦難に耐える民衆の心の頼りとして、時代、地域を問わず広く信仰されてきた。

唐の安史の乱（七五五—七六三）以後、中国社会に大きな変化が起こり、動乱により破壊された北部に代わり、長江以南の南部は経済文化の重鎮となりつつあり、仏教の重鎮も南部に移された。観音菩薩信仰の場合、長江入海口の南部に位置し、浙江省の寧波港の東面に浮かぶ舟山群島の普陀山は、観音菩薩垂迹の道場として篤い信仰を集め、観音菩薩の一大聖地となった。因みに、普陀山の道場は、唐の懿宗《いそう》の咸通四年（八六三）、入唐した日本僧の慧蕚《えがく》によって開かれた（明の周応賓の『重修普陀山志』）。

宋代以来、盛んに行われた海外貿易によって繁栄してきた中国の東南地方、すなわち長江下流を抱える江南と、江蘇、浙江、福建、広東をつなぐ東南沿海の全地域にわたって、普陀山を聖地とする観音菩薩信仰は盛んに流行し、ついに中国民衆仏教の中心を占めた。『妙法蓮華経』の「観世音菩薩普門品」に説かれるように、観音菩薩は航海安全や商路安全を守る現世利益を与えるため、海に生計を頼る東南地方の民衆は、とくに信仰を篤くしてきた。一方、儒仏道三教の融合が進行し、民間宗教が成長する状況の中、観音菩薩信仰は、次第に民間宗教と道教に生まれる女神信仰や娘娘《にゃんにゃん》信仰と融合していった。観音菩薩も、仏教の菩薩から道教の女神へと神格化した。

北宋以来、民間では観音菩薩が本来、古代妙荘《みょうじょう》王の三番目の女の妙善《みょうぜん》公主で、親孝行を尽くし、香山の仙人と化し、仏道を修めて菩薩になると伝わった（北宋の『香山大悲菩薩伝』、元の管道昇の『観世音菩薩伝略』、明の『南海観音全伝』）。明の万暦年間の『三教源流捜神大全』は、百二十名以上の神の名前と造像を網羅している。その巻四には観音菩薩の名が、天妃娘娘《てんきにゃんにゃん》（媽祖）と並んでいる。このように、観音菩薩は民間宗教あるいは道教において神格化され、ついに崇高な地位を有する女神として、神々の体系に納められた。道観や廟が建立される際、観音菩薩は神として普通に祀られた。

以上のような歴史経緯を経て、台湾の観音菩薩信仰は中国大陸から移植され、発展し続けているのである。

## 四　高僧の神格化

高僧の神格化、すなわち仏門の高僧が民衆によって神霊として崇められること、これは福建仏教の特色の一つである。福建仏教を源とする台湾仏教は、自然にこのような特色を受け継いでいる。台湾仏教で神格化された高僧は、清水祖師普足和尚、三平祖師義忠和尚、定光仏自厳和尚、黄檗祖師、済公和尚、顕応祖師、普庵祖師、達摩祖師などである。このうち、清水祖師、三平祖師、定光仏を信仰する民衆が多く、多数の寺廟を建てた。

清水祖師は北宋の慶暦年間（一〇四一—四八）の前後に実在した普足和尚である。彼は泉州府永春県の陳氏の出身で、幼年に出家し、後に泉州府安渓県の清水岩に住し、法を広めた（清・乾隆年間『安渓県誌』、民国『安渓清水岩志』）。その寂滅後、彼を慕う民衆は清水岩に寺を建て、その像を奉じて祀り、清水祖師と呼び、その神通の事跡とご利益を宣伝した。このように、安渓県の清水岩を中心にして、清水祖師の信仰は泉州一円に広がった。

明清時代、泉州出身の移民は台湾に安渓県の清水岩寺に倣って、清水祖師を祀る寺廟を建てた。現在では、台湾における清水祖師を主神とする寺廟は、百座を超える。台北地方は泉州系の移民の多くが居住しているため、清水祖師の信仰が盛んである。三峡の長福岩清水祖師廟（一七六七年建）、艋舺の清水岩祖師廟（一七八七年建）、淡水の清水岩祖師廟（一九三二年建）、これらは台北の三大祖師廟と呼ばれる。そのうち、淡水の清水岩祖師廟は、毎年旧暦五月五日（端午節）に盛大な祭りが開催される。これらの寺廟には僧侶がおらず、民衆によって管理が行われ、当初から泉州系移民の絆をつなぐ郷土会館の功能も発揮している。

清水祖師の信仰が進化する過程と同じように、三平祖師義忠和尚の信仰は福建の漳州地方、定光仏自厳和尚の信仰は福建の汀州地方で生まれた。

義忠和尚（七八一—八七二）は唐代の禅僧で、五代の『祖堂集』、宋の『五灯会元』や『無門関』などの禅籍にも見える人物である。唐の王諷《おうふ》の「漳州三平大師碑銘並序」（『唐文粋』）、「三平山広済大師行録」（漳州平和県三平寺に現存する碑文）などによれば、義忠和尚は、その祖籍が高陵（今の陝西省高陵県）の楊氏で、福建の福唐（今の福清）に生まれ、出家して広東潮州《ちょうしゅう》霊山寺の大顛宝通《だいてんほうつう》に参じて、嗣法の弟子となった。後に福建省漳州府の開元寺に至り、開元寺の支院である三平真院に住した。武宗の会昌五年（八四五）より、滅仏の難を避けるため、義忠和尚は漳州府平和県の山奥にある九層岩に隠居した。彼はそこに三平寺を開いて説法し、医療を施し、農耕の技術を伝え、土著の民衆を教化した。義忠和尚の寂滅後、民衆はその像を奉じて祀り、三平祖師と呼んだ。平和県の三平寺を中心にして、三平祖師の信仰は漳州一円に伝播した。

明清時代、漳州系の移民は台湾に三平祖師の像を奉じ、平和県三平寺に倣って廟を建てた。今日では台湾における三平祖師を本尊とする寺廟のうち、南明の永暦年間（一六四七―六一）に建てられた台南県の広済雷音宮、清の乾隆五十四年（一七八九）に建てられた南投の竹山鎮三平祖師廟は有名である。

定光仏と仰がれる自厳和尚（九三四―一〇一五）は、五代から北宋初期まで実在した高僧である（南宋・周必大『文忠集』巻八十「汀州定光記」、南宋・胡太初等編『臨汀志』「仙仏門　勅賜定光円応普慈通聖大師」）。彼は泉州府同安県の鄭氏の出身で、幼年に泉州建興寺の契縁和尚に従って出家し、後に江西省予章《よしょう》（今の南昌）、廬陵《ろりょう》（今の吉安）に行脚し、雲門宗の僧西峰円浄に法を嗣いだ。福建に戻ってから、汀州府武平県南安岩（今の龍岩市武平県岩前鎮獅岩）に住して法を広め、信徒の支持を得て、武平県内に均慶院（今の武平県均慶寺）を開いた。彼の寂滅後、民衆はその像を奉じて祀った。南宋の紹定三年（一二三〇）に、理宗より定光円応普慈通聖大師の号を賜った。これより、自厳和尚は民衆に定光古仏の応身と考えられ、定光仏と呼ばれた。定光仏の信仰は、福建省西部の汀州地方を中心に伝播し、広東省の北部、江西省の東部に及んで、この三省の交接地方に住む客家民衆の中で共有されるようになる。

明清時代、汀州系の移民は台湾に定光仏の信仰をもたらしてきた。今日では、五百万余りの人口を持つ客家民衆は定光仏を保護神と崇拝している。定光仏を本尊とする寺廟の中でも、台北淡水鎮の鄞山寺《いんざんじ》は著名である。これは清の道光三年（一八二三）、汀州府永定県の客家移民が永定県の鄞山寺に倣って建てた寺で、客家移民の会館（汀州会館）も兼ね、現在でも初期の風貌をそのままに維持している。また、清の乾隆二十六年（一七六一）に建てられた彰化の定光仏廟は、同じく永定県の客家移民が永定県金砂郷の金穀寺に倣って建てた寺である。今でも、客家民衆は毎年旧暦正月六日を定光仏の生誕の日とし、盛大な祭りを開催する。

## 五　仏教色に染まる神々

台湾では、儒道二教や民間宗教の神々の多くが仏教に帰依する事跡を有しており、仏教色に染まっている。これらの神々のうち、観音菩薩の法を修める媽祖と、仏教の伽藍神である関帝はとくに注目される。

現在では、台湾に媽祖を主神とする寺廟は五百十四座を超える（仇徳哉編著、一九八三年）。これは台湾寺廟における単数の神霊として、観音菩薩の五百七十二座に次いで第二位である。媽祖の信徒は、数の上では観音菩薩の信徒と競い合い、住民の六割を占めると言われる。

媽祖の本名は林黙《りんもく》、航海・漁業・水上の守護神として、中国沿海部を中心に信仰を集める女神である。林黙は北宋初期の人で、福建省興化府莆田《ほてん》県湄洲《びしゅう》島の林氏の娘として、太祖の建隆元年（九六〇）に生まれ、太宗の雍熙四年（九八七）に亡くなり、わずか二十八歳の短い人生を送ったと伝えられる（清・楊浚『湄洲嶼志略』）。実際、林黙は霊力を持つ異人で、人の病を治し、海難に遭う船を助ける奇跡を起こして、生前より民衆に崇敬された。寂滅後、民衆はその奇跡を宣揚し、湄洲島に廟を建てて林黙の像を祀り、この地方の女性の尊称である「媽祖」と呼ぶようになった。これが湄洲の媽祖廟であり、最初の祖庭である。

図５　台南市・鹿耳門天后宮（媽祖を祀る）

宋代以来、中国の東南地方における盛んな海上貿易によって航海や内河運輸が発達してきたことに伴い、媽祖は当初、航海に関わることでご利益がある海神とされていたが、次第に内河運輸も保護する河神と考えられるようになり、ついにはすべての利益を与える全能の神となった。媽祖の信仰は、福建省を中心にして中国の沿海部、また華北、東北の一円、さらに朝鮮半島、日本、東南アジアに広まった。多くの港町に媽祖廟が建てられた。歴代の皇帝からも媽祖は信奉され、元の至元十八年（一二八一）に護国明著天妃、明の崇禎十三年（一六四〇）に天仙聖母青霊普化碧霞元君、清の康熙二十三年（一六八四）に護国庇民昭霊顕応仁慈天后に封じられた。この由縁で、媽祖は天妃、聖母、天后とも呼ばれ、また媽祖を祀った廟を天妃宮、天后宮などと呼ぶようになった。

その一方、同じく渡海の安全を守る神として、媽祖の信仰は次第に観音菩薩の信仰と習合していく。明の万暦年間の『三教源流捜神大全』巻四には、観音菩薩の伝に続き、媽祖の事跡を載せて、「母陳氏、曾て南海の観音、優鉢花を与え、之を呑むことを夢みて孕む。十四月にして娩みて妃を得せ使む。……五歳にして能く観音経を誦ず」とある。同じく万暦年間の『天妃娘媽伝』には、媽祖が本来、北天妙極星君の娘の玄真で、妖怪を追い払うため、瑶池の王母に令旨を受けた後、南海普陀山の観音菩薩に参じて法を学んだとある。このように、民衆の間では、媽祖は観音菩薩の分身とも考えられるようになった。

台湾における多くの媽祖廟の中でも、万暦二十年（一五九二）に建てられた澎湖島の馬公港《まこう》にある天后宮が、最初のものである。台南市永福路の開台天后宮（清の康熙二十三年、一六八四建）、彰化県鹿港鎮《ろくこうちん》の天后宮（康熙二十四年、一六八五建）、雲林県北港鎮の朝天宮（康熙三十三年、一六九四年建）、台中県大甲鎮の鎮瀾宮（雍正八年、一七三〇年建）、嘉義県新港郷の奉天宮（清の嘉慶年間建）などは、大勢の信徒の参詣で賑わうことで有名である。信徒たちは毎年旧暦の三月二十三日を媽祖の誕生日とし、台湾全土の媽祖廟で盛大な祭りを開催する。二〇〇一年、鎮瀾宮は筆頭に立ち、多くの媽祖廟を連合して「台湾媽祖聯誼会」を作り、媽祖信仰を宣揚する一方、社会福祉、観光事業、経済産業、文化交流などをも推進している。

大甲媽祖《だいこうまそ》の出巡、すなわち大甲鎮の鎮瀾宮と新港郷の奉天宮との間を往復する行列は、台湾の民間宗教の中で重要な地位を占める行事である。これは一九八八年から行われている行事で、鎮瀾宮に奉納されている媽祖が、新港奉天宮を目指す媽祖の鑾輿《らんよ》を中心に、護駕《ごか》の神偶《じんぐう》、鼓陣《こちん》、繡旗《しゅうき》、車隊《しゃだい》、戯班《ぎばん》および担当の随行者を従えて巡行する。出巡は、七泊八日で徒歩で前進して、途中に台中、彰化、雲林、嘉義の四県にある二十余の郷鎮、六十余の寺廟を経由する、合計約三〇〇キロメートルの行程である。出巡の行列が新港郷の奉天宮に到着すると、翌日に祝寿の慶典を行った後、再び大甲の鎮瀾宮に戻る。その期間中、各地の信者が大勢参拝し、十万人を超える人波を作る。今では大甲媽祖の出巡は、台湾で最大規模の宗教活動となる。媽祖は民衆から観音菩薩の化身とも考えられているため、このような媽祖の出巡という盛大な行事に、観音菩薩信仰の影響は容易に感じられる。

台湾における関帝を主神とする寺廟は、三百五十六座を超える（仇徳哉編著、一九八三年）。このうち、清の乾隆

図６　台中・滋済宮の媽祖像（張益碩氏撮影）

二十五年（一七六〇）に建てられた台北県の新荘武聖廟は有名である。それ以外にも関帝を配祀する寺廟が多く、ほとんどの仏教寺院が、関帝を伽藍神として祀っている。

周知のように、関帝の本名は後漢末期の関羽（？―二一九）である（晋・陳寿『三国志』「蜀書」）。関羽は河東の解《しゃ》の人（今の山西省運城市解県）、『春秋』を愛読する武将で、劉備に仕えて蜀国の創建に尽力し、仁義礼智信忠勇という品格を一身に具える理想的な人物である。

関羽が湖北省の荊州で呉国の軍によって殺害された後、民衆はその忠烈を偲び、荊州の玉泉山に廟を建て、彼を武神として祀った。これが玉泉祠であり、関羽を祀った最初の廟と思われる。唐の初期、朝廷は周の太公望を祀る武廟を創り、関羽を配祀した。この時より、関羽は民間の神から国家の神へと変身した。時代が下り、明清になって、武廟は各地に建てられ、民衆の人気を集める関羽は次第に武廟の主神となった。明の万暦四十二年（一六一四）、神宗は関羽に、三界伏魔大帝神威遠鎮天尊関聖帝君という号を贈った。これ以後、関羽は関聖帝君、略して関帝と呼ばれ、民衆に親しまれている。

関羽を祀る玉泉祠が所在する荊州の玉泉山では、天台宗の祖である智顗（五三八―五九七）が、隋の開皇十二年（五九二）に玉泉寺を開き、仏法を広めた。それからというもの、関羽と仏教とのつながりが説かれるようになった。南宋咸淳五年（一二六九）、天台宗の僧の志磐《しばん》は、関羽が智顗に申す話として、「弟子、当に子の平と与に、寺を建て供を化し、仏法を護持すべし」という句を記す（『仏祖統紀』巻六「東土九祖」「四祖天台智者智顗」）。ここでは、関羽は智者大師に帰依して寺を建て、仏法を護る伽藍神となる。

このように、南宋以後、関帝の信仰は儒道二教や民間宗教を超えて、仏教に浸透してついに仏教化された。明清時代、朝廷よりさまざまな神号が贈られた。台湾における関帝の信仰は、明清の伝統を受け継いでさらに発達したのである。呼び名としては、関聖帝君、関帝聖君のほかに、蓋天古仏、関帝菩薩、伽藍神、伽藍菩薩などもある。仏教に彩られた神々のうち、関帝、媽祖のほかに、観音菩薩の指血から化生したと伝えられる陳靖姑も一つの典型である。

陳靖姑は唐の末期の人で、福建省福州府下渡《かと》（今の福州市倉山区）に住む陳氏の娘として生まれ、成長して福州府古田県の劉杞蓮《りゅうきれん》に嫁入りし、程なくして亡くなった（明・弘治年間『八閩通志』、明・万暦年間『福州府属県志』「古田県志」）。実際、陳靖姑も奇術を持つ異人で、幼い頃に道教閭山《にょざん》派の許遜真人《きょそんしんじん》に法を学び、二十四歳のとき、旱災を除くため、妊娠の身で祈雨の法を行い、妖怪に殺害されたと伝えられている。寂滅後、陳靖姑は婦人の出産難を救い、雨を施す女神として民衆に信仰され、その像を祀る廟が古田県に建てられた。五代のとき、閩王《びんおう》より古田県の廟に順懿《じゅんい》の号を賜わり、陳靖姑が崇福昭恵臨水夫人《そうふくしょうけいりんずいふじん》に封じられた。これより陳靖姑は、臨水夫人、臨水娘娘《りんずいにゃんにゃん》とも呼ばれるようになり、古田県の廟は臨水宮、あるいは順懿宮と呼ばれ、陳靖姑信仰の祖廟となった（今の古田県大橋鎮）。南宋になって、理宗より陳靖姑に、天仙聖母青霊普化碧霞元君《てんせんせいぼせいりょうふかへきかげんくん》という号が贈られた。

陳靖姑信仰の発展に伴い、陳靖姑の傍に、二人の女弟子、すなわち福州府連江県出身の李三娘《りさんにゃん》（二奶《じない》）と福州府羅源県出身の林九娘《りんきゅうにゃん》（三奶《さんない》）が脇侍として配祀され、合わせて三奶夫人《さんないふじん》と称されるようになった。道教の法派において、陳靖姑が担う法派は閭山派下の三奶派と称される。因みに、閭山派は閩江《びんこう》の水底にある伝説の世界「閭山」を本拠地とし、福州府を中心に伝播する道教の法派である。

陳靖姑の信仰は、仏教が発達している福州地方に伝播するに従い、すぐに観音菩薩の信仰とも習合していく。福州の民衆は、陳靖姑が観音菩薩の指血から化生したと伝える。清の乾隆年間の作である福州地方の小説『閩都別記』は、その事跡を詳しくまとめている。

陳靖姑の信仰は、明清時代に福州系の移民によって台湾へと伝わった。現在では、台湾各地で陳靖姑を主神とする廟は二十座を超える（仇徳哉編著、一九八三年）。古いものとして、清の康熙四十六年（一七〇七）に創られた、高雄県大社郷にある碧霞宮《へきかくう》は、三奶夫人を祀る。最近のものとして、一九六七年に創られた台北県新店鎮にある碧《へき》潭臨水宮《たんりんずいくう》は有名である。

## おわりに

以上、台湾における仏教と神々の信仰を概略的に考察してきた。両者の間には、密接なつながりがあると言えるだろう。

二〇〇九年の台湾政府の統計年報に登録される仏教の信徒数は、道教、キリスト教、天主教に比べれば少数であるが、おそらく、実際には現在の台湾で仏教を信仰している信徒は五百万人を超え、全人口二千万人以上のうちの、四分の一を占めているであろう。ただし、これら仏教信徒の中には、仏教のみを信仰している人だけでなく、民間宗教や道教を同時に信仰している人も重複して集計されている。

『台湾之寺廟与神明』に見える調査が示すように、台湾では約八割の住民が、民間宗教や道教に関連する何らかの神々の信仰を有しているという。しかも、これらの神々の信仰、たとえば媽祖の信仰、関帝の信仰には、往々にして仏教の要素を含んでいる。これを踏まえれば、台湾の全人口の八割が仏教と関わりを持っていると言えるだろう。このように、台湾での諸宗教の中でも、仏教は民衆の生活に最も大きな影響を与え続けているのである。


参考文献

1、増田福太郎『台湾の宗教—農村を中心とする宗教研究—』（東京／養賢堂、一九三九年）。
2、仇徳哉編著『台湾之寺廟与神明』（台北／台湾省文献委員会、一九八三年）。
3、闞正宗『台湾仏教一百年』（台北／東大圖書股份有限公司、一九九九年）。
4、譚偉倫主編『民間仏教研究』（北京／中華書局、二〇〇七年）。
5、何綿山『台湾仏教』（北京／九州出版社、二〇一〇年）。

コラム…❺

# 媽祖信仰

鄭　夙雯

## はじめに

媽祖《まそ》は十世紀の後半、北宋の頃から信仰され始めた海の女神であり、航海の守護神である。現在では中国をはじめ、広く東アジア、東南アジアでも信仰されており、中国人や華僑のいる沿海地域なら、必ず媽祖信仰が見られると言ってよいほどである。そして媽祖を信仰する華僑の多くは現在の福建省、広東省の出身者で占められている。

中国人の宗教意識を理解しようとすれば、媽祖の存在は決して無視することはできない。媽祖信仰は宋代以来、航海術の発達によって中国商船による貿易と華僑の移住が進むとともに各地に広まり、変容していった。ここでは、媽祖信仰の起源と伝播、宗教性について、簡略に紹介したいと思う。

## 一　媽祖信仰の起源

媽祖はもともと人間であったとされる。明末に著された『天妃顕聖録』によると、北宋の太祖の建隆元年（九六〇）三月二十三日、福建省の莆田《ほでん》に暮らす林家の娘として生まれたという。生後一か月が過ぎても泣き声を立てなかったため、「黙」と名づけられた。彼女は幼少の頃から聡明であり、仏教経典に親しみ、幼くして道教の秘法を身につけたという。若くから女巫（シャーマン）としてよく神通力を示し、悪霊を退け、多くの人々を海難事故から救ったので、後に「通賢霊女」と呼ばれ崇められていた。雍熙四年（九八七）九月九日に、未婚のまままわずか二十八歳でこの世を去ると、人々は彼女を祀るために、莆田県の東南に浮

媽祖像（台湾大甲鎮瀾宮提供）

かぶ湄洲島《びしゅうとう》に廟を建てた。その後、霊験あらたかと評判になり、当時、福建省の泉州が、市舶司《しはくし》という海上貿易を管轄する役所が設置され南海貿易の中心地として栄え始めていたこともあって、航海の守護神として周辺地域の民衆の信仰を集めるようになったのが起源であると考えられる（李献璋、一九七九）。

地域信仰に過ぎなかった媽祖信仰がやがて中国全土に広がったのは、国家権力の影響によるところが大きい。宋の徽宗が宣和五年（一一二三）に媽祖廟に「順済」の額を下賜して以降、媽祖信仰は国家宗教の中に組み込まれていった。南宋に至るまでの間に十四回も封号を受け、称号も「夫人」より「妃」へと昇格した。元の天暦二年（一三二九）には「天妃」となり、明初には「聖妃」となった。また明代では、鄭和の南海諸国巡航を加護した功績が認められて、皇帝から褒賞を受け、その威光はさらに海外へ広まった。清朝に至るや清軍を助け、鄭氏父子との戦いを有利に導き、また、台湾と澎湖諸島の征服を助けた功績があったということで、清朝から「天后」の称号を賜わった。こうして媽祖は地域信仰や航海の神という範疇を超えて、もはや国家の守護神ともいうべき存在となった。

## 二　媽祖信仰の伝播

国家からお墨つきを得たことで、媽祖廟が各地に建てられるようになった。時代や封号が変わるにつれて廟の名称も変わっていったが、祀られている本尊が媽祖であることに変わりはない。媽祖廟は北宋の天聖年間（一〇二三—三二）に福建省の湄洲島に建てられた天妃廟から始まって、海岸線に沿って北は山東省登州から南は広東省へと至り、南宋の咸淳十年（一二七四）には香港、台湾の澎湖島に建てられた。また、日本の沖縄、長崎をはじめ、マカオ、シンガポール、台湾本島、マレーシアのマラッカ、フィリピンのルソン島、インドネシアのジャカルタ、ベトナムのホイアン、ミャンマーのヤンゴンにも建てられ、清の同治十年（一八七二）にはタイのバンコクにも建てられた。媽祖廟の伝播の過程は、そのまま媽祖信仰が広まった過程を示している。

中国沿海地方において、媽祖は地元の漁船や商船の守り神として篤く信仰されたほか、航海の女神という本質から、航海に携わる事柄全般にご利益があると見なされ、宋代に航海術が発達して華僑たちが海外へと移住を始めるにしたがい、周辺の国々でも広く信仰されるようになったのである（樋泉克夫、二〇〇八）。

## 三　媽祖信仰の宗教性

媽祖はもともと女巫（シャーマン）として、人々の禍福を占ったり、お祓いをしたりする存在に過ぎなかった。それが死後に、次第に神格化され、海の女神となり、船乗りや貿易商人の守り神となった。現在では、家内安全、豊作、雨乞い、疫病除けなど、あらゆる方面にご利益がある現世利益の神として祈られている。

媽祖は観音信仰と同様、慈母の象徴として漢民族に受容された。明代以降には儒仏道三教一致説が盛んになるが、現在の媽祖信仰に見られる観音信仰の色合いは、そうした時代的風潮を背景に、媽祖信仰が仏教と影響を与え合ったことで生じたものと考えられる。

現在、各地の媽祖廟は毎年陰暦三月二十三日に媽祖の誕生日を祝って、遶境祭典などが行われている。

以上、簡略であるが媽祖信仰の起源と伝播、宗教性について紹介した。本文が、媽祖信仰を理解する上での手引きとなれば幸いに思う。

参考文献

1、李献璋『媽祖信仰の研究』(泰山出版社、一九七九年)。
2、樋泉克夫「拡大する《中国世界》—媽祖信仰というカギで解いてみると……—」(『共生の文化研究』一、愛知県立大学多文化共生研究所、二〇〇八年)。

# 韓国仏教における神々
## ――山神と神衆を中心として――

釈　悟震

## はじめに――韓国仏教における神観念――

インド仏教においては、漢字文化圏で「神」にあたる存在はデーヴァであることは、おおむね理解がなされている。たとえば『岩波仏教辞典』（中村元など、初版本）でも「天」の項目に、「サンスクリット語のdevaの訳で、神を意味する」とあり、続いて「仏教の救済論には、本来不必要であるが」、仏教がバラモン教の影響下、仏教に諸天、つまり神々の存在が導入されたとされる。ただし、インド仏教においては原始仏教のように、天（デーヴァ）の存在がきわめて限定的な位置づけしか為されていない教えから、密教のようにきわめて積極的に教理内に取り入れられているものまで多様である。この多様な天（デーヴァ）が、漢訳されるときに「天」以外に「神」と翻訳されたこともあって、東アジアにおける仏教の「神」は、インドの「天（デーヴァ）」と中国古来の「神」の概念が混在し、東アジア仏教特有の「神」の位置づけが生まれることとなったのではないかと思われる。しかも、この漢訳経典を用いる東アジアの諸国には、仏教伝来以前にすでに独自の神観念が存在していたために、同じ漢訳経典を用いる東アジアの仏教の中でも、その神の観念やその存在には少なからぬ相違が見られる。

しかし、従来の研究ではこのような文化的な差異に関しては、ほとんど注意が払われることがなかった。そこで本論では、漢字文化圏の一角を占める韓国仏教における神観念に関して、若干の考察を加えたい。

つまり、異宗教である仏教が現在の韓国、すなわち古代の高句麗、百済、新羅において公認されたのは、それぞれ三七二年（高句麗）、三八四年（百済）、五二七年（新羅）であると言われている。以来、統一新羅四百年、高麗五百年、李王朝五百年と近現代に続き、約千七百有余年という長い仏教の歴史を有していることとして知られている。

もちろん、この長い歴史の中で、韓国仏教が仏教本来の教義に基づいた教学や儀礼を展開してきたことは当然であるが、その一方で、仏教本来の教義とは別の形態が、その地域の伝統文化と共生してきたこともまた事実である。このような現象は、仏教伝来の国々でよく見られる事柄であるとも言えるだろう。

そこで朝鮮半島、とくに韓国における仏教本来の教義とはまったく異なる現象である、韓国仏教文化の基層にある神観念の一断面を見ることとする。

## 一　仏教と共存する神々

韓国仏教寺院における伽藍の配置を見るならば、本堂（大雄殿）を中心として、楼門、鐘楼、講堂、僧堂などが配置されているのが通常である。これは中国や日本の寺院と、それほど異なっているとは思えない。

ところが韓国寺院には、これらに加えて山神と七星、そして独聖（賓頭盧）を司る三聖閣という、日本や中国ではほとんど見られない、というより韓国仏教独自の宗教空間が存在する。つまり、三聖閣は韓国仏教寺院には必ずといってよいほど祀られており、その意味で三聖閣の存在は、韓国仏教文化の特徴の一つと言えよう。この三聖閣に祀られている三種の神は、それぞれ宗教的機能が異なっているが、ここではこれらの三聖、つまり三つの聖と言われる中でも、とくに山神に焦点をしぼってみようと思う。まず、ここで読者のより一層の理解を得るために、韓国の仏教寺院の略図（図1）を見ながら論を進めたい。

韓国仏教寺院の伽藍配置は、もちろん韓国の寺院全体がこれとまったく同様ではなく、それぞれの地域の地形およびその置かれている環境によって、建物の位置やその数も異なっているのは言うまでもない。たとえば、応真殿という十六羅漢を祀っている建物をもつ寺もあれば、死者が迷うことなく、落ち着いて成仏できるように建立された冥府殿（地蔵殿）という建物もある。ここには本尊として地蔵菩薩が祀られ、両脇に道明尊者と無毒鬼王、さらには閻魔大王をはじめ地獄の十大王が祀られている。そして三聖閣の位置も、本堂の後ろにあるものもあるし、図のように後ろの左右どちらかにあるものもあれば、寺によっては、本堂内に三聖、すなわち山神、七星、独聖が共に奉安されているところも少なくない。あるいは、山神、七星、独聖が個別の建屋にて祀られているところも多い。その場合は「三聖閣」ではなく、それぞれの本尊の名称をとって、「山神閣」「七星閣」「独聖閣」と称せられているのが通常である。

いずれにせよこの図でわかることは、山神というのは寺院の最も奥深く、かつ地形が高いところに祀られていることである。

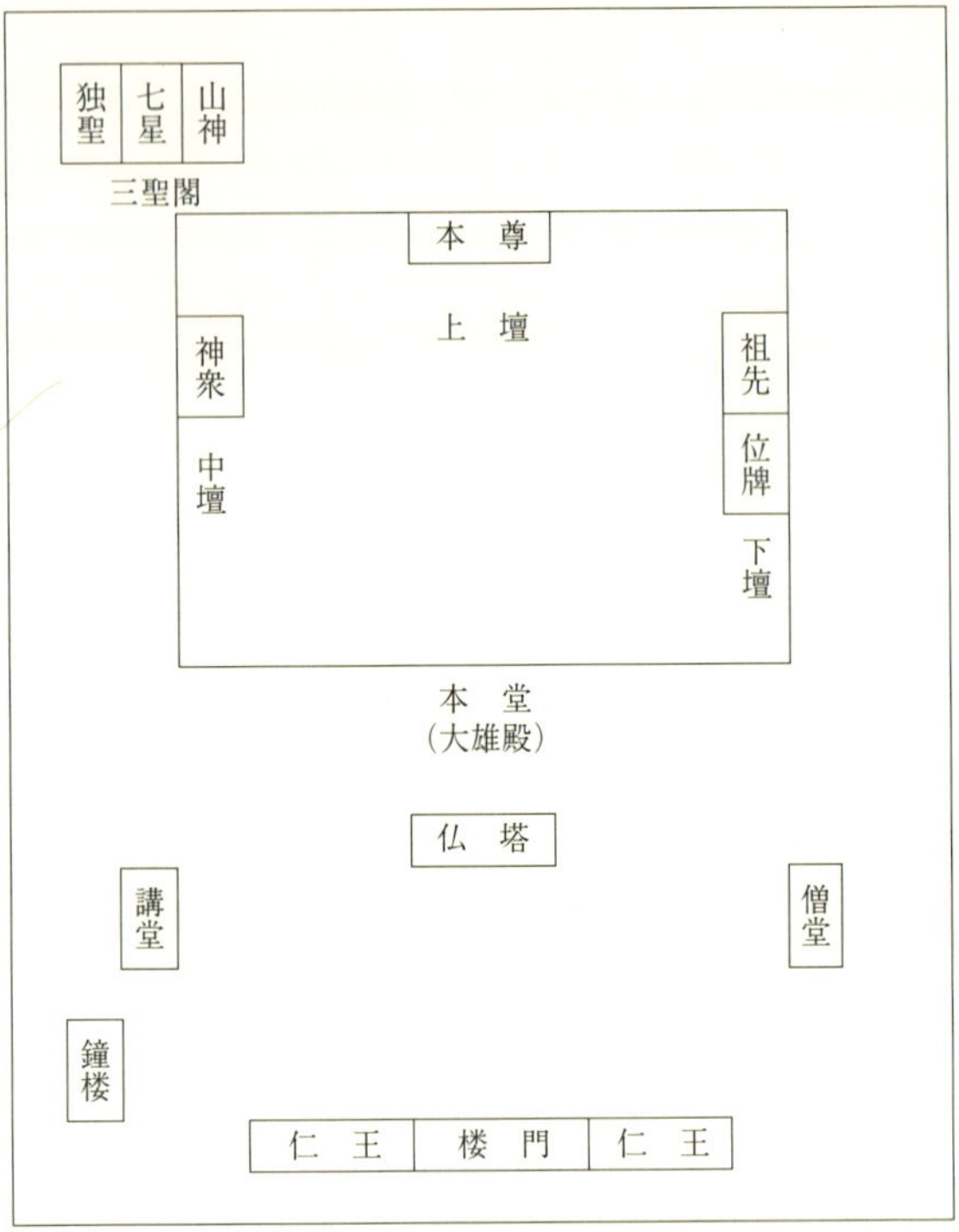


図１　韓国仏教寺院の伽藍の配置

このような山神は仏教寺院と同じ境内にありながら、その宗教的機能を異にする宗教空間であり、仏教本来の教義とは異なった信仰形態を示しているのが特色と言えよう。

　では、このように寺院の最も奥深く、なおかつ最も高いところに祀られている山神とは一体どのようなものであり、その歴史的背景はいかなるものであるのか。あるいは、山神が祀られる目的またはその機能はいかなるものであるのだろうか。そして出家と在家は、この山神にどのような観念をもっているのかを順次述べることとしたい。

## 二　「山神」信仰の起源

まず、山神はいかなる姿であろうか。山神は虎を連れて、白髪の老人の姿で座っている様子が一般的である（図2）。このような姿が壁面に描写されている場合も、また、座像に造っているところもある。ときには、両方を祀っているところもある。しかし、このような山神の姿の由来については、いまのところ確たる資料はうかがい知ることができない。

しかしながら、現存の山神の姿のすべてを満たすことはできないが、その輪郭の一端は、韓国の建国神話である檀君神話（紀元前二三〇〇年頃）に見出すことができる。

図２　山神の形像

すなわち、韓国の史書の中でも古代韓国人の生活文化を知るうえに欠かすことのできない非常に重要な文献の一つである『三国遺事』（一二八一―八三年、一然《いるよん》著）巻第一「紀異」によると、『魏書』に云う。かれこれ二千年の昔の檀君王倹《だんくんわんこむ》という者が都を阿斯達《あさたる》に定め、国を建てて国号を朝鮮とした。中国の聖天子堯と同時代のことである。「古記」に云うには、昔桓因（帝釈天をいう）の庶子である桓雄《ふぁんうん》がしきりと天下を治め、人間界を我がものにしたいと望んでいた。父の桓因《ふぁんいん》は桓雄の望みを知り、（桓雄が）天から下って三危太伯《サンウィテベク》と会い、人間界にさらなる利益をもたらすがよかろうと、天の割符を三つ授け、人間界に遣わし治めさせることにした。桓雄は家来三千人を連れて太伯山頂（現在の韓国、江原道と慶尚北道の境にある海抜一五六七メートルの、同国有数の霊山と言われている山）にある神聖な檀木の下に降りて行き、これを神の街とした。

そこで桓雄は、天王と呼ばれるのである。風神・雨神・雲神を統率し、穀物・命運・疾病・刑罰・善悪を司った。すべて人間界の三百六十余りの事柄について司ったのである。在世中、世を治め教化していた。

ある時、一頭の熊と一頭の虎が同じ穴に棲んでいた。常に神である桓雄に祈りを捧げ、人間になることを願っていた。そこで神が霊妙なるヨモギと、ニンニク二十個を与えて曰く、「お前たち、これを食べて百日の間、日光を見なければ、直ちに人間の姿を得るだろう」。そこで、熊と虎はヨモギとニンニクを食べながら、神の言われた通りに実行して以来、二十一日の間で、熊は変じて女の身となったが、虎は言われたことを守らなかったので、人間の身体になることができなかった。女人の身になった熊は結婚相手がないので、しきりに檀樹の下に行っては子供を産みたいと願っていた。そこで桓雄が身を変えて、女人の身になった熊と結婚してあげたところ、子供ができ、やがて男の子を産んだ。その子を檀君王倹と名づけた。中国の聖天子尭が即位して五十年、庚寅の年である（尭が即位したのは戊辰であるから五十年では丁巳の年となり、庚寅の年ではない。どうやら史実ではないようである）。平壌城（今の西京）に都を定めた。初めて国号を朝鮮と称した。また都を移して白岳山阿斯達に定めた。それから弓忽山《クンホルサン》（一説に方忽山と言う）と名づけた。あるいは今弥達《クムアダル》とも言う。彼は千五百年の間、国を治めた。周の武王の即位の年の己卯の年に、箕子を朝鮮に封じた。檀君はそこで蔵唐京に移った。後に阿斯達に帰って隠棲し、山神となった。寿命は一九〇八歳であった。（筆者訳、以下同）

という。

つまり、国祖である檀君が山神になったのであるから、韓国という国の始まりは山との共存であり、その長は山神なのである。そして、その山神を信服し最も身近で支えたのが虎である。したがって、山神と虎は不即不離の関係であることがわかる。そしてまたこの物語に明らかであるように、国祖檀君神話が後に仏教的山神に変化して、今日の韓国仏教における山神信仰を成立せしめたものと考えられる。

ただし、民俗信仰である山神と外来宗教である仏教が混淆されるに至った歴史的経緯を、文献資料などから立証することは至難である。ただ、前述の史書の巻第五「感通」によると、

（新羅）の真平王の時代のことである。比丘尼智恵という名の者がいた。賢いおこないが多く、安興寺に住んでいた。新しく仏殿を造りたいと考えていたが力が及ばず、叶わないでいたところ、（ある晩）夢の中で一人の仙女が現れた。みめ麗しく、玉や翡翠で髪を飾っている。（智恵を）慰めて言うには「私は仙桃山の神母です。あなたが仏殿を造営しようとしているのはまことに喜ばしい。金十斤を施してあげるから、この金を役立てなさい。金は私が鎮座している下にあるからこれを役立てなさい。金を持っていってよろしい。そして（新しい仏殿には）三尊像を飾りつけ、壁には五十三仏・六類聖衆および諸々の天神・五岳の山神（新羅時代の五岳とは、東の吐含山〈現在の慶州仏国寺がある山〉、南の智異山〈現在の全羅道〉、西の鶏龍山〈現在の忠清道〉、北の太伯山〈現在の江原道〉、中央の父岳〈あるいは公山とも言う〉）を描きなさい。春と秋には、十日ずつ善男善女を集め、あまねく衆生のために占察（戒律の自誓受戒を認める）法会を設けて恒例行事としなさい。

と述べている。

これを見ると新羅の真平王代（五七九―六三二）において、すでに山神と仏教が混淆し、相互に深い関係を有していることがよくわかる。このように山神と仏への信仰の共存関係は、かなり古い時代から認められた。さらに禅宗が導入された九世紀以後、山地に伽藍が多く建てられ始めると、山神信仰と仏教との混淆は新たな発展と展開を示すようになる。

## 三 「山神」信仰の形態

　ところで、このような山神はいかなる機能を有するのであろうか。まず一般の在家者で山神に祈禱をささげる人は、その多くが女性である。その理由は、①現世利益を求める人、とくに早急に念願を成就させたい人、②占い師、③予言者（巫堂、ムダン）になるための人が多い。つまり、これらの目的を有する人々が病気治療や早急に願望を成就する現世利益と、予言を求めたことと考えられる。そしてこのような人々は、むしろ寺院の山神閣を避けて、それ以外の場所、すなわち、山岳の大きな岩場、大樹木の下などの山神を崇拝する。具体的な場所としては、ソウルの近辺の三角山、道峰山、地方の慶尚北道の八公山、忠清道の鶏龍山などが最も有名である。そして山神が祀られている建物も、地域によってその名称が異なる。つまり、「山神堂」は、京畿道から忠清道、江原道西部、全羅北道北部に多く分布している。また、「城隍堂」は江原道に著しい。そしてこれらの名称はさらに、「都堂」「山祭堂」「府君堂」などに細分化されている。

　韓国仏教の儀軌書である『釈門儀範』（安震湖編）の「山神請」には、次のように記されている。

しきりに考えるに、山王大聖は最も神聖であり、最も霊能あり、よく猛威をふるわれる。その猛威で妖魔を降し、その霊力で災いを消し、福をもたらしてくださる。求めるところは皆叶い、願い通りにならぬことがない（ここで願いごとを述べる）。そして今月今日、謹んで法会を設けて謹みを表す。浄らかなお供物で供養するので、山王大神はその眷属を従え御来臨あれ。願わくは、その霊妙なる鑑を回すが如く、このささやかな誠心をくまなく照覧されよ。謹んでこの一心を表し、まず唱えて三たび南無と祈る。一心に祈り奉る。地の神たる后

図３　韓国慶尚南道通度寺の山神閣

土聖母、山神たる五岳帝君、峨々たる山を司り、八大山王は五蘊を禁忌する。安済夫人・益聖保徳真君《イクソンボトクジンクン》は十方法界にすぐれて霊妙神聖である。諸大山王はその眷属を従えたまえ。ただ願わくは三宝の力を授かって、この道場に降臨され、この供養を受けたまわんことを。（同書、巻下、三四頁）

これは寺院において在家信者の要請によって、僧侶が山神の前で唱える祈禱文である。もちろんこれは在家信者のみならず、僧侶自身も願いごとがある場合にはこれらの祈願文を唱えながら、この山神祈禱に専念する場合もある。すなわち在家信者のみならず、僧侶も現世利益を山神に祈っているのである。これは筆者が知るかぎりにおいても、山神祈禱を専修した結果得られた霊妙の体験で、その念願が成就されたという話をよく耳にする。しかし、この祈禱文から明らかになる山神は、あくまでも伽藍の守護神であり、いかなる威力をもったとしても、自らの

図４　韓国慶尚南道通度寺の三聖閣

力ではその寺院に降りることはできず、「三宝の力」によって降りることができることを言う。これは、霊妙神聖である山神も三宝の力にはかなわないのだ、という仏教側の強い意識が働いていることが明らかである。

しかるに、このような現象をとらえて、仏教学者および知識層たちの中には、このような民間信仰的要素を非仏教と断じ、その排除を屢々説いているものもある。たとえば、韓龍雲《ハンリョンウン》（一八七九―一九四四）は僧侶であり、名高い学者および思想家でもある。彼の名著とされる『朝鮮仏教維新論』には、「仏教は智信之宗教であり、非迷信宗教なのである。したがって、山神は仏が名山に住するとき、一つの守護神に過ぎず、三宝を守護する兵士に三宝の一つと言われる僧みずから合掌して祈るのは実に情けない信仰行為であるといわざるを得ない。それ故、かような信仰行為は真の仏教信仰に阻害されることとなる。したがって、釈尊以外の念仏堂は撤廃すべきである」（同書、六頁）と、述べられている。

また、韓国仏教の最大の宗派である曹渓宗の指導者たちは、一九六二（昭和三十七）年頃、仏教寺院内の山神閣の撤廃を命じ、多くの当該宗派の寺院がそれに従った。このような風潮によって、多くの寺院の中に存在していた山神閣が撤廃された。しかしながら、これらの意見と行為は、必ずしも全仏教徒の賛意を得たのではない。むしろ、ごく少数の意見に過ぎなかったのではないかと思われる。つまり、このような運動が進められた農村の仏教寺院では、極端に信者の数が減ってしまうような現象が起こったのである。

周知の如く、韓国の寺院は日本の寺院のように檀家制度ではなく、墓も遺骨も管理しないのが伝統的である。したがって一度その寺の信者になったとしても、最後までその寺の信者であるとは限らない。つまり、今日は自分の寺の信者であったとしても、明日、他の寺の信者になっても構わないし、誰もそれを拘束しないのである。だからこそ、自分が長いあいだ信仰してきた山神がいなくなった以上、その寺へ行く必然性がない。つまり、これらの信者の考えとしては、本堂と山神閣がそろっている寺のほうが都合がよいわけなのである。それ故に信者の数が減るのは、ごく当然な結果かもしれない。そうなると寺院の運営が非常に困るようになる。したがってこれらの寺院は、たとえ所属の宗派の指針であったとしても、当然ながら山神閣の撤廃運動に賛成ばかりしていられないだろう。だからこそ彼らは、山神閣をそのままにしておくようになる。ここに、寺院側の本音と建前のギャップが生じざるをえないのである。

だからといって、これらの寺院において、山神を崇拝する人々が「仏像が奉られている本堂はどうでもいい」と思っているわけではない。仏教寺院の山神を拝む人々にとって、あくまでも本堂のほうが中心であることは変わらない。ある研究者は、韓国人の寺参りは「本堂の仏様はどうでもいい。ちょっと頭を下げて、山神閣へ行って丁寧に頭を下げる」ものであると述べている。もちろん、このような詣で方をする人もいるだろう。がしかし筆者としては、このような考え方は韓国仏教の真の姿をまったく別の道に導く恐れがあるのでは、との危惧さえ覚えるのである。

いずれにせよ、そもそも韓国の仏教寺院において山神閣を排除しようとした理由は、ただ単に仏教の本義から逸脱したものである、という理由だけではなく、山神を祀る人々が、いわゆるシャーマンであることが多いから、それによって他の宗教者たち（キリスト教徒）が、山神が仏教寺院の中に祀られているのを見て、仏教を総じてシャーマンまたは迷信視することを嫌って、そうした発想をした所以もあると推察できるのである。

しかるに、韓国人のこのような山神崇拝の思想がその根底にあるのを当然として受け止めなければ、その民族と共に生きて行かなければならない宗教者としては、現実的な思想とは思えない。つまり、全国土の五〇パーセント以上が山岳に囲まれている韓国人の生活は、山と共にあり、最も生活に密着したのが山の神であることは、ごく当然なことであるからである。だからこそ、山神は地域の守護神も、また人間の命運を司る全知全能の神も、すべて山の神であり、つまり、山神は民俗信仰の根元とも言える。その民族の根元的信仰をまったく排除して、その民族と共に歩む宗教はありえようか。

そしてまた、一般民衆の宗教生活は、現世利益志向や、病める心を端的に慰めてくれる宗教儀礼や信仰への配慮なしには、本当の意味の民衆共済の宗教は成立し得ないものであろう。たとえそれが仏教教団のように、実存的教えを本義として説くものであっても、地域の文化伝承たる民間信仰を無視しては、信者の生活は成り立たないし、教団も維持することは難しい。悟りのレヴェルの観念や行法と、民俗信仰レヴェルの観念と儀礼の両者の機能の差と、それぞれの意義を明らかにした上で、両者が統合された宗教生活を説く必要があろう。

以上の諸観念から見ると、山神信仰が仏教化された、というよりも、仏教化されざるを得なかった歴史的経緯の意味が問われなければならない。

そしてまた、韓国人にとって山神は、先ほどふれた「檀君神話」からもわかるように、ただ単に神として奉るのみではなく、山は、いわゆる偉大な自然であり、その自然の姿をありのままに受け止め、より大切にする考え方から生まれた人間の叡智なのである。それを否定したり無視するのは、自然へのおもいやりに欠けることにもなりかねない。たしかに仏教の本義は実存的な生き方であるが、それと山神崇拝とは、それぞれに別途の機能をもちつつ共存しているのである。

## 四　仏教と共存する神衆

今一つ、韓国仏教における神観念として一般民衆に深く根をおろしている、「神衆《しんじゅん》」信仰をあげることができる。「神衆」とは、「八部神衆」つまり、①帝釈天、②龍神、③夜叉、④乾闥婆、⑤阿修羅、⑥迦楼羅、⑦緊那羅、⑧摩睺羅迦の八種の神々を含め、金剛菩薩および仏法を守護すると言われる四天王などの神々を示すものである。この中でも金剛菩薩は、「神衆」一切の神々を配下に置く「神衆の主」とも言うべき位置づけである。したがって、神衆造形の中央に、金剛杵《こんごうしょ》（vajra）を手にし、堂々たる態度で立っている。それは、いわゆる仏教でいう上下関係として、「菩薩」が「神」より上位にあることと、菩薩の中でも、仏法守護という大義にあって、邪見や邪悪に決して動ずることなく立ち向かうといわれる、「金剛菩薩」であるからである。

これらの神観念は、韓国仏教の古くから仏法を守護する神々の総称として、一般にひろく伝えられている。した

図５　韓国ソウル市普門寺神衆の仏画（韓国重要有形文化財、19世紀前半の作）

がって、これらの神々は仏法を守護すると同時に、仏法を信じ実践する仏教徒たちを邪見や悪事から守り、善行を進め、幸せを感じさせ、より良き仏教徒として精進させる身近な守護神として、韓国仏教徒の中に深く根づいている。と同時に、これらの神々は韓国の仏教徒のみならず、韓国の民俗信仰者であるシャーマンたちも同様に、堅く信じているのが現状である。つまり、仏教と民俗宗教と価値観を共有しながら共存する信仰形態と言えよう。

それではこのような「神衆」とは、韓国仏教においてどのような位置を占めているのであろうか。

韓国仏教の寺院では、上記の伽藍の略図から知るように、日本とおおよそ同様の形式で建立されているが、その内部においては大きく異なっていることがわかるだろう。

次にこの韓国仏教寺院の本堂の内部において、「神衆」の位置づけを確認してみよう。

まず本堂の中央には、当寺院の宗旨による本尊仏が奉安されている。これを「上壇」と言う。その左か右に「神衆」が奉られている。これを「中壇」と言う。この中壇の反対側に、祖先の位牌が奉られている霊壇と呼ばれている「下壇」が設けられている。

このような分類は、仏教の本義たる教理との矛盾を解消させるべく、エリート韓国仏教徒の意図によるものと言えよう。

いずれにしても、この「神衆」は上記の「八部神衆」と言われるほぼインド仏教以来の諸神をはじめ、韓国民俗信仰などの中に登場する神々も含まれていることは興味深い。

たとえば、先ほども述べた韓国仏教の伝統儀礼書によると、次のように記されている。

帰依したてまつり真心を込めて請わくは、守護持呪、八大金剛、護持四方、四大菩薩、如来化現、十大明王、娑婆界主、大梵天王、地居世主、帝釈天王、護世安民、四方天王、日月二宮、両大天子、二十諸天、諸大天王、北斗大聖、七元聖君、左輔右弼、三台六星、二十八宿、周天列曜、諸星君衆、下界当処、土地伽藍、護戒大神、福徳大神、内護竈王、外護山神、当境遐邇、幽現主宰、陰陽造化、下知名位、護法善神、一切霊祇などの神衆様は、ただただお願いたてまつるには、三宝の力によって、この道場に御臨場たまわり、ここにさしあげる供養をぜひともお召しになりますように、と。(『釈門儀範』「神衆請」巻下、三〇頁)

以上のように「神衆」とは、インド仏教以来の諸天の神々や道教の影響と思われる星の神々、あるいは土地神、炊事場の神、山の神など諸般に及んでいることがわかる。そうしてまったく現実を生き抜くための最良を、神々に求めている姿勢が見受けられる。このようなすがたは、次の「神衆」信仰が具体的にどのように行われているのかを見ることによって明らかになるであろう。つまり、韓国における仏教徒たちの、神々への信仰形態を知ることができよう。

すなわち、韓国では、日本でもなじみ深い節分祭は、古くから「立春」の前夜から立春の当日にかけて、朝鮮半島全般で一般的に行われている民俗的な習俗である。つまり、二十四節気の最初の節気である「立春」であり、太陰太陽暦の名実共に新年が明け、春の季節が始まると考えている。一般的な主な行事としては、「立春大吉」「建陽多慶」という、一年が無事安泰で豊年を祈願する意味を含んでいる「立春帖」というものを書いて、玄関やその家の最も中心的な部屋の天井や大黒柱に貼る。

また立春になると、農家では農機具の手入れなど農作業の準備を行うと同時に、長かった冬期間にたまっていた埃を払うなど大掃除をし、自宅の内外を整え新春を迎える。すなわち、立春は農業の始まりであると同時に、新年の元日でもあると考えられていた。さらには、立春に降る雨は万物を蘇生させることで喜ばれており、その雨水を浄化して夫婦が呑んで寝ると子を授かるとのいわれもあり、重要視されてきた。しかしながら、これら諸般の行事の中でも喪中である家庭では、「立春帖」というものを書いて表玄関や大黒柱に貼り、新春を迎え入れるなどのお祝いごとは禁じられている。

このような民俗的な習俗が、韓国の伝統的・通俗的仏教にはどのように働いているのだろうか。まず仏教でも同様に「節分」とは言わず「立春祭」と言い、主に「立春祈願祭」の法会を行うのが慣わしになっている。つまり各寺院ごとに立春の二十一日前、または七日前、あるいは三日前から祈禱を行い、祈禱を終了する廻向の日が立春になる同日、入立春の同時刻に合わせて行うのが通例になっている。このとき行う祈禱の本尊は、韓国仏教独自の「神衆」という八部の神々をはじめ、金剛菩薩および仏法を守護するといわれる四天王などの神々である。この「神衆」は、寺院本堂の本尊仏の右または左隣りに「神衆」(中壇)という専用の壇が設けられ、たてまつられる(図6)。同様な形態は多分、日本や中国仏教では存在せず、韓国仏教のみに見られるものと思われる。つまりこの

図６　節分の祈願儀礼の本尊「神衆」（中壇）に向けての祈禱風景、韓国ソウル市内の寺院

ような「神衆」信仰は、韓国仏教独自の信仰形態と言えよう。

ところで日本の節分祭といえば、「鬼は外、福は内」と豆をまくことによって鬼は逃げ去る、というい われにより各寺院において行うのが通例である。それでは韓国仏教ではどうであろうか。まず韓国仏教の節分祭において、「鬼は外、福は内」と豆をまく習俗はない。

つまり、上記した「神衆」に立春の当日まで祈禱を行ったのち、廻向の日に、その年の厄歳にあたる祈願登録信者たちの肌着を焼却し、悪魔払いや浄めに効果があるといわれる小豆をまいて、厄払いの儀式を行う。そのときに「鬼は外、福は内」を唱えるのではなく、厄を払い災難は去り、吉祥が充満されますようにと、「仏説消災吉祥陀羅尼」という真言を繰り返し唱える。

ただし最近は、厄歳にあたる信者たちの肌着を燃やし厄払いをする儀式が、地球環境に問題があるとの仏教界の自発的な提言により、肌着の代わりに梵書（悉曇）で書かれている「神妙章句大陀羅尼（真言）」で折った紙服を焼却することで厄払いをする例も多くなりつつある。

このような儀式が終わると、信者たちは「立春の札」をそれぞれ頂戴し、寺で出す食事をとった後、帰宅し、「立春の札」を部屋の天井や入口の内側の真上に貼る。このような一連の立春祭の儀礼儀式によって一年間、家内安全、無病息災、万事吉祥が約束されると信じている。

しかしながら、近年においては、このような民俗信仰的な儀礼儀式を仏教において、あたかも仏教の本義たる儀礼儀式のように堂々と毎年のように行うのは、真の仏教の立場からいかなるものだろうかという疑念が出され、止めるべきであるという意見もある。けれども、非教理的であり仏教の本義から逸脱したものであると如何なる厳しい批判があったとしても、この世の人間が現世において、世俗的な悩みごとや心配ごとから脱したいという心情や、世俗的な幸福を追求する人の心がある限りにおいては、従来通り節分祭において、厄除けのための現世利益的な儀礼儀式は、続けられるに違いない。一方においては、このような韓国仏教の信仰形態こそ、融合性に富んだ韓国人の他宗教に対する寛容性であるとし、よしとする意見もある。何れにしても韓国仏教徒は、仏教の「理想」と「現実」という、避けることのできない「節分祭」の儀礼儀式というギャップに、悩み続けるのが現実と言えよう。

## おわりに

以上、韓国仏教における神々に対する観念を、「山神信仰」と「神衆信仰」という、当該の仏教徒にとって最もポピュラーな信仰形態を見てきた。これらの事実によって明らかになることは、韓国仏教は、仏教全体に共通する神々を基としつつも、民族独自の歴史と文化の中から生まれた、独自の神信仰を発達させてきたということである。この事実は、韓国において仏教が、起源の異なる神々を排除することなく、相互に補い合うことで共存共栄してきたということを示している。この事実こそ、仏教が世界各地に平和裏に伝播し、多様な民衆の求めにきめ細かく応え、多くの人々を救ってきた、仏教の救済構造の豊かさを示す象徴的な事例ではないだろうか。

**参考文献**

1、安震湖編『釈門儀範』（法輪社、一九六九年）。
2、一然著（金思燁訳）『三国遺事』（明石書店、一九九七年）。
3、洪潤植『韓国仏教儀礼の研究』（隆文館、一九七六年）。
4、朴ミンホ・趙ミンキョン『山神堂の秘密』（国民書館、二〇〇二年）。
5、李熙根『ウリ民俗信仰の話』（ヨミョンメディア、二〇〇二年）。

コラム…❻

# 北斗七星が降りた寺——韓国・雲住寺——

佐藤　厚

## 神秘の寺、雲住寺

韓国の西南部に位置する全羅南道は、美味しい食べ物と温かな人情にあふれたところである。今から十年ほど前、私は知り合いの全南大学教授の曺《チョ》さんを訪ね、様々な観光名所を案内してもらった。その中の一つは、全羅南道の中心、光州から車で三十分ほど行ったところにあるお寺であった。名前は雲住寺《ウンジュサ》といい、別名を「千仏千塔の寺」という。私はそれまでも韓国の有名なお寺には行ったことがあったが、雲住寺の雰囲気は、他の寺院とは全く違っていた。

韓国の有名なお寺は普通、山にある。山を登りながら、山門や天王門を通って本堂などさまざまな建物に至るのであるが、雲住寺は違う。立地は、両側を小さな山に挟まれた渓谷である。山門や大雄殿のほか建物はほとんどなく、石仏や石塔があちこちに散らばっているだけであった。さらに、それら石仏や石塔も、通常のものとは違っていた。

石仏の姿は、韓国の仏像を代表する石窟庵の如来坐像や、菩薩の半跏思惟像のような写実的なものではなく、素朴で原始美術を思わせる姿である。中でも異色なのは臥仏と呼ばれる仏像で、地面の岩盤に二体の仏像が彫られており、ちょうど真上を向いたまま並んでいる形になっている。これだけでも変わっているが、さらにその顔立ちも、卵形の輪郭に半月形の目、分厚い唇など、それこそ原始美術を思わせるものである。また、石塔の形は、四角の屋根を重ねたもの以外に、円盤型のクッキーを重ねたようなものや、球形を重ねた「串だんご」のようなものもある。また、ある石塔には古墳の紋様のように、アルファベットのXの形を刻んだものもある。

こうしたことから雲住寺は、仏教遺跡というより、どこかの古代文明の遺跡を髣髴とさせる不思議な場所であった。その中で私が最も惹かれたのが、北斗七星を模した七つの岩盤である。

## 北斗七星の岩盤

松林で覆われた渓谷の斜面に七つの岩盤がある。直径は、ほぼ二メートルから三メートルほど、厚さは三十から四十五センチメートルである。これは配列状態が北斗七星と類似することから、北斗七星を信仰する、七星信仰の造形物であるとみられている。

北斗七星は古代から、宇宙を司る存在として信仰された。仏教ではそれを熾盛光如来とし、また道教では紫微大帝として神格化した。人々は昔から今に至るまで、七星に、無病長寿や子孫繁栄などを祈願してきた。

ここから、雲住寺の北斗七星の岩盤も、朝鮮半島の七星信仰の一つの形態であることがわかる。ただ直接、大地に七星の岩を配置するところに迫力があり、造った人たちの信仰心を窺うことができる。では、こうした雲住寺の不思議な石仏、石塔、そして北斗七星の岩盤は、どのような背景のもとに造られたのであろうか。

七星岩

## 雲住寺の創建と北斗七星の岩盤

雲住寺の創建時期はよくわかっていない。説話によれば、新羅時代、ほぼ九世紀に活躍した道詵という僧侶が建立したという。道詵は中国で風水地理を学んで帰国すると、朝鮮半島の地勢を鑑定した。その結果、半島はちょうど船が出航する姿をしているが、半島の東側に太白山脈があって平坦な西側とはバランスがとれず、このままでは船がうまく進めない。すなわち、風水的に問題があるとみたのであった。そこでこれを解決するために、道詵は一晩で雲住寺の千仏千塔を造った、という。もちろんこれは伝説であり、史実とは考えられていない。

全南大学教授イ・テホらは発掘調査の結果などに基づき、雲住寺の創建時期を高麗時代の十一世紀頃と推測し、さらに石仏、石塔の造成年代を、その様式から十二―十三世紀と推定している。すなわち、七世紀から十世紀半ばの統一新羅時代は中央集権的な政権であり、仏像、仏塔の様式は均整を重視した形が好まれ、それが全国に広まっていた。ところが、統一新羅末から高麗初期になると中央の統制力が弱まって地方民衆や在地豪族の動きが活発になり、彼らが好む仏像、仏塔の形が現れ始めた。それらの多くは民間信仰をベースとした、土着的で神秘的なものであったという。まさしくこの点が、雲住寺の石仏、石塔、そして北斗七星の岩盤の背景となったとみている。

つまり私が雲住寺から受けた不思議な感覚は、当時の神秘的なものを好んだ全羅道の人たちの仏教観に対するものであったと言えよう。さらに私が雲住寺で思ったのは、宇宙と雲住寺との交流である。北斗七星の岩盤は宇宙の力を大地に下ろしたものと考えられるし、また前述した臥仏も、宇宙を向き、宇宙と交流している仏様なのかもしれない。すなわち雲住寺の渓谷自体が、今はやりの言葉で言えば、パワースポットだったのかもしれない。

**参考文献**

1、イ・テホ、チョン・ドゥギョム、ファン・ホギュン『雲住寺』（テウォンサ、一九九四年）。
2、東国大学校仏教文化研究院『韓国仏教文化事典』（ウンジュサ、二〇〇九年）。

# 法会・祈願・葬送にみる神と仏

蓑輪顕量

## はじめに

日本の仏教における神と仏の関係は如何なるものだろうか。それは具体的には、どのような形態をとっているのであろうか。一般に、日本の伝統的な神々と仏教の仏が接したときに、反発かあるいは習合と呼ばれる現象が起きたと考えられている。異質なもの同士が出逢ったときに生じる反応は、一方が一方を排除するか、あるいは自己との関係を模索し、肯定的に受け止めて自己の中に位置づけていくかのどちらかであったようだ。

仏教と日本の神々との関係は、最初は前者であったとみられ、『日本書紀』に見られる仏教公伝の記事に蘇我稲目と物部尾輿の対立が描かれているのは、その反発のよい表れであろう。しかしやがては仏教の受容に向かった。仏教側から習合の方向でのアプローチがなされたことが、歴史的な資料に残されている。土着の神との共存を図るべく、神々の側がへりくだり、神の身を離脱したいと望み、経典の読誦を僧侶にお願いするという類の話が、都から離れた地の古い寺社の縁起には散見される。たとえば、三重県の多度神宮寺や大分県の賀春《かわら》神宮寺にまつわる話は、その典型であろう。これらは、仏教者側から仕組まれた神々の意図的な位置づけであっただろう。

しかし、両者の関係は、一方が一方に従属するという関係ばかりではなかった。古代から中世にかけて生じた関係の中では、神と仏とは、ほぼ対等な関係を持ち、お互いに相手を敬いながら共存を果たすようになっていた。そのような例が、奈良の諸大寺に伝わるさまざまな行事の中に見出せる。日本人なら誰でも知っている奈良の寺院に東大寺や興福寺があるが、その大寺に伝わる伝統的な法会の中に、神と仏の共存を明らかに示す事例が数多く存在する。そこで、ここでは、まずは今も継承されている奈良の伝統的な法会に神と仏の関係を探り、次に祈願、最後に葬送に焦点を当てて、現代に生きている神と仏との関係を探ってみようと思う。

## 一　法会——古代からの寺僧の営み——

奈良に伝わる伝統的な法会に、東大寺のお水取り（正式名称は、十一面悔過《けか》会と言う）、薬師寺の花会式、興福寺の慈恩会（薬師寺と共同）などが存在する。ここでは、東大寺のお水取りや興福寺慈恩会に見る神と仏との関係を取り上げてみたい。

まず最初に、法会についての説明をしておこう。法会とは仏法の会座《えざ》を意味し、ある一定の形式を持った仏教行事である。その起源は、おそらくは儀礼を大切にする東アジア世界の価値観に基づいたものと推定される。もともと中国に存在した儒教経典の講説の伝統が仏教にも取り入れられ、発展したものであろう。もっとも、インドにそのようなものが全くなかったのかというと、そうでもなく、おそらくは布薩や斎会の際に人々が集まり、経典を一緒に唱えたりすることがあったと思われる。しかし、一定の形式を持ち、儀礼的要素を多分に持つようになったという点では、東アジア世界の特徴と言うことができる。

法会は目的別に、悔過のための法会、経典講説のための法会、論義のための法会、と大きく三つの範疇に分けられるが、ここで取り上げる東大寺のお水取りは悔過のための法会、慈恩会は論義のための法会である。

古代から寺院の僧侶は、法会を行うことを大事な勤めの一つとしていた。十月の興福寺維摩会、正月の御斎会、二月の薬師寺最勝会は、日本の仏教界を代表する重要な法会であり、平安時代初期にはすでに「三会」と呼ばれ、寺院独自の行事だけではなく公の意味を有していた。公の意味とは、僧侶世界の幹部である僧綱への補任に際し、法会の場で行う竪義《りゅうぎ》と呼ばれる論義を経た者を三会の講師として任命し、三会の講師を経た者を已講《いこう》と称して、その中から順次、僧綱に任用するという形態を取るに至っていたからである。

## 奈良の法会、東大寺お水取りと神々

まずは奈良を代表するお水取りの法会から、神と仏の関わりを見ていこう。お水取りは、現在では三月一日から十四日まで二週間にわたって東大寺二月堂において行われる。この法会は六時の行法と言われ、一日を四時間毎に六時に分け、その各々の時においてさまざまな仏事を行う。一日に六回の仏事が行われるのであるから、その執行は、出仕する練行衆の方たちにとって大変な苦労であろう。

さて、神との関わりを正面から見せてくれるのは、まず二月末日の夕方に行われる「大中臣祓」である。練行衆が上院の細殿に並んで祓いを受けるのであるが、彼らは本袈裟ではなく黒地のよれよれの和布《めさげ(通称わかめ)》袈裟を身に着け、

図1　二月堂前の興成社、法令の趣旨を述べ加護を祈る

御幣を手に持ち祓いを受ける。祓いを微言で唱える咒師は、袈裟を外している。本尊、諸天善神、十二神将を勧請し、まさしく神々との関係を見せてくれるのである。

次いで三月一日には、練行衆は二月堂の鎮守三社、興成社（図1）、飯道社、遠敷社を巡拝し、法会が順調に進むことを祈る。そして、何といっても神との関係を最も如実に示す光景は、初夜と後夜の悔過作法が終わった後に行われる祈願作法の中に登場する。それは、日本全国の神々を招いて法楽を捧げる部分、すなわち「神名帳」の奉読である。

この部分は、法会の大導師によって行われることから「大導師作法」とも呼ばれるが、初夜の作法の中では、「神名帳」「過去帳」（五日と十二日のみ）、「加供《かく》帳」「諷誦文」などが読み上げられる。「神名帳」を読み上げることは、日本全国の「万三千七百余所」の天神地祇から御霊に至るまでの神々を勧請することを意味している。日本全国の神々にお水取りという法会の場に来臨を願い、法味を捧げるのである。

東大寺に残る『練行衆日記』によれば、中世後半の室町、応永二十二年（一四一五）、二十七年（一四二〇）の頃には、この「神名帳」の読み上げに、声の通る僧侶が選ばれたことがわかる。その上手なる者は「能読《のうどく》」と呼ばれ、注目を浴びていた。この読み上げは、「神名帳」が長いだけにほぼ三十分近くかかる。ゆっくりしたペースから始まり、やがて速いペースに変化して、神々の名を読み上げていくのであるが、まさしく日本全国の神々が勧請され、法会の場に呼ばれる。そしてその神々は、この法会に関わる人々を守護する役割を果たすのである。

ちなみに、この行事の参集に魚釣りをしていて間に合わなかったとされる若狭の遠敷明神は、毎年、そのお詫びのしるしに、香水を二月堂の近くに届けることを約束した。そのとき、二羽の黒白の鵜が飛び出して、そこに水が湧いたという。これが二月堂の下にある若狭井であるということになった。そしていつの間にか、法会の終わりに近い三月十二日の深夜（十三日の早朝二時頃）、二月堂の下にある若狭井から汲む水は、若狭の国から届くものという俗信が生まれることとなった。

このように東大寺で行われるお水取りにおいては、日本の神々は寺院の法会に協力する存在であって、対立する存在ではない。ここに南都の寺院における神々との関わりが明らかに見て取れ、神は仏の法会に協力する、独立しかつ対等の存在であったことが知られるのである。

## 興福寺慈恩会と神々

次に、興福寺で行われる慈恩会の場合はどうであろうか。慈恩会は、維摩会が消失してしまった後も興福寺に続いた、数少ない伝統的な仏事法会の一つである。現在では興福寺と薬師寺がその会場を提供して毎年交互に行われている。以前は、法隆寺も含めて三か寺で交代で行っていたそうだが、現在は両寺のみで行われている。

さて、この慈恩会において興味深いのは、法会の中に竪義が今でも残っていることである。竪義とは、仏法の教理に関する問答の一種である。一般に論義と呼ばれるものが問答であり、それはまさしく「義を論じる」ことであるが、通常は一人の回答者に対して一人の質問者が立てられる。それが、複数の質問者に対して一人で答えるのが竪義である（その人は竪者《りっしゃ》という）。仏教教理の問題点を問答することに変わりはないのだが、僧侶の資格試験の意味を兼ねているところが他の論義とは異なる。この竪義を経た者が僧侶世界の一人前として扱われ、幹部候補生となったのである。この竪者に選ばれることは古来、名誉あることであり、それは僧侶たちにとって出世の道を約束されることであり、また憧れの的であった。

興福寺は藤原氏の氏寺として名高いが、寺院に隣接して藤原氏の氏社である春日大社が存在する。両者は互いに藤原氏の繁栄を願い、さまざまな行事を行ってきたのであるが、寺院の行事に出仕する僧侶たちも、自らの守護神として春日明神を敬っていた。実際、僧侶の登竜門である維摩会の竪義に選ばれた僧侶が、春日大社（若宮）に参詣するということが、平安時代の絵巻物である『春日権現験記』の中にすでに見える。そして現在でも、慈恩会の竪義に選ばれた僧侶は、法会を前にして春日大社（図2）に参詣する習わしが続いているのである。

竪者に選出された僧侶が春日大社にお参りするときには、社殿の前に立ち、『般若心経』を唱え、無事に竪義を終えられることを春日明神に祈願する。ここに興福寺僧の外護者としての春日明神の役割が明瞭に表れている。また、同様に、竪義が無事に終わったときには、次の日に春日大社に御礼と報告に参詣する習わしとなっているのである。このときは社殿の前の回廊部分に席を取り、宮司の方に祝詞を上げていただいた後に、僧侶自ら『般若心経』を読誦して、神前に法味を言上する。その場所が神社の回廊部分であることは、神社の聖域内に侵入しないことを象徴しているのかもしれない。

図2　春日大社の社殿、正面が回廊

また、竪者は法会に臨む前の二十一日間の加行において懸命に勉学に励むのであるが、その最終日（すなわち慈恩会の当日）、問者は論義の論題を事前に探題から提供されるという「夢見の儀」が行われる。そこにおいても春日神は重要な役割を果たしている。夢見の儀が行われる部屋には「春日赤童子」という春日明神の掛け軸が掛けられているのであるが、夢見の所作が行われるときには、春日神の姿は四角く切られた紙（シデ）で覆われ、見えないように隠されるのである。

なぜ神の姿が隠されるのか確かなことはわからないが、聖なる神の前において論題を教えるという行為自体が、若干、はばかられるものと考えられたからであろうか。

また、法会の最中にも春日明神が登場する場面がある。それは、法会の途中、神分の前に探題が会場に入るのであるが、そのときにも、春日明神を導くと考えられる梅の白枝（ずばえ）が先導する。この梅の白枝は、探題の侍者が法会の会場に持ち込む短尺箱とともに本尊脇の柱の前に置かれる。なお、短尺箱の中には御幣が納められ、それは春日明神の依代であると考えられる。

このように興福寺・薬師寺に伝わる慈恩会は、春日神との関係を密接に持ちながら継承されてきたのである。奈良の地において、神と仏は、互いに敬意を払いつつ共存してきたと言えよう。

## 一ッ火に見る神と仏

図3　遊行寺本堂に掲げられた名号掛け軸

次に、関東で行われる時宗の伝統的な行事である、一ッ火に焦点を当ててみよう。この行事は神奈川県藤沢市の清浄光寺（別名、遊行寺）で十一月の末、別時念仏の際に行われる。堂内のご本尊の前には、歴代遊行上人の揮毫した名号の掛け軸が所狭しと掛けられる（図3）。本尊に向かって一番左端には、一遍上人が神託を賜ったとされる熊野権現の掛け軸が掛けられる。ここにおいても、法会の直前まで権現様の前には一枚の布が掛けられ、そのお姿を拝見することはできない。しかし法会が始まる直前に、その布が半分ほど竹籤でめくられてお姿が拝見できるようになる。ここに、一ッ火の行事に熊野権現が来臨していることが象徴的に読み取れる。

時宗の開祖になる一遍は、「南無阿弥陀仏」の名号さえ残ればそれでよいと遺言し、所有の物はすべて、亡くなるに際し焼いてしまったという。それゆえに伝わる伝統的な行事は、ほとんど称名の念仏に終始するのみである。ただ、その念仏は「アミ引きダ張り念仏」と言われ、独特の唱え方をする。

堂内には阿弥陀の居る浄土が彼岸として作られ、一方に此岸として釈迦の居る娑婆国土が作られる。彼岸には『無量寿経』の十二光仏に基づき、十二本の蠟燭が立てられる。堂内の蠟燭が一旦は全部消され、黒洞洞たる闇が訪れる。その全くの静寂の空間から、此土と彼岸の双方で切り火で点けられた一つの火が、それぞれに中央に寄せられて一つとなる。その一つの火が元となって、ゆっくりとした念仏とともに、堂内の蠟燭に再び順次、点燈されていく。荘厳かつ劇的な空間が醸し出され、とても印象深い仏事である。

一遍は日本全国をくまなく行脚し賦算《ふさん》（念仏の算《ふだ》を賦《くば》る）を行ったことで有名であるが、日本の伝統的な神々にも敬意を払った。その伝統が、今に伝わる行事の中に見て取れるのであり、そこにおいて、熊野権現は今もなお、お出ましになりつづけているのである。

## 二　祈願——日蓮宗の場合——

日本の仏教において祈願が盛んに行われるのは、よく知られたところである。庶民の欲求に寄り添った仏教の存在形態であるとして積極的に評価する向きもあれば、自己の意識に気づき、悟りを目指す仏教とは大いに異なるとして、眉を顰める向きもあろう。しかしながら、祈願は、仏教者が積極的に人々の欲求を受け止めた宗教的営みの証であり、実に多くの宗派において現代も行われている。

実際、東南アジアの仏教国スリランカやタイなどでもパリッタ（護呪）が積極的に受容されていることを考えれば、さほど不思議がるには当たらない。とにかく日本の宗派のうち、天台宗、真言宗、日蓮宗、禅宗などほとんどの宗派が、祈願を積極的に受け入れ、現在も実施しているのである。

そもそも祈願は、経典の講説などの法会においても行われたものであった。願文や表白と呼ばれる部分の文言から考えれば、その中に国家安康、玉体安穏などが願われてきたから、南都系の寺院においても、古来、馴染み深いものであったと言えよう。『日本書紀』などの史料にしばしば表れる『大般若経』の転読なども、願い事を叶えるために行われた祈願の一種であった。

経典の読誦という形式の上にあった祈願を、新たに秘密の作法を付加して体系的に行うようになったのが、平安時代に始まった天台・真言の両宗であった。とくに真言の僧侶は、密教の行者であると自覚し、バラモンに伝持されたホーマと呼ばれる儀式から発展した、護摩と呼ばれる所作を行った。いわゆる行者の前に炉を組み、火を燃やしながら祈願をする形態ができ上がったのである。そのような祈願の形態が一般に「加持祈禱《かじきとう》」と呼ばれ、出家者が行う大切な勤めの一つとされていったのである。

この傾向は、鎌倉時代に天台・真言から派生した宗派においても、ある程度は見て取れる。たとえば日蓮宗においては、その初期の段階では、日蓮が自らの母の命の蘇生を願って祈禱したことが知られる程度で、あまり目立たない。しかし、近世の江戸時代以降は、色濃く加持祈禱が導入されるようになった。その概略は後に触れる。

また曹洞宗においては、その宗勢の拡大に尽力した瑩山紹瑾のときから多く見られるようになった。瑩山のときから『大般若経』の転読による祈願などが、盛んに行われるようになったのである。このように、中世の時代に新たな集団を樹立した集団も祈禱を行うようになり、庶民の欲求を受け止める手段として、加持祈禱は大いに活用されたのである。

では、ここで日蓮宗に伝わる祈禱について紹介したい。

日蓮宗に祈禱が本格的に導入されたのは十六世紀末のことである。千葉県市川市の中山にある法華経寺に遠寿院と呼ばれる子院が存在するが、そこが日蓮宗における加持祈禱の道場として名高い。中山流の荒行堂として開かれた円立坊がその前身に当たる。一方、身延山にも積善坊流という祈禱のための道場が、ほぼ同じ頃であろうか、成立したという。

さて、加持祈禱を習うのは、「大荒行」と通称される百日に及ぶ寒行においてである。修行者たちは十一月一日から二月十日まで荒行堂の中に参籠し、一歩も結界の外に出ない。毎日朝の三時から水行が始まり、ほぼ三時間毎に夜十一時まで、七回の水行を行う。睡眠時間は約二時間半と、肉体的にも精神的にも限界に挑戦する、文字通りの大荒行が行われているのだ。

最初の三十五日間は自らのための修行である自行の行法（水行と経典読誦を中心とする）とされ、その後の六十五日間は利他行とされるが、そのときにも結界の外に出ることはない。この期間に儀軌相承、木剣相承、口伝相承が行われる。口伝相承によって「内外相応、色心円成」の修法師が生まれるという。なお、祈禱のために在家者と接する機会ができても、それは依然として結界の中の外堂と呼ばれるお堂、あるいは特別に設けられた面会場所においてのみである。

江戸時代の荒行は二人、三人など、ほんの数人の僧侶が指導者のもとに参籠するのみで、とてもこぢんまりとした真摯なものであったらしい。現在は多少、人数が増えたようだが、それでも基本的にはあまり変わらず、参籠する者は毎年十名前後であるという。

そして興味深いことに、この荒行に参加する行僧は入行すると同時に鬼子母神に自らの身命すべてを預け、一心不乱に行に励む。実は、荒行の主神は釈尊ではなく、インド伝来の神である鬼子母神（インド名はハーリーティ）なのである。

では、なぜ鬼子母神が荒行の主神であり、加持祈禱の神になったのであろうか。その端的な理由は、鬼子母神と『法華経』との関わりから生まれたものであった。鬼子母神は、もとはインドの神で、他人の子供を食らう悪鬼であったが、釈尊の教化を受け懺悔し、子供守護の善神として生まれ変わった。『法華経』「陀羅尼品」の記述には、鬼子母神と十羅刹女が、ともに『法華経』を受持する者を擁護することが説かれている。ここから、法華経行者の擁護の神とされるようになった。そして江戸時代、法華宗（日蓮宗の前身）の中で祈禱が隆盛になるにつれ、祈禱の中心本尊として、鬼形の鬼子母神像（図4）が造られるに至った。悪霊を調伏するのに相応しい姿として、密教の憤怒形の尊格に倣ったと推定されるのであるが、鬼形の尊像が作製されたのである（鬼子母神は、子育ての神として信仰されるときには優しい尊像である）。こうして、行者を守護する尊格として、また祈禱の本尊として、鬼形の鬼子母尊神像が存在するようになった。

図4　鬼形鬼子母神像（初日山蔵）

また百日間の寒行は、一度入行すれば十分と考えられていた時代が長いとされるが、明治の頃から二度目、三度目の行僧が現れるようになったという。参籠の回数に応じて、初行、再行、参行、再々行、五行と五つの区別立てがなされるようになっていった。

また、行の最中に行われるさまざまな相承の一つに、切り紙の相承がある。いわゆる神道で用いる幣束の相承である。この幣束は神道家の吉田流のものが使われており、その伝承を学ぶ機会が、荒行の中に組み込まれている。

行の中での中心的な相承は、木剣を振ることによる加持祈禱の作法の伝授である。もともとは実際の剣に数珠を打ちつけて音を出していたと言われるが、法具として独立したものが作られるようになった。現在では、木製の剣の形をした少し厚い板木（柊の木で作られる）と大きめの玉のついた念珠を双方ともに片手で持ち、振ることによって打ちつけて音を出す。そして、空中に九字を切りながら祈禱を行う。その祈禱を行うときに、鬼形の鬼子母神像の前で行うのが正式とされるのである。

このように日蓮宗で行われる加持祈禱は、その本尊は鬼子母神であり、仏・菩薩ではない。時には、本尊が大黒尊天になることや祖師の日蓮になることもあるが、とにかく仏教の主尊である仏や菩薩が、祈禱の主尊になることは珍しい。

このようなところに、日蓮宗の加持祈禱の特徴が見出せる。すなわち、実際に民衆の中に定着した仏教は、特別な場合の主尊として神々を認めており、その神を受容しているのである。ここに、神と仏との受容の場が目的によって相違する、そして神も仏と同じように受容されている関係を見ることができる。

## 三　葬送に見る神々

最後に、仏教的な葬送の中に見られる神々を見てみよう。仏教が葬送と密接に結びつくようになったのは、院政期頃の貴族の習慣からと言われる。現世における祈願は神祇で、来世のことは仏教に頼むという住み分けが行われ、そこから仏教が専ら葬送と関わるものと見られるようになったらしい。

ところで葬送と一言で述べても、その内実は遺体の処理から埋葬、追善の仏事など多岐にわたる。現在の葬送では、病院で亡くなればまず遺体の清拭をして、死化粧をし、白装束を着せることから始まる。自宅に戻るか、葬儀の会場に運ばれるかの相違はあるが、やがて遺体は棺の中に納められ、通夜や告別式を待つことになる。そこで、ここでは最後に死者が身に纏う白装束に注目してみたい。というのは、白装束と言うけれども、実際には無垢の白装束ではなく、さまざまな経文が書かれて朱印が押され、独自の世界観がそこに現出していると考えられるからである。

死装束とは、死者が身につける衣装のことである。そもそもの由来は、僧の姿になぞらえたものらしい。また、『大宝広博楼閣善住秘密陀羅尼経』や『不空羂索神変加持真言経』の記述によれば、真言を、「若しは身上に佩び、若しは衣中に書かば、決定して退転せず、無上菩提を得べし」などとあることに基づくと言われる。死装束には帷《かた》子《びら》、手甲、脚半、頭陀袋、三角の布などがあるが、これらは死を旅立ちと考えるところから発生したものである。身に纏うものが帷子であるが、経帷子とも言われるのは、表面に御経文を書いたからである。その営みは、死者の滅罪を願い、冥土への旅立ちの無事を願ったからと考えられるが、そのような習慣が成立した時期を特定することは困難であろう。しかし、いつの間にか、人は死ぬと冥土の旅に赴くというような社会通念が生まれ、人の死は、死後の世界への旅立ちと捉えられるようになったのである。

そもそも経帷子を死出の旅支度として整えることは、天台宗・真言宗の中から始まったという。宗派によってさまざまなしきたりが存在するが、実際には経文に限らず、さまざまなものが書かれている。ここでは、日蓮宗の経帷子を主に見てみよう。

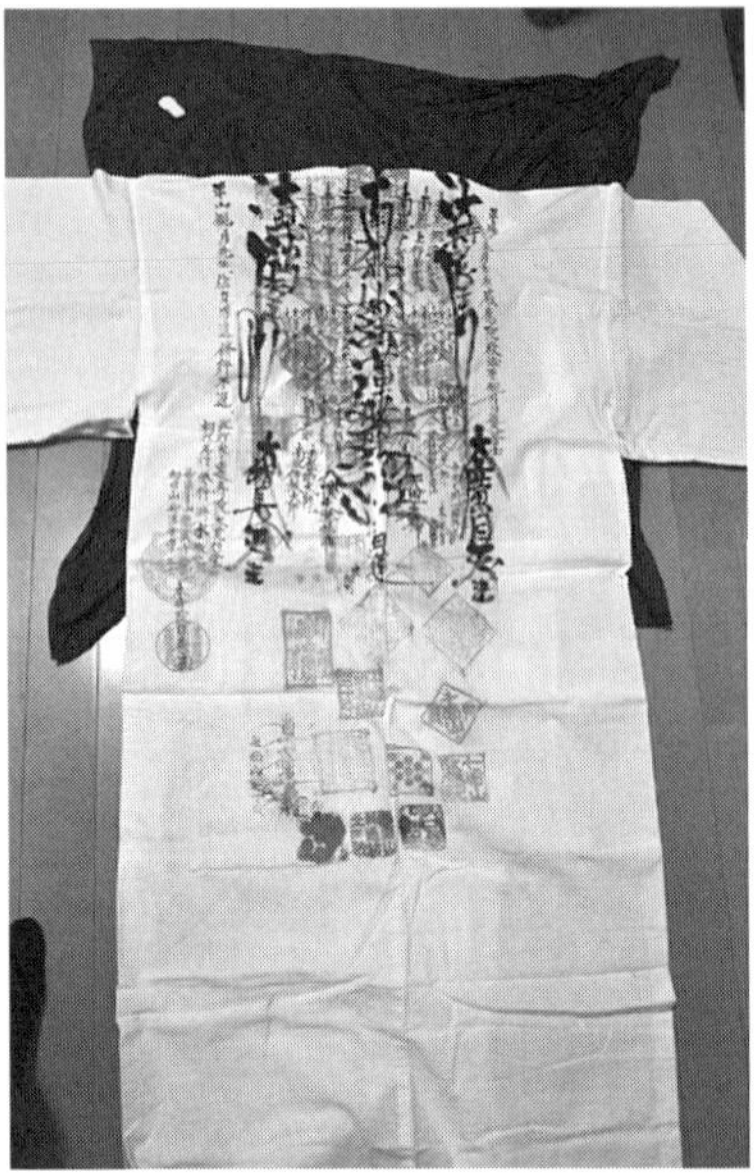

図5　字曼荼羅の書かれた経帷子

日蓮宗の経帷子（図5）は、日蓮の残した曼荼羅を書くのが決まりである。中央に「南無妙法蓮華経」の首題と、四隅には四天王、二聖二天などが文字で書かれ、ほぼ掛け軸と同じ字曼荼羅であるが、「閻魔法皇五道冥官」の文字が宗祖の名の左右どちらかに入る。経帷子は、菩提寺の住職に生前に揮毫をお願いする。日蓮宗では死後に霊山浄土（法華経の説処であるインドの霊鷲山が浄土と見立てられたもの）に赴くという理解がなされているので、死は正しく霊山浄土への旅立ちであると捉えられている。

曼荼羅の中には、日蓮によって仏教擁護の神として位置づけされた八幡大菩薩、天照大神も登場する。また、巡礼に歩いたさまざまな霊跡や寺院において朱印を受けてくることが屢々行われる。その朱印の中には「七面大明神」なども含まれる。結局はお題目と仏教の神々、さらには中国や日本の神々にも守護されながら、死出の旅路に赴くことになるのである。

なお、死装束の書式は宗派によって大きく異なる。天台・真言系では光明真言を書く。浄土宗では浄衣と呼び、身ごろには「欲得衣服　随念即至　如仏所讃　応法妙服　自然在身」と書き、背中の中央には「南無阿弥陀仏」と認め、念仏の両脇には「応法妙服　自然在身」、そして下方に「〇〇山〇〇寺〇世　〇誉（花押）」と記されることが多い。

# おわりに

このように日本に現在も生きる仏教には、日本の伝統的な神々と、中国、インド起源の神々をも取り込み是認しているところが見出せる。確かに現在では、「神祇不拝」を打ち出している宗派も存在するが、基本的には仏と神々とは住み分けをしながら、重要な役割を分担し合っている。日本において、神々は、歴史的には素朴に仏法を擁護する神として受容され、やがては僧侶を守る神としても位置づけられた。それは、教理的にも体系立った教えを持った仏教のほうに優位性を見出したからこそ、日本の神々が守護の役に回ったのであろう。そこには従属的な意識はあまりなかった。

祈願においては、外来のインド伝来の神々をその主尊として敬い、その祈願を叶えるために必要な力を与えてくれる神として位置づけられた。おそらく、仏教の持つ認識とは若干、異質な、庶民の願望を叶える現世利益的な部分を担うものとして、外来の神が必要であったのだろう。しかし、それは仏教に付随してやって来た神々であり、あくまでも仏教の範疇に入ると考えられた。それは、まさしく民衆の卑近な欲求を真正面から受け止めてくれる、頼もしい存在であったに違いない。

また、葬儀にまつわる経帷子の中に見られるのであるが、日本の伝統的な神々も、日本人の死への旅路の守護者として位置づけられていたと考えられる。身近な存在である日本の神々に死後のお供をしてもらうという意識も、そこには見出せるのである。

このように、現代の日本に生きる仏教は、決して仏だけで成り立っているのではなく、さまざまな神々の役割も大切なものであり、現実には重層的な信仰が行われていることが確認される。神々が柔軟に位置づけられることで、人々の素朴な要望にも応えられる、懐の深い、民衆に寄り添った仏教となっていることを今一度、認識する必要があるのではないだろうか。

**参考文献**

1、新井大祐・大東敬明・森悟朗『言説・儀礼・参詣―〈場〉と〈いとなみ〉の神道研究―』（弘文堂、二〇〇九年）。
2、佐藤道子『東大寺お水取り―春を待つ祈りと懺悔の法会―』（朝日新聞出版、二〇〇九年）。
3、戸田日晨『日蓮宗祈禱根本加行道場誌』（遠寿院、一九九七年）。
4、藤井正雄編『仏教儀礼辞典』（東京堂出版、二〇〇一年）。
5、松尾恒一ほか『自然と文化』六三「特集　御幣」（日本ナショナルトラスト、二〇〇〇年）。

# 死者供養の二つの位相

池上良正

仏教用語としての「供養」（梵語のpūjanā）は、神仏をはじめ尊敬すべき対象に供物などを捧げてもてなす行為を言うが、現代の日本ではもっぱら、「死者」に対して使われることが多い。この場合の「死者」はヒトに限らない。鯨供養、実験動物供養、草木供養など動植物を含み、針供養、人形供養、最近ではパソコン供養のように、モノの世界にも適用される。ここでは、モノが消費されたり不用になって捨てられるような状態が、「死」の比喩でとらえられている。日本語には「追悼」「慰霊」「鎮魂」など、死者の冥福を祈る言葉が豊富だが、「供養」はこれらと重なりつつも、仏教との関係が深い実践と見なされている。

ところで、今日の日本で「死者供養」と言うとき、相互に重なりつつもニュアンスの異なる二つの位相が浮かび上がってくる。ひとつは「報恩」「感謝」「哀惜」といった心情を伴う位相で、「先祖供養」に代表される。各家の先祖をはじめ、親密な関係を持つ親族や友人、近年では家族の一員と見なされるペットなども対象となる。近代には「戦死者供養」にも転用され、そこでは自国将兵の「顕彰」という側面が強調された。

もうひとつは「水子供養」「不遇の死者の供養」などに代表される位相で、この世に何らかの強い未練・執着・怨恨を残したと懸念されるような、「苦しむ死者」「気がかりな死者」の救済を目的としている。状況に応じてその範囲は広いが、単なる敬意や感謝だけではなく、死者の苦しみに共感し、謝罪するといった対応が重視されることが多い。

近代以降の日本の仏教界は、このうちの前者、とりわけ「先祖供養」の位相をもっぱら称揚した。それは近世の寺檀制度を基盤としつつ、明治政府が掲げた敬神崇祖論や家族国家観

四国遍路での水子供養

に追随する動きでもあった。「苦しむ死者の救済」という後者の位相が敬遠された理由には、しばしばそこに持ち出される霊の「障り」や「祟り」などが、近代社会の価値観とは相容れないという事情もあった。「苦しむ死者」「気がかりな死者」たちの否定的影響力への対処は、いわゆる新宗教の教団や、巫者・行者・拝み屋・霊能者などと呼ばれる村や町の民間宗教者の活動領域にゆだねられた。「なつかしい家族や大切なご先祖が地獄に堕ちるとか、祟るなどといったバカな話があるでしょうか」といった発言は、多くの仏教僧が、拝み屋などの「危険な迷信」に浴びせる非難の常套句にもなってきた。

　ところが、ひとたび近世以前の風景に目を向ければ、先にあげた二つの位相は、まさに有機的な結びつきによって「死者供養」の潜在力を維持してきたことがわかる。その大枠が作られたのは中国大陸で、魏晋南北朝期から宋代にかけて徐々に形成され普及し、地域ごとの変異を生みつつ東アジア全体に深く根を張っていったと考えられる。日本列島においても、この「死者供養」の二面的動態は仏教の民衆化に大きな力を発揮した。読経・法会・布施・造像・写経など、生者が現世で積んだ仏教的な功徳の回向は、亡き父母に対する孝行や先祖への報恩の最適の手段になりうる、という側面が強調される一方で、こうした追善回向が、怨霊供養をはじめ、盂蘭盆の典拠とされた目連救母伝説のように、広く「苦しむ死者」「気がかりな死者」の救済になりうるという考え方も積極的に説かれた。

中世には、地獄や餓鬼道に堕ちた肉親を救うというモチーフの仏教説話が広く浸透する。近世に入っても、仏教的な死者供養は農村社会を中心に「苦しむ死者」の救済に大きな役割を果たし、「無縁法界」に回向する供養塔碑などが盛んに造立された。こうした観点に立てば、近代以降の日本の既成仏教寺院は、イエ制度との癒着によって「先祖供養」に特化することで体制的な安定を維持できたが、それと引き替えに、「死者供養」が持っていた豊かな潜在力を大幅に低下させることになった、といった見方さえ可能かもしれない。

# 流行神・シャーマン・霊神
## ――近世日本の「神人習合」――

林 淳

## はじめに

中世には本地垂迹説、神道論、神仏習合が多岐にわたって拡充して社会に根を下ろしていたが、近世になると宗教史の状況は一変し、新しい時代を迎えた。近世になって起こった宗教史の変化を、四点あげてみよう。

一、封建領主であった顕密寺院が衰退して、独自の武力、経済基盤を喪失した。近世には幕府、藩から寺社に対して朱印地、黒印地が付与された。したがって寺社は、権力によって保護され、管理される存在になった。

二、顕密寺院の仏教世界が神祇信仰、山岳信仰、陰陽道を包括する時代は終焉し、宗教者が自立した身分集団を形成した。吉田家・白川家による神職支配、当山派・本山派による修験支配、土御門家による陰陽師支配が、幕府の監督のもとで進み、各宗教者の身分集団が形成された。

三、幕府はキリシタンを絶滅するために寺請《てらうけ》制度を作り、寺院を国家的制度の一部に取り込んだ。見方によっては、仏教は国教の位置を与えられたともいえる。形式的には、日本にいる人間は例外なく寺請制度のチェックを受けることになって、仏教徒を強制されたことになる。しかし幕府は、人々に対して仏教宗派の教義や信仰を強制したわけではなかった。寺請制度さえ遵守されれば、儒学、神道、修験道、陰陽道、心学、国学などを信仰し、実践することは何ら咎められることではなかった。近世後期に国学が知識人や地域の有力者に広がり、修験道が民衆の世界に根を下ろすようになると、仏葬を拒否して神葬祭、修験葬祭を求める動きが起こった。これによって寺請制度が揺らぎはじめた。

四、僧侶、神職、修験、陰陽師といったプロの宗教者とは別に、近世中期以降、俗人・アマチュアの行者・シャーマンが各地に現れて、生き神・生き仏となって救済を約束し、民衆の信仰を集めることができた。

寺請制度は、権力が上から強いた統治のための制度であったが、それに抵触しない限り、さまざまな信仰や実践は許容されることになった。修験、陰陽師、神子、虚無僧などのプロの宗教者は、祈禱・呪符・儀礼などの宗教的サービスを民衆へ提供したが、民衆はそうしたサービスの受容者にとどまらなかった。民衆のなかから俗人・アマチュアでありながら、過酷な修行や神がかりによって、生き神・生き仏になって集団を形成する人々が現れた。富士講、御嶽講などは、そうしたアマチュアの行者・シャーマンを組織化したもので、近世後期から近代にかけて勢力を拡張した。筆者は、人が神になることを仮りに「神人習合」と呼んでみようと思う。

近世社会では仏教が寺請制度によって国教化したように見えるし、そのように語ってきた研究者もいる。しかし仏教は社会的規範や通俗道徳としての強制力にはならずに、それゆえにさまざまな信仰が興隆し、競い合う自由競争が発生したと見たほうがよかろう。俗人・アマチュアの人間が、苦行や修練を通じて神となって人々の信仰の対象になったとしても、権力はそれを抑圧することはなかった。神職支配を行った吉田家は、保科正之、山崎闇斎へ霊神号を授けて、人間が神になる事実を肯定し、むしろ推進していた。近世の都市社会で生き神が多発したのも、仏教、儒教、神道のいずれかが絶対的な社会規範・制度として社会をおおい、人々の心や行為を一元的に支配することがなかったからである。

本論では、流行神、如来教、御嶽教を例にして、近世の「神人習合」の流れをたどることにしたい。

## 一　江戸の流行神

近世の生き神信仰を研究した宮田登は、民衆の対応のあり方を基準にして、次の四つの類型を作っている。

第一に、権威跪拝型。将軍、大名、代官などは、現世において民衆に権威を感じさせて、恩恵を与える存在であった。生前、死後にかかわらず神と祀られる。家康が、東照大権現として神になったことはその始まりであろう。藩主が神として祀られることも、少なくなかった。現世における支配者が、死後もまた支配者の権威を保全しようとした。支配者側が将軍、藩主を神にしようとしたのは、現存する支配秩序を永続化しようとする後継者たちの願望がこめられているように思われる。

第二に、祟り克服型。村で殺された落武者、山伏などの旅の宗教者の祟りをおそれて祀られたもの。百姓一揆の指導者が非業の死を遂げて御霊となったので、それを祀って村の守護神とすることもあった。人神信仰では怨霊の伝統があったが、ここでは祟りが強調されるのではなく、むしろ守護神となって祟りの克服がなされたことが重要である。

第三に、救済指向型。生前に受けた苦しみを遺言して、同じ病に苦しむ者を救済するということを述べて神に祀られる。

第四に、救済主型。入定行者が、入定の前に諸人救済を宣言して神に祀られるもの。ミイラとなって信仰の対象になる。近世後期に東北地方において、入定行者が現れた。

宮田の分類で見ると、第三、第四がわれわれの関心に重なる。生き神の特徴は、生きた人間が神に祀られて、信仰対象になるという点にある。キリスト教の社会では、聖人、聖者というカテゴリーに当てはまる人物はいたが、神になることはなかった。仏教でも、一般の人間が仏菩薩になることは、原理的にはありえないことであった。日本仏教の宗派の宗祖は崇敬の対象になってはいるが、人間の枠を超えることはなく、仏菩薩であったわけではなかった。

宮田の類型のなかの第三の救済指向型の事例を紹介してみよう。江戸では流行神《はやりがみ》が突如現れては、文字通りに流行って、そして廃れていくことは少なくなかった。病気を治すという触れ込みで、流行神が噂になって、人々の関心を惹きつけた。

飯倉善長寺（東京都品川区にあったが、現在はない）には、おさんの方の墓があった。虫歯治癒の願をかけると験があると噂された。もともとは備後国福山城主水野日向守勝成の奥方・珊《さん》が生涯虫歯を病んでいて、寛永十一年（一六三四）八月八日、命終わるときに誓願して、「虫歯を憂える者、我を祈らば、応験あるべし」と言ったという（『増訂武江年表』1〈東洋文庫〉平凡社、一九六八年、三三頁）。同じような話はいくつもある。

図1　秋山自雲の墓：本性寺（筆者撮影）

摂州川辺郡小浜に生まれた善兵衛は江戸で商家に奉公をしたが、正直な性格を見込まれて、その商家を継ぎ孫右衛門と名のった。法華宗の信者であって、いつも読経唱題を行っていた。長い間痔疾に苦しみ、延享元年（一七四四）九月二十一日に、「死後痔を患ふる人を救はん」と誓って死んだ（『増訂武江年表』1、八四頁）。その後、善兵衛は山谷町本性寺において、秋山自雲霊神として祀られるようになった（図1）。霊神碑に参ると、痔病が治ると噂された。

おさんにしろ秋山自雲にしろ、特定の病気で苦しんでいた人物が、臨終で誓願して同病の者を救済するという共通の語り方である。苦しんだ人間が神となる資格があるという考え方は、民衆にとって体験的に理解しやすい説明であったと思われる。僧侶や修験者が祈禱や霊力によって治療する場合は、悪霊や障りを排除することになろうが、流行神の場合、本人が長く苦しんだ経験が人々の共感を呼んだのであろう。

次に、生き仏と崇敬された徳本行者について見てみよう。近世には、山中で修行をして霊力を発揮した多くの木《もく》食《じき》行者が現れ、各地を遊行して人気を博した。彼らは山の峰々に分け入り、滝に打たれて、木仏を刻み、念仏を広めた。近世後期に爆発的に流行して生き仏とされた徳本行者も、こうした木食行者の系譜につらなる存在であった。紀州の漁師の子として生まれ、若くして出家して、穀を絶ち木食しながら修行を重ねた。豆三十粒を用意して、浜辺にて日に一粒ずつ食べて、三十日立行をしたという。また髭、髪、爪を長く伸ばして、人か獣かわからなかった様子であったともいわれる。江戸の伝通院において、徳本行者が加持祈禱を行うと大勢が押しかけてきたという。彼は江戸近郊の農村で念仏講を組織し、その範囲は関東、北陸、近畿に及んだ。徳本行者の念仏は、木魚と鉦を激しくたたく独特な念仏で、徳本念仏と呼ばれていた。また徳本行者の遊行先には、独特の筆跡による「南無阿弥陀仏」の名号碑が立てられた（図2）。浄土宗の僧侶ではあるが、徳本行者と流行神、シャーマンとの間には共通する面が多かった。

図2　徳本行者ゆかりの一行院（筆者撮影）

生き神は、苦行・苦難によって霊威を身につけて、人々の病気や苦難を治すことができる能力を得ていると考えられた。民衆のなかから俗人・アマチュアの人間が、苦難を通じて神となって人を救うという思想は、来世指向ではなく現世指向の世界観にもとづいていた。次に見る如来教の教祖もまた、生き神でありシャーマンでもあった。まさに、民衆出身であった女性が神になった事例であり、詳しく見ていきたい。

## 二　シャーマン教祖と三界万霊

如来教の教祖である喜之《きの》は、宝暦六年（一七五六）に尾張国熱田の旗屋で生まれている。幼いときに父母に死別し、叔父に育てられ、苦労の多い女中奉公の人生を歩んだ。結婚をするが、子供はできず夫と別れるものの、後には病気がちの夫の面倒を見ることになった。貧しい喜之は、綿紡ぎ・一文商いで生計を立てていた。夫が病死した後、法華行者であった覚善とその息子が同居するようになる。覚善との同居によって、喜之の生活はさらに困窮を深めたようである。享和二年（一八〇二）、四十七歳のとき、体に異常を感じて雪隠に駆け込んだときに、喜之の体から不思議な言葉が湧き上がった。「何にも心遣いをすることはない。やがて安気になるぞ」という声が、自然に口をついて出てきた。喜之は、このわけのわからない出来事を誰にも言えずにいたが、一か月後に畑で豆を採っていたときに、今度は、はっきりと神が現れた。

汝が特別な苦労をしているのを、如来様が眺めておられて、よって私が出てきたのだ。何も案じることはないぞよ。

（『如来教・一尊教団関係史料集成』〈以下『集成』と略〉一巻、二九頁）

憑依した神は、あとから金比羅大権現であることが判明するが、これ以降、喜之は金比羅大権現の言葉を伝え、人々を救済するようになった。覚善は、喜之に神がかりした金比羅大権現を信用していなかったが、さまざまな例証によって服従せざるをえなくなった。覚善との関係はその後も確執を伴いながら続いたが、喜之は神がかりによって人々の病気を治し、失せ物を当て、死者の供養などを行うようになった。多くは病気治しに関する相談であった。次第に喜之の周りには、多様な願いや伺いをたてる人たちが集まった。願い事が叶えば去って行く人々も多かったが、熱心なリピーターの信者が現れて、講中を組織して、教団らしきものが生まれた。

如来教の教えは釈迦の直説であって、それを金比羅大権現が名代として取り次ぎ、喜之の口を借りて語るという関係にあった。その内容は現世の欲望にとらわれず、心を改めよという宣教にあった。

人間は、一度は死なねばならぬ。それでは死んでどこへ行く。その行くところを教えよう。「よいことをすれば極楽へ行く。悪事をすれば地獄へ行く」などと言うが、その地獄・極楽を見てきた者は、一人もいない。この教えが正しいことの証拠のために、病気を治してやる。信心する人は、誰でも助ける。その約束として病気を治す。

（『集成』四巻、一一一頁）

今夜、参詣者の中にも、私の悪口を言う者がいる……「なんで、あのような下賤な女に神様が乗り移られるものであろうか。金銭のためか」などと言う族もないではなかろうが、此度の如来の利益は、その程度の利益でない。また参詣者の中には、「狐狸の業であろう」と言う人もないではないが、そのようなものではない。たとえ狐狸でも、礼物《れいぶつ》がいる。お経をあげて、いろいろの供物をしなくてはならない。私の場合は、供物も御膳も灯明も無用である。ただ自分の根性を直してくれるのが、何よりの供物になる。

（『集成』四巻、一一一―一一二頁）

図３ 「媚娃如来」の厨子
（媚娃とは喜之の神命による呼び名。写真は神田秀雄氏提供）

信心を持っていれば死後に極楽にいる如来が迎えてくれ、そこで苦労のない安楽な生活を送ることができるというのが、喜之の教説の中心であった。この世は悪娑婆とも呼ばれて、否定されるべきものであった。この世は末世であって、諸人が乱心になって、八万地獄に劣らない恐ろしいところである。現世における成功や繁栄は一時的なものであって、そうしたものへの執着をやめて、如来がいる来世の存在に目覚めよと喜之は言う。またこの世は、人間が修行する場でもあるとも説かれている。人生の苦難が、次のステップのための修行だと見なされて、それを耐え忍ぶことが求められていた。

汝らは、娑婆のことに取りすがり、栄耀栄花に取り紛れて、「このような結構な娑婆があるだろうか」とこの世の塵を楽しんで、未来のことを打ち忘れている。私の目から見ると、八万地獄の暮らしより劣ったところにいるにもかかわらず、この世を楽しんでいる。「ああ、不憫なことだ」と思えるのだ。

（『集成』一巻、一五七頁）

現世における栄達、繁栄に溺れる人間を批判する喜之の説教は、一見、来世指向に見える。その面を強調した研究者もいたが、来世のコスモロジーや所在、そこに住む死者の様子への関心は、実は喜之にはない。現世の社会のあり方を相対化し、批判するための道具立てとして来世の話が持ち出されているが、来世そのものが探究の対象にはなっていない。如来は、「昼も夜も、人間を眺めておられる」のであって、如来の眼差しを意識せよ、いうメッセージがこめられている。そこでは来世の存在ではなくて、如来の眼差しを意識して生きるという、新しい生き方が提案されている。

聴聞者・信者の期待が、神がかりした喜之による病気治しにあったことは間違いなかった。喜之はシャーマンであったが、仏教から濃厚な影響を受けていた。釈迦の直説である以上、そこには現状の宗派仏教への批判が含まれていた。念仏や題目は否定されていないが、善の心がないと機能しないと述べられている。

お主たちが今、善の心を貯えずにただ口に称名ばかりを唱えていて極楽へ参ることができると考えていたとしても、如来は「そのような念仏では極楽には行けないぞ」と仰っている。

（『集成』二巻、二九一頁）

善の心を貯えていないと、称名念仏だけでは極楽に行くことはない。これは、浄土宗、浄土真宗の称名念仏の解釈とはかなり異なっていると思われる。如来教では、「心を改める」「信心」「善の心」が語られるが、寺請制度の仏教の形式性を「心」によって補塡していたと理解することもできる。

如来教では各宗派の祖師は、苦労を重ねて宗派を広めたが、諸人を救済するところまでは至らなかった。祖師たちが中途で果たせなかった人類の救済の事業を、今度、喜之が金比羅大権現とともに完遂しようというのである。

皆、宗門の開山方は、何のために宗門を広められたかを知っているか。開山方は皆、「汝らを助けたい」と思われてのことだったが、誰一人として助かった者はいない。それゆえにお釈迦様が私に仰せられたのは、「喜之が娑婆へ出たことこそが幸いだ。末法の末の時代になったのだから、お前が私の身代わりとして、何卒皆のものを済度してくれないか」とお頼みがあったゆえ、私は降りてきた……。（『集成』一巻、一八四頁）

それ宗門では助からないぞ。僧侶は、必ず自分の宗門を自慢しているではないか。如来様の教えは、八宗、九宗の宗派仏教とは異なった間違いのない教えである。祖師仏たちは、諸人の済度ができなかったのだ。……とすれば、私は、少々祖師仏たちよりは上にいると思う。（『集成』一巻、二〇〇頁）

各宗門の祖師たちは宗門の一派を広めるために苦労を重ねたが、期待されていた諸人の救済はできなかった。釈迦の意向を体した金比羅大権現が喜之の口を借りて現れて、これより諸人救済を行うのである。金比羅大権現＝喜之は、祖師たちを能力では上回ることが主張されている。祖師たちでさえ中途半端であったのであるから、現在の僧侶が行うことに限界があることは明らかであった。

今の坊主が、千部万部のお経を読んだとしても、人間の罪は消えないぞ。お釈迦様へ誠の坊主が千部万部読み上げるより、諸人どもが善心に入るほうが、お釈迦様はお歓びになる。（『集成』四巻、一三六頁）

近世の民衆は、寺請制度を通じて寺院とつながって、参詣、聴聞のために寺院へ行くことはあったであろう。また都市の寺院の境内で行われる演芸や開帳なども、民衆の娯楽であった。いくら喜之が宗門、僧侶を批判しようとも、それを真に受ける人は少なかったと思わざるをえない。なぜならば如来教の信者になろうとも、葬式・法事があれば、寺請関係のある寺院・僧侶に依頼するほかなかったからである。

次に、既成の宗派仏教と如来教の関係について見てみよう。綿屋源兵衛が、浄土真宗の家から妻を迎えたところ、妻の実家は、源兵衛の如来教の信仰が浄土真宗では認められない現世の祈りであることを理由に、妻を引き取った。夫婦の危機に面して心を乱している源兵衛に対して、喜之は金比羅大権現の言葉として「何も案じることはない」と伝え、源兵衛に妻の実家との交渉のしかたを教える。

「私はどうでもよいのですが、あなた方のよいように取り扱いをしてください」と言って、他のことは言わずに、そのように言って距離を取っていなさい。そうすると、「源兵衛さん、お前はどういう人なのか」と言って、あちらから手を摺って謝って頼みに来るはず。（『集成』一巻、二七九頁）

妻の実家の取り扱いに任せて、余計な発言をせずに実直に黙っていたら、向こうから謝りに来るだろうというのである。妻が実家に戻ったことが近所で噂になったならば、「妻の実家で大きな仕事があるので、妻は帰らせました」と説明しておけば、誰もそれ以上のことを問わないと、近所対策を教える。喜之の助言は、相手方と敵対することはなく、むしろ相手方の意向に委ね、実直に寡黙を守ることによって、相手方が歩み寄るのを待つということであった。

源兵衛が如来教信仰をもったことで、浄土真宗であった妻の実家との間に亀裂が生じて、夫婦の縁が切れそうになった。喜之が楽観的に予想するように、本当に妻の実家が折れてくるのであろうか。そうであれば源兵衛も、新婚の妻も丸く収まるであろうが、離縁という結果になるおそれはある。源兵衛が喜之に帰依していたことが原因で、新婚の夫婦生活の破綻を招いた。もし喜之の助言を守っても妻が戻らないならば、源兵衛は如来教の信仰を棄てるかもしれない。

喜之が、宗門、僧侶への激しい批判を行っても、信者に対しては、相手方の意向に任せよという受動的な対応を勧めている。底辺の社会を渡ってきた喜之の処世術は、寡黙で実直な対人関係を保つことで、世間との摩擦を減らそうとするものであった。

喜之による宗派仏教批判にもかかわらず、聴聞者・信者にとって、寺請の寺院や在地の寺院・僧侶のつながりは、簡単に否定し放棄できるものではなかった。信者には、ふだんの日常生活があって、その延長線で寺院・僧侶とのつき合いもあったはずである。如来教の信者のみで、自分たちだけの葬式・法事を行うことはできなかった。葬式・法事は、既成の寺院・僧侶に依存せざるをえないのである。結果として信者にとって如来教は、寺請制度の補完的な役割を果たしていた。

晩年の喜之は、三界万霊の思想にのめりこんだ。文字通りに三界に漂う、成仏できずにいる万霊を救済することこそが、如来教の本来の使命であると主張した。死に臨んだ信仰者は、できるだけ多くの万霊をともに来世に連れていくことを勧められた。寺請制度の寺院は、葬式・法事を遂行して家の先祖祭祀の維持に貢献したと思われるが、如来教の三界万霊の思想は、子孫からの追善供養を受けることのない成仏しがたい万霊を成仏に導くものであった。一方で家の先祖祭祀が一般化されたなか、三界万霊の供養は先祖祭祀からは漏れてしまう未成仏霊を救うことで、先祖祭祀を塡補し支えていた。寺請制度に支えられた宗派仏教にとって、喜之の教えは異端として敵対する勢力にもなれば、補完的な役割を果たすものにもなりえた。

## 三　富士講と御嶽講

近世後期以降、江戸を中心にした富士講が関東で勢力を拡張した。富士講の人々が築いた富士塚（富士山のミニチュア）は、一気に関東に広がって流行した。富士講が広がる前にも、富士信仰は江戸においても近畿においても、別な形態で存在していた。江戸においては、駒込、浅草、亀戸の浅間神社へ詣でることが、江戸の民衆にとっての富士信仰であった。六月朔日に駒込の浅間神社で行われる祭礼に行くことが、「富士詣」であった。祭礼では、玩具、雑貨、果物が売られていた。近畿では、浜辺や川べりで水垢離をとることを「富士垢離」と呼んでいた。そのための富士小屋、富士垢離行屋という施設が設けられていたという。聖護院に支配された修験者が、その施設で活動をしていた。

近世後期の関東で広がった富士講は、こうした富士信仰とは異なって、俗人の身分なのに行衣を着て、仲間とともに鈴・数珠を持って、家々の門前で祭文を唱え、病人を祈禱して護摩を焚くことをしていた。毎年、先達に導かれて、仲間で行衣を着て富士山に登った。こうした富士講の流行の影響を受けたのが、御嶽講であった。

御嶽山は百日精進を体験した者のみが登山できる山岳であって、一般の民衆が登ることはできなかった。百日精進を軽減することを求める声があったが、きっかけをつくったのは、天明五年（一七八五）に尾張出身の覚明という行者が集団登拝をしたことによる。その後、寛政四年（一七九二）に本山派の修験者であった普寛が集団で登山して、王滝村から登山の道を開いた。覚明、普寛という行者の登山によって、御嶽山に登る一般の人々が増えて、講中も結成された。江戸において御嶽講が伸張したのは、火難除け、難病除けなどの利益があるという触れ込みがあったからで、江戸、そして近郊農村部に広がっていった。普寛のもとには、一心、一山という門下の行者がいて、彼らの活躍によって御嶽講は拡大した。御嶽山に登山して厳しい修行を経ることによって、行者は霊力を身につけて神がかりを起こして託宣を行った。御座《おざ》と呼ばれる託宣の場では、四天が周りを取り囲み、先達が中座に神を憑け、中座が神の託宣を行うことになる（図4）。元来は修験道に行われていた寄祈禱を、より多くの人数で組織的に行うよう工夫されたものだと思われる。

図4　御嶽講の御座（小林奈央子氏撮影）

先達、中座になるためには厳しい修行と登拝が必要であって、行者として認められると、「あの人は死後に御嶽さんに行く」と言われるようになる。そうなると、死後に霊神として霊神碑に祀られる。霊神碑は地元の神社の境内地や里山に祀られるとともに、講中が持っている御嶽山の敷地に祀られることが多い。次に、中座になった女性の行者の話を引用してみよう。この人は、愛知県みよし市の心願講に属していた。

若い頃から御嶽さんの行に興味を持っていた。釜を鳴らしたり、裸足で日本刀の上を歩いたりするということが不思議でならなかった。本当にそんなことができるのだろうか、自分でもできるだろうかという気持ちが入信のきっかけだった。すでに御嶽講の先達だった祖父や父を、やがては自分が祀っていかなければいけないという思いもあった。入信したのは、四十五歳のときだった。普通だったら五年以上は修行をしなければばならなかったが、自分の場合は三年で終えることができた。行ったところ、行ったところで修行に入った。真冬のツララの垂れ下がる滝に打たれる修行もした。お経の力で火炎を冷たくして、その中を歩く修行もした。そして「先達」となった。……お祓いをするということは神と人間の架け橋をするということで、前座の人が神を呼ぶと中座の人の体に神が入ってくる。二人一組で事が進められる。私は中座を務めた。前座の人の力が強くないと神は入ってこない。修行の仕方で前座と中座が決まってくる。お参りやお祓いの前は肉、酒、ネギ、玉ネギなどの臭いものを絶った。前日の食べ物は野菜のみである。次の日に神様が体に入ってくるからである。

（『みよしの民俗』愛知県みよし市、二〇一一年、四三七頁）

かつては病気治しが多かったが、現在の御嶽講の行者は、地元の年中行事、地鎮祭に招かれて祭りを行うことが多いという。この中座の女性は、不思議なことへの関心もあったが、祖父、父も先達であったので、彼らを祀ることを意識した上での入信であった。信者として入信しても、修行をすることで先達になって、救われる側から救う側へと転じるところに御嶽講の特徴があった。それは、俗人・アマチュアの活動を基盤にした講組織がもつ魅力であった。

## 四　近代への展望

近世の都市では、流行神、喜之のようなシャーマン、富士講、御嶽講などが広がって、現実に生きる人々の病気、供養、心配事の相談にのって解決に努めた。神が降りてきて人間に憑き、神がじかに語るところに魅力と集客力の源泉があった。

中世の本地垂迹説とは、極楽・浄土にいる仏菩薩が現実世界に降りてきて、神となって顕現するというものであった。極楽・浄土が、リアリティを持ちながらも現世とは遠い世界と認識されていた。それに対して「神人習合」は、現世において神が姿を現し、託宣を行うのである。神は必ずしも遠い来世にいるのではなく、むしろ身近ではあるが、目に見えない世界にいて、目に見えない世界から目に見える世界へと顕現するために、喜之や中座の身体を借りるのである。生き神・生き仏の信仰とは、僧侶、修験者といったプロの宗教者が統括する世界の周縁部に発生して、それを相対化していく脅威を秘めた俗人・アマチュアの活動をもとにしていた。

近代には、こうした「神人習合」はどうなるであろうか。神仏分離令、廃仏毀釈、大教宣布の詔、教導職、大教院解散などの政策によって、近代においては神道と仏教が分離して、神社は国家の管理になった。神道と仏教との間に広がっていたグレーゾーンこそが、行者・シャーマンを誕生させる基盤であったのが、それが失われていった。それでも教派神道に所属して活動する行者・シャーマンはいた。また近代の医療制度のもとでは、かつての生き神・生き仏に対して期待されていた病気治しや奇跡的な治癒は、医療の領域への有害な侵犯と見なされて、次第に不可能になりつつあった。現在の御嶽講の先達は、霊神を降ろしながらも、病気治しのためではなく、地鎮祭、祈願のために招かれて人々の期待に応えているが、そこに時代の大きな変化を読み取ることはできよう。

参考文献

1、浅野美和子『女教祖の誕生―「如来教」の祖・媰姾如来喜之―』（藤原書店、二〇〇一年）。
2、大谷正幸「富士信仰の外聞―近世・近代における評価―」（『郷土史と近代日本』角川学芸出版、二〇一〇年）。
3、神田秀雄・浅野美和子編者『如来教・一尊教団関係史料集成』一―四巻（清文堂、二〇〇三―〇九年）。

4、神田秀雄『如来教の思想と信仰―教祖在世時代から幕末期における―』（天理大学おやさと研究所、一九九〇年）。
5、宮田登『生き神信仰―人を神に祀る習俗―』（塙書房、一九七〇年）。
6、村上重良・安丸良夫校注『日本思想大系　民衆宗教の思想』（岩波書店、一九七一年）。

※『如来教・一尊教団関係史料集成』からの引用に関しては、筆者の責任で現代語に訳した。

コラム…❽

# カイラス修験道での一週間

宮家　準

もう四十年近い昔、私は『修験道儀礼の研究』を著した。これがハーバード大学の世界宗教研究センターのW・C・スミス所長の目に止まって、同研究所に一九七四年秋から一年間招かれることになった。それに先立って二か月近く、サンフランシスコの郊外に滞在した。その折、旧知のカリフォルニア大学バークレイ校のR・N・ベラ教授から、修験道のカルトがあるから行ってみないかと紹介されたのが、カイラス修験道である。当時の米国はベトナム戦争の終末期で厭戦気分や社会不安もあってか、若い世代の間ではチベット仏教、道教、禅などアジアの宗教への関心が高まり、新宗教のカルトも数多く現れていた。

このカルトは一九六〇年頃にスタンフォード大学で教鞭をとっていたP・ウォーウィック博士によって、チベットのカイラス山の信仰と修験道を融合させた教義と儀礼をもとに結成された。当時はサンフランシスコ市内の一般家屋の中に聖堂を設けて、二十人くらいの信者が共同生活をしていた。幸いにして、私が修験道の研究者ということで受け入れてくれた。ただ、秘儀集団のことゆえ、写真撮影などは許されなかった。そこで、パンフレットや体験をもとに、このカルトを紹介したい。

周知のようにカイラス山は中国の黄河・揚子江、東南アジアのメコン河・サルウィン川、インド洋に注ぐブラマプトラ川・インダス河の水源をなすヒマラヤ山系の中でも、ひときわ秀麗なチベットを代表する霊山である。ヒンドゥー教ではシヴァ神とその妻の居所、大地から天に至る道とされ、数多くの巡礼者が登拝した。チベット仏教では高僧たちが修行する至極の聖地とされている。

カイラス修験道は、次のように呼びかけていた。カイラス山で培われた仏教と修験道に共通する霊的な力を得る方法は、千二百年の歳月を経て、インド、チベット、ロシア、モンゴルを経て、今や北米に到着した。この方法は密教、天台、修験道、チベット仏教のニンマ派、カギュ派、ゲルグ派の伝統を融合したものである。また、龍樹やチベット仏教ニンマ派のパドマサンバヴァの影響を受けている。もっとも修験の道は各地の状況によってさまざまな形をとり、師から弟子に秘かに伝えられるものである。それゆえ、指導者（グル）に服して、その仲間に入って真言、陀羅尼、印信の伝授を受け、修行することによって、各自の心の鼓動を知り、愛を悟るのである。これは、日常生活の逃避を意味するのではない。このコミューンでの礼拝、音楽、奉仕などを通して、生活に必要な霊性をよびさまさせるのである。こうしたここでの体験をもとに家庭生活を充実させ、人々との愛を涵養することが大切であると。

修験道に関しては、始祖であり神秘主義者であるといわれる役小角《えんのおづぬ》は自然、とくに山の偉大さに魅せられた。彼の後継者は、聖なる山は大日如来の徳のあらわれとした。そして、とくに山の洞窟で修行することにより煩悩を振り払い、霊的な力を得ることができる。主な霊山には羽黒山、醍醐、富士、木曽御嶽がある。もっとも修験の伝統は日本のすべての地域に見られるので、修験道は宗派というより生活様式である。そこには大乗の教え、密教、神道の自然主義が融合しているとする。

大先達であるウォーウィク師をはじめとする約二十人の男女は、起居を共にして修行に勤

カイラス修験道のウォーウィック博士（左）とその弟子

しんでおり、私もそれに参加した。そこで次にその一端を紹介したい。

　毎朝、不動明王を祀った聖堂で読経し、真言、陀羅尼を唱えて護摩を焚き、祈りがなされる。その際、護摩の中に供物が投じられる。なお、不動明王は火の力を発動して人々を「定」に導く仏とされ、火焔を背にした赤い線で描いた不動明王の絵符が作られていた。続いて屋内の台所や暖炉で、竈祓いと称する読経が行れる。これらの読経にはバイオリンによる伴奏がなされていた。食物は菜食だが豆腐などもあった。そして男性は大工仕事、女性は裁縫を内職としていた。

　海岸での修行にも参加した。この折はまず岬の突端から龍神に捧げるとして、花束や供物が海に投じられた。続いて海岸で採灯護摩が行われた。これはとくに護摩壇を作ることなく、多くの枝を積み上げて点火し、供物を投じるものである。このあと砂浜に縦に溝を掘って、その溝の上面に横に数本の丸太を渡して、下で火を焚いて、その上を歩く火渡りがあった。護摩や火渡りによって、自身の心に宿る悪を滅させると説明された。山岳修行ではサンフランシスコ郊外の山にキャンピングカーで行って、先達の導きで山頂に登り、そこで祈禱が行われた。

ハーバード大学の世界宗教研究センターでは、このときの経験も踏まえて、修験道について発表した。その折、インド哲学のJ・L・メータ教授から、修験道をチベットのポン教と比較してみたらどうかとの助言をいただいた。

# あとがき

本書は、ある時期、愛知学院大学文学部に勤務し同僚であった立川武蔵、大野榮人、林淳、蓑輪顕量がともに行っていた研究会に起源を持っている。立川から『ヨーガと浄土』（ブッディスト・セオロジーV、講談社、二〇〇八年）を贈られた林が、この本の書評会を開くことを蓑輪に相談し、三人で会って書評会を行ったことがあった。今から振り返ると、二〇〇九年一月の頃のことである。林、蓑輪が『ヨーガと浄土』に書かれている内容について立川に質問して、立川が答えるという形の会であった。立川の学問的集成でもあるブッディスト・セオロジーは、仏教、ヒンドゥー教だけではなく、キリスト教神学、哲学、ウェーバー、エリアーデ、ブルトマンなども扱い、万華鏡のように色彩豊かに議論を展開している。その書評会では、議論も多岐にわたって、楽しい時間を共有した記憶がある。その後に蓑輪の『仏教瞑想論』（春秋社、二〇〇八年）をテキストにした書評会を行い、アジア、日本の仏教をめぐって各人の思いを語りあった。立川、蓑輪は、文献学を基礎とする仏教学者ではあるが、関心は広く、文献学を超えていた。ともにアジアの仏教に関してフィールド調査を重ねており、ヒンドゥー教、ポン教、道教、修験道、神道などにも興味を寄せていた。

こうした書評会を行い、さらに勉強会をしたいと考えて、中国仏教を専門とする大野に声をかけて、共同研究を始めることにした。立川がインド仏教、大野が中国仏教、蓑輪が日本仏教の専門家であるから、これによってアジアの主要な仏教をカバーし、林が司会をつとめるという役回りであった。各回の研究会では誰かが発表をしたが、質疑応答はすぐに脱線をして、「インド仏教と中国仏教の違いは何か?」「ポン教はチベットの修験道か?」「アジアの僧侶は葬儀に関わらないのか?」という、文献学ではこぼれてしまうような、ある意味では基本的で重要な議論を行ってきた。案外、仏教の現状の基本的なことについて知らないことが多くあることを自覚する結果となった。

二〇〇九年十月に愛知学院大学文学部に付置されている人間文化研究所の共同プロジェクトの公募が行われたので、四人で「仏教と多神教をめぐる比較宗教学的研究」と題して共同プロジェクトの応募をすることにした。二〇一〇年三月に立川、大野による講演を行い、それを皮切りにして、二年間にわたり講演会と研究会を継続した。立川は、当初より「共同研究をするならば、出版を考えたらどうか」と提案し、その線で研究会も、出版を視野に入れて行うことになった。

ところが二〇一〇年四月に大野は愛知学院大学の学長となり、蓑輪が東京大学文学部に転出し、翌二〇一一年四月には立川が愛知学院大学を退職し、四人が顔をあわせることは、ほとんど不可能な状況になった。それでも年に二、三回は会って、本書の企画、編集について相談する機会をつくり、研究会は続いた。

これまで研究会で話し合われた論点について、三点にまとめることができる。それは、いずれも日本の仏教学が抱えている問題点に関わっている。

第一に、アジアの仏教が語られる場合、とりわけ仏教学者の研究において、インド、中国、日本が主要な対象とされやすい。われわれの研究会でも、立川、大野、蓑輪という組み合わせは、そうした傾向を反映しているといえよう。日本の歴史を考えるならば、中世以来、インド、中国、日本という三国で仏教の歴史を叙述するという三国史観があって、それに起因する問題かもしれない。さらに近代になって成立した仏教学、仏教史学でも、インド、中国、日本を対象にしてきたが、三国のみを取り上げることは、他のアジアの国々を見落とす結果を招きやすい。

文献学としての仏教学としては、パーリ語、サンスクリット、漢文の経典を研究対象化し、インド、中国の仏教の教義を解明することが大切な作業とされた。しかしよく考えてみると、仏教が長く継続してきた地域は、インドや中国などの文明の中心地ではなく、むしろ周辺部に多様に広がっていることも事実である。近年、人類学者による上座仏教徒に関する研究が増えてきており、現地を知る人類学者の研究は、そうした空白部を埋めてくれる役割を果たしている。そのことを念頭にして本書においても、人類学者に寄稿をお願いした。

第二に、葬式と仏教との関係についてである。日本において江戸時代の寺請制度を通じて、寺院、僧侶は葬式に深く関わるようになった。「葬式仏教」という貶称が使われることもあるが、本来のインド仏教には「葬式仏教」などなかった、または他の国の僧侶は葬式に関与することはないと言われてきた。しかし本当にそうなのであろうか。日本以外のアジアの国でも、僧侶が死者儀礼の一部に関わることがあるのかどうか。これに答えるためには、地域ごとに僧侶と死者儀礼との関わりについて具体的に調査検討した研究が、どうしても必要である。

第三に、仏教が土着の神々の世界と、どのように向き合い、対応してきたかという視角である。日本でいうと、仏教は、神々（何が神々であるかという定義はさておき）の世界を包摂して、自己の一部に取り込み、神仏習合の世界を形成した。また修験道という、他の国には見られない山岳修行の方法を洗練させた行者の集団が生まれて、民衆の生活に深く影響を与えてきた。しかしどの国でも仏教が土着的な神を吸収したり、換骨奪胎したり、抑圧を加えてきたのではなかろうか。神々との関係を問い直すことは、それぞれの地域の世界観の重層性を考えることにほかならない。

以上のような点を議論してきた私たちは、本書を編集する上で、アジアの仏教を見る新しい視点を提示することを心がけた。インド、中国、日本に限らずに、チベット、韓国、台湾、ネパール、スリランカ、タイ、ミャンマー、インドネシア、ベトナム、ラオス、カンボジアの仏教を取り上げて、アジアの仏教の現在を知る人に執筆者になってもらった。執筆者には、私たちの知り合いのベテランの研究者もいるが、愛知学院大学で立川、大野に仏教学を習った新世代の研究者も参加している。

執筆者には、第二に挙げた死者儀礼か、第三に挙げた土着の神々との関連についてかを、論文を書く上で留意してほしいという、私たちの希望を伝えた。限られた原稿枚数で、どちらにも言及することは不可能であろうから、どちらかに触れてほしいという思いである。

死者儀礼と土着の神々は、これまでの仏教学ではなかなか取り上げにくい問題群であったかもしれない。日本宗教史を専門にしている林、蓑輪からすると、仏教が死者儀礼に関与して、土着の神々との交渉を深めたことは当然の史実である。しかしそれは、日本仏教の特殊性であって、他の仏教国にはない日本的な現象であるという見解もありうる。経典の文献研究を行う仏教学の世界では、日本仏教の特徴は、本来の仏教にはないことで、「日本仏教は仏教ではない」という発言も珍しくはない。私たちは、そのような立場とは反対に、日本であったことは、他の国でもあったのではないかという見方をする。研究会では、日本の修験道は、チベットのポン教に類比しうる存在ではないかという議論で盛り上がることもできた。どこの国の仏教も多様性に富み、重層的な構造を備えていると考えたほうがよさそうである。日本仏教も、そうした多様性・重層性の一事例であり、アジアの仏教国と共通する要素をたくさん持っており、特殊な例ではないと考えたほうが、仏教を研究する可能性もさらに開けてくるような気がする。

アジア各国の仏教の多様性が認識されるようになったのは、学問の進展と無関係ではないことを一言しておきたい。伝統的に僧侶は、自らの信奉する経典に精通はしていても、「他者」の仏教を調べてみたり、関心を寄せたりすることはなかった。十九世紀後半にヨーロッパで仏教学という学問が興隆して以来、「他者」としての仏教を研究することが始まったと言えよう。十九世紀の植民地状況下、パーリ語、サンスクリットの文献がヨーロッパにもたらされて、ブッダの教えの原典を研究する学者が出てきた。マックス・ミューラー、リス・デイヴィッズという文献学者が、ヨーロッパ仏教学の創設者となった。日本で仏教学を始めた南条文雄、高楠順次郎は、ミューラーに文献学を習った人たちであった。パーリ経典、サンスクリット経典を学ぶことによって、ヨーロッパ仏教学を経由したインド仏教の理解が日本に伝達されて、今に至っている。

それに対して、日本仏教、中国仏教の理解は、教団の学僧たちが積み重ねてきた伝統的な教学的営為を一つの起源にしている。明治期に東京大学で仏教学を教えていた村上専精は、仏教教理を統合する目的で、仏教史学という分野を提起し、『仏教史林』という雑誌を発刊した。『仏教史林』を中心にして、日本仏教、中国仏教を研究する人びとの輪は広がった。村上の門下であった境野黄洋は、日本仏教の理解を深めるために中国仏教を知る必要があると考えて、中国仏教研究を始め、その分野の先駆者となった。村上の講義を聞いていた辻善之助は、後年、研究史上の金字塔である『日本仏教史』を書きあげた。日本仏教、中国仏教の研究は、仏教学と歴史学との交流のもとで成長した仏教史学という分野によって担われてきた。

また、上座仏教の研究は、仏教学者によるパーリ経典研究としてなされたが、七〇年代に人類学者による研究が公にされてきた。サンガ（出家者集団）と社会（政治権力・在家者）との関係を解き、サンガが、国家、村落などのレベルで不可欠な役割を果たして、それゆえに社会がサンガを支えるという、サンガと社会の互酬的な共生モデルが提示された。石井米雄、タンバイア、オベーセーカラなどの研究が、上座仏教の人類学的研究の先駆けとなって今に影響を与えている。

このように見ていくと、どこの地域を対象化するのかということと、どういう学問分野がその担い手になるのかという問題があることがわかる。一般論として、僧侶や在家仏教徒による「生きた仏教」の現実を知るためには、フィールドワークという方法が欠かせない。本書の執筆者には仏教学を専攻している研究者が多いが、ほとんどの論文がフィールドワークにもとづいたものである。仏教を通じて、アジアの現状と未来を知ることが、私たちが広くアジアの文化と歴史に帰属して、国籍を超えた絆でむすばれていることに気づくきっかけにもなろう。本書が、読者にそうした体験を与えることができたら、私たちの企画の目的も十分に満たされたことになる。

最後に、共同プロジェクトを援助していただいた愛知学院大学人間文化研究所と、本書の編集を担当され、いつも研究会に出席し質疑応答にも加わっていただいた法藏館の田中夕子氏に、心から感謝を申し上げたい。

林　淳

蓑輪顕量

二〇一二年三月

# 執筆者略歴（五十音順）

**飯國有佳子**（いいくに　ゆかこ）
専攻は文化人類学・ミャンマー宗教研究。大東文化大学国際関係学部専任講師。主な著書に『現代ビルマにおける宗教的実践とジェンダー』（風響社）、『ミャンマーの女性修行者ティーラシン―出家と在家のはざまを生きる人々―』（編著、同）ほか。

**池上要靖**（いけがみ　ようせい）
一九五八年生まれ。専攻は仏教学（東南アジア仏教）・仏教福祉学。身延山大学仏教学部教授。主な編著書・論文にComprehensive Report of the Project to Research and Restore Buddhist Statues in the Luang Prabang Area of LAO P.D.R, vol.1-5.「ラオス―社会主義政権下の上座仏教―」（『挑戦する仏教―アジア各国の歴史といま―』（法藏館）ほか。

**池上良正**（いけがみ　よしまさ）
一九四九年生まれ。専攻は宗教学。駒澤大学教授。主な著書に『民間巫者信仰の研究』（未来社）、『死者の救済史』（角川書店）ほか。

**大野榮人**（おおの　ひでと）
一九四四年生まれ。専攻は仏教学・中国仏教思想・中国天台思想。愛知学院大学文学部教授。主な著書に『天台止観成立史の研究』（法藏館）、『天台六妙法門の研究』（共著、山喜房佛書林）ほか。

**藏本龍介**（くらもと　りょうすけ）
一九七九年生まれ。専攻は文化人類学。東京大学大学院総合文化研究科博士課程。主な論文に「僧院は誰のものか―ミャンマー上座仏教における財の所有―」（『パーリ学仏教文化学第二四号』、二〇一〇年）、「ミャンマーにおける仏教の展開」（奈良康明・下田正弘編『静と動の仏教　新アジア仏教史　4　スリランカ・東南アジア』　佼成出版社、二〇一一）ほか。

**小林　知**（こばやし　さとる）
一九七二年生まれ。専攻は東南アジア地域研究・文化人類学。京都大学東南アジア研究所准教授。主な著書・論文に『カンボジア村落世界の再生』（京都大学学術出版会）、「ポル・ポト時代以後のカンボジア仏教における僧と俗」（林行夫編『〈境域〉の実践宗教　大陸部東南アジア地域の宗教とトポロジー』京都大学学術出版会）ほか。

**佐藤　厚**（さとう　あつし）
一九六七年生まれ。専攻は韓国仏教・華厳学。東洋大学非常勤講師。主な論文に「義湘系華厳学派の基本思想と『大乗起信論』批判」（東洋大学東洋学研究所『東洋学研究』三七号）、「韓国―修行と社会福祉に専心する仏教―」（『挑戦する仏教―アジア各国の歴史といま―』法藏館）ほか。

**釈　悟震**（しゃく　ごしん）
一九四七年生まれ。専攻はインド仏教・韓国仏教。東方学院講師、韓国国立ソウル大学客員研究員。主な著書に『キリスト教か仏教か―歴史の証言―』（訳註、山喜房佛書林）、「生天と涅槃の関係」（『東洋文化研究所紀要』第一三七号）ほか。

**Sugeng Tanto**（スゲング　タント）
一九七〇年生まれ。専攻は原始仏教。名古屋女子大学非常勤講師。主な論文に Emptiness in the Culasunnata Sutta（名古屋大学博士論文）、A Study on Balinese Religion-Syncretistic Beliefs of Hinduism and Buddhism（平成一八年―二〇年度科学研究費助成金研究成果報告書、安藤充氏と共著）ほか。

**立川武蔵**→奥付参照

**田邉和子**（たなべ　かずこ）
専攻は仏教文学。東方研究会研究員。主な著書に『パーリ聖典に見られる物語文学の世界―bhūtapubbam ではじまる過去世物語の研究―』（山喜房佛書林）、『ブッダ物語』（岩波書店）ほか。

**陳　継東**（ちん　けいとう）
一九六三年生まれ。専攻は中国仏教史・思想史。青山学院大学教授。主な著書・論文に『清末仏教の研究―楊文会を中心として―』（山喜房佛書林）、「求められた「宗教」―中国の近代化と仏教―」（『宗教研究』三六七号）ほか。

**鄭　夙雯**（てい　しゅくぶん）
専攻は中国禅学。台湾南栄技術学院応用日語系非常勤助理教授。主な著書・論文に『宋初期臨済宗の研究』（山喜房佛書林）、「十方住持制の形成過程」（『印度学仏教学研究』第五三巻一号）ほか。

**TRAN QUOC PHUONG**（トラン・クォック・フオン）
一九八〇年生まれ。専攻は宗教学仏教学。愛知学院大学大学院博士後期課程。主な論文に「大乗仏教における二諦思想の研究」（修士論文）ほか。

**林　淳**（はやし　まこと）
一九五三年生まれ。専攻は宗教学・日本宗教史。愛知学院大学教授。主な著書に『近世陰陽道の研究』（吉川弘文館）、『天文方と陰陽道』（山川出版社）ほか。

**前田知郷**（まえだ　ちさと）
専攻は仏教学・インド学。愛知学院大学文学研究科研究員。主な論文に「女神崇拝と供犠―カトマンドゥ盆地のクマリ―」（博士論文）、「ヒンドゥー教における動物犠牲に関する諸問題―インド、ネパールを中心に―」（『印度学佛教学研究』第五九巻第一号）ほか。

**蓑輪顕量**（みのわ　けんりょう）
一九六〇年生まれ。専攻は仏教学・日本仏教思想。東京大学大学院教授。主な著書に『中世初期南都戒律復興の研究』（法藏館）、『仏教瞑想論』（春秋社）ほか。

**宮家　準**（みやけ　ひとし）
一九三三年生まれ。専攻は宗教民俗学・修験道。慶應義塾大学名誉教授。主な著書に『修験道―その歴史と修行―』（講談社学術文庫）、『日本の民俗宗教』（同）ほか。

**武藤明範**（むとう　あきのり）
一九七五年生まれ。専攻は仏教学・中国仏教思想・中国天台思想。愛知学院大学禅研究所研究員。主な著作・論文に『天台小止観の譯註研究』（共著、山喜房佛書林）、「『梁高僧伝』にみられる火葬の一考察」（『愛知学院大学教養部紀要』第五八巻第四号）ほか。

**藪内聡子**（やぶうち　さとこ）
専攻はインド哲学仏教学。東洋大学・東京農業大学・東京情報大学・非常勤講師。主な著書・論文に『古代中世スリランカの王権と佛教』（山喜房佛書林）、"The Shift of Sihala Power to the Southwestern Parts of Sri Lanka in the Thirteenth Century," *Journal of Pali and Buddhist Studies*, vol.21, pp53–64. ほか。

**林　觀潮**（りん　かんちょう）
一九六九年生まれ。専攻は仏教文化。廈門大学哲学系副教授。主な著書・論文に『隠元隆琦禅師』（廈門大学出版社）、「無著道忠と檗僧齊雲道棟との交渉」（花園大学国際禅学研究所論叢』第一号）ほか。

＜表紙カバー　写真撮影＞

カバー表　右　スリランカ・カタラガマの仏塔（藪内聡子）

中央　タイ・ブッダモントン内の寺院壁画の一部（清水洋平）

左　ネパール・パタン市マッラ王朝の王宮（前田知郷）

そで　カンボジア・農村の葬儀の際に用意される儀礼用供物。カンボジア語では「宝石を嵌めた指輪」という名称がある（小林　知）

カバー背　タイ・ブッダモントン内の寺院壁画の一部（清水洋平）

カバー裏　右　カンボジアの葬儀風景（小林　知）

そで　ベトナム・ハノイの岳仙聖母の神殿（トラン・クォック・フォン）

立川武蔵（たちかわ　むさし）

1942年生まれ。専攻はインド学・仏教学。国立民族学博物館名誉教授。主な著書に『中論の思想』（法藏館、1994年）、『中論　サンスクリット索引』（法藏館、2007年）、『ヒンドゥー神話の神々』（せりか書房、2008年）ほか。

アジアの仏教と神々

二〇一二年六月二〇日　初版第一刷発行

編　者　立川武蔵
発行者　西村明高
発行所　株式会社　法藏館
京都市下京区正面通烏丸東入
郵便番号　六〇〇-八一五三
電話　〇七五-三四三-〇〇三〇（編集）
〇七五-三四三-五六五六（営業）

装幀者　西岡　勉
印刷・製本　亜細亜印刷株式会社


ISBN 978-4-8318-7450-4 C3015